U0031202

我快樂
因為我知道

—妙益法師　著—

推薦序

如實踐行人間佛教

佛光山現任宗長 心保

欣聞妙益法師著作《我快樂 因為我知「道」》即將出版，為他感到歡喜，也以此文獻上祝福！

看到妙益法師一路從過去在美國西來寺，利用公餘之暇，勤於撰寫一篇篇稿件提供給《人間福報》，到後來調至歐洲服務，十餘年筆耕不斷，更在新冠肺炎疫情於歐洲大爆發，荷蘭封城期間，將自己一路學佛、求道，而後知「道」，進而將人間佛教理念落實在生活處處及弘法利生的點滴寫下，然後出書。實乃化危機為轉機，將佛光山開山星雲大師所說：「有佛法，就有辦法」如實踐行。

在其生動活潑的筆觸下，顛覆過去一般人對佛教可能有的謬誤印象。讓大家看到佛教不是死板的，而是活潑的；出家人非獨善其身，而是充滿人文關懷的；出家人的生活更非索然無味，而是值得細細品嘗的！

他以在歐洲弘法者的視角開始著筆，再以倒敘法描述自己的學佛因緣，一路成長，最後再回到當下的時空。讓我們隨著作者的筆觸，也同步進行一趟心靈之旅。走過少年輕狂的叛逆、短期出家的懵懂、初入佛門的青澀、三刀六槌的磨練、弘法度眾的悲願。欣見一顆菩提幼苗在道情法愛中滋長，在菩薩道中淬煉。星雲大師的人間佛教理念，在妙益法師的「快樂」中，如含苞的蓮瓣，一一在讀者心中綻放，信是吾有法樂，不樂世俗之樂。

而每段文字後面的「我知『道』」，看得出其用心與細心，帶領讀者省思人生的意義及佛法的真義。我們更從他在面對種種修行關卡時，所展現的樂觀進取，凡事往好處想的正面態度，進而行佛之所行，見識到其不僅扭轉了自己的人生，也改變周遭的人事物，讓生命及世界充滿了美好。

這一本書，不僅是為佛教徒而寫，相信即便您非佛教徒，也能被此書所吸引。或忍俊不住，開懷大笑；或觸動你心，潸然淚下；又或似曾相識，發出會心一笑……祝福人人都能從此書文字中獲得啟發，尋找內心真正的快樂，感受到歡喜和力量。也希望妙益法師繼續以文字弘法，寫出更多的佳文供養大眾。

推薦序

讀了它，會知「道」！

《人間福報》前總編輯　涂明君

一個遭遇，一段經驗，一次接觸，一番話語，一程旅途，也許很多人都一頁一頁翻篇了，但是，在這本類自傳的作品裡，凡走過都一頁一頁疊累起來，而從中領悟得道。它很貼切地標題為《我快樂因為我知「道」》。

從「集嬌寵於一身」到「披袈裟行雲水」，一位千金小姐，出身優裕、任性跋扈，在參與佛光山短期出家之後，摒棄留學、出嫁之類制式里程，選擇了截然不同的人生。

妙益法師以阿姆斯特丹荷華寺道場與周邊強烈反差的環境開場，呈現在歐洲弘法的獨特，記述歡喜奇遇和堅毅克難，字裡行間語帶幽默，還開拓視野講新知。回溯家庭、學校、佛緣、出家，從叛逆青春到悟道弘法的全過程，千斤重負一一化解，有笑有淚，文字輕巧如說故事。

在家庭，開明寬懷的父母容他進入佛門，實踐化親情為大愛的人生道路。出家之後得以佛緣化解家族鬱鬱長久的心結。在歐洲，融合不同種族的文化衝擊，實踐人間佛教「本土化」。心心念念師父的關愛和教誨，師兄弟的情誼和啟發，昇華為「我知『道』」。「我知『道』」，是這本書的編輯亮點，而所有這些知「道」，並非引經據典的教條，而是記載言語、動作、過程、思索的細節，有的活靈活現，有的風趣幽默，還有「四兩撥千金」的張力。談見識、說遭遇之外，外加妙聞趣事一籮筐。

方才受戒，竟「昏死」進了加護病房，妙益法師在祈禱回向的殷切聲中甦醒，活過來。生命再造之後，背負起一天四次測血糖注射胰島素的生活起居，演繹「有佛法，就有辦法」的弘法之路。

在美國、在歐洲，以不同的視角觀察異國，又因其「與眾不同」的形貌被不同對待；面對的信徒，有成就卓著者、有商賈販夫……得變通對待。遇到難事，可以有佛法就有辦法；遇到好事，正是真善美現形記。其說故事的輕鬆口吻，傳道在無形中，尤其為徘徊遊走在佛門外的善眾開啟了理解佛領悟道的光明燈。

因為「死」過（在加護病房病危昏迷），妙益法師對生死的開示多有著墨。眾生可知法事儀式蘊含多少心路歷程？可知每踏一步、每一進展如何得以心相隨、佛庇護？「嬌嬌女」初次渡亡者、慰生者，有著一個又一個真實案例，並從這些經歷裡成長、知「道」。

帶病色身行雲水，何種力量使他如此堅定？在〈「三間」得宜 幸福安樂〉的篇章裡，有這麼一段與師父星雲大師發人深省的對話：

「妙益啊，剛才我們走了多長時間？走了幾步路？」

「我不知道啊？因為我一直在講話，沒留意啊！」

「我們走了九分鐘，八百五十一步。生活當中，時間、空間、人間這『三間』很重要！『三間』如果處理得好，幸福安樂；處理不好，煩惱無邊。心中時時要有三間，要能掌握、拿捏得宜。」

星雲大師諄諄教誨，慈悲關愛，如同「一筆字」的無上願力，以出世的精神，做入世的事業，圓滿菩薩道，圓滿己道。

推薦序

在眾生中圓菩薩道

前駐德國及駐希臘大使
前外交部領事事務局局長　陳華玉

與妙益法師結緣是在柏林佛光山，我派駐德國期間。印象中，他總是精力充沛，笑口常開，風塵僕僕，來去如風。

二〇一六年七月我曾和妙益法師合作，在柏林佛光山舉辦了一場成功的外交活動。由我以駐德代表名義邀請德國政府官員、大學漢學系教授，以及友好國家駐德大使等，到柏林佛光山來參觀星雲大師一筆字巡迴展，並體驗茶禪。主要目的是要讓外賓藉由佛教在台灣的盛況了解台灣的文化水準，以及來自台灣的佛光山把佛教宣揚到世界各地。當日，妙益法師以流利的英文，深入淺出地帶領外賓賞析寺裡懸掛的多幅星雲大師一筆字作品，讓大家領會了其中蘊藏的佛法、智慧與人生哲理。展場內搭配安排了茶禪，讓外賓在寧靜的氛園中，以平和的心情體驗了茶禪的意境。

隨後，妙益法師加碼安排的「素宴」更讓外賓驚豔。歐美人的素食多半就是生菜沙拉，沒想到佛寺裡的素食如此多樣、精緻、豐盛，又美味可口。素宴席間，外賓們爭相起立發言，表達感謝之意，表示從今天的活動讓他們對佛教、佛法有進一步的認識，表達從星雲大師的智慧法語獲得的啟發與對大師的崇敬，咸認這場心靈饗宴是難得又珍貴的體驗，給予了高度讚賞或極佳評價。結束前，妙益法師再加碼贈送每位外賓佛光山的結緣品，讓外賓驚喜連連、收穫滿滿。

在妙益法師精心策劃與貼心安排之下，這場活動的效果超乎我的預期。原來宗教也可以做外交工作的資源，感謝妙益法師讓我們成就了這場佛教外交。

當日，外賓們體驗了「一筆字茶禪心靈饗宴」之後，溢於言表的歡欣，不就應證了：「我快樂，因為我知『道』」嗎？

這本新書中妙益法師敘述了他出家與弘法的心路歷程，其中有許多令我感動之處，特別是他決定出家的過程，親情割捨的錐心之痛，他撐過了、超越了；受戒、燃戒疤的過程，讓人跟著他緊張又興奮。他生動的描述，令人感同身受，如身歷其境。同時也揭開了佛門深不可測的神秘面紗，讓俗人對佛門有正面的認識，也讓一般大眾明瞭要成為一位出家人是多麼不容易，對法師們更增敬佩。

每個篇章都像在說故事，他用了許多看似平常、真實又有趣的故事來闡釋「快樂」與知「道」，讓讀者很容易接受其中「道」理。

他在海外的弘法歷程，特別是在歐洲，經常跨越國界以及語言文化的障礙，長途跋涉，輾轉舟車，遭遇許多勞苦與艱辛，他每每以「不被境轉、安然自在」的態度來面對，總能「欣賞生命中每一個美好」。他經常臨危受命，即時對信眾開示，卻都能穩住陣腳，贏得如雷掌聲，使命必達。除了聰慧過人，他勤讀苦學、飽覽佛經，讓自己總能引經據典、口若懸河，充分展現高度專業。

書中有許多潛移默化的經典語句，其中之一：「學佛並沒有辦法改變事實，但卻能改變我的心，讓心的力量提升，從而讓我們有勇氣、有智慧去面對、去克服、去超越，然後提升。」他以現代人能懂、能接受的方式傳播人間佛教，以出世的精神，做入世的事業，在眾生中圓菩薩道。我個人也從這本書中獲得許多開示。

他常說：星雲大師總有辦法將深奧的佛法、嚴肅的議題，以輕鬆活潑又深入淺出的方式，讓大家明瞭佛法的義涵。從妙益法師這本書中，你可以發現，他隨時隨處也都是以這種輕鬆活潑、深入淺出的方式在說道、在弘法，與大師如出一轍，看起來他得到星雲大師的真傳了。

整本書如行雲流水，妙語如珠，我看電子檔的初稿，讀到風趣幽默、詼諧逗趣之處，不時對著電腦咯咯笑出聲來，衷心佩服他的生花妙筆。看到他鐵杵磨針的毅力、滴水穿石的堅持，一一克服許多的艱辛與挑戰，成就弘法志業，也不禁多次泫然落淚，當然是佩服與尊敬的眼淚。一本能讓人哭，又能讓人笑的書，無庸置疑是值得看的好書！

自序

我快樂 因為我知「道」

多數人以為出家，日子就此從彩色變黑白，青燈伴古佛，了此殘生。但是，選擇在佛光山出家，出家後的人生，不僅顛覆了一般人錯謬的看法，自己也從來沒想到生命竟能如此精彩！

佛光山「佛光普照三千界，法水長流五大洲」，它是國際化的教團，讓我們有因緣將全世界都成為弘法利生的平台。先是在台灣，然後跨越半個地球至美國弘法，不僅是美國本土各地，中間還曾調至特區關島。

而二〇〇八年，拜中國中央電視台十二集電視紀錄片「大國崛起」紅火之賜，使我那一年的調職更受人注目、羨慕與祝福。「啊！你要派到荷蘭喔！哇！好棒！好了不起！」眾人欣羨我竟然可以如此幸運地調派到其時名列九個世界級大國之一的荷蘭！歐洲是許多人嚮往之地，對我亦然。本以為調至「人間天堂」，自此就可以過著快樂幸福的日子，卻沒想到，在此地的弘法工作，竟是出家以來所遇最艱鉅的任務。

調至荷華寺第一天，從寺院前窗望出，是阿姆斯特丹最知名的粵菜館，烤雞、烤鴨一隻隻羅列，等待饕客一飽口福；後門與 casino（賭場）、酒吧緊緊相連。你以為這樣已夠誇張，但其實我們的左鄰右舍就是聞名全世界的紅燈區、可吸大麻的 coffee shop 以及同性戀酒吧！走在街道上，濃妝豔抹的櫥窗女郎與兩袖清風、一襲長衫的法師，總顯得如此不協調而每每引人側目；這歐洲第一座，也是最大的傳統中國寺院建築矗立在這滾滾紅塵中，亦常遭人質疑。

我在歐洲的弘法生涯就以這麼特別的環境及方式於焉展開！十餘年來，輾轉在荷蘭、瑞士日內瓦及琉森、奧地利維也納、德國柏林、比利時等道場服務，再加上不時須至其他歐洲各國支援，歐洲大陸豐富的文化、藝術及高度公民素養的沃土滋養了我、教會了我許多事，又讓我看到、聽到、感受及體會到很不一樣的人生風景！

Mercer 諮詢公司每年都會對全球國際城市的生活質量進行評級，選出最適宜居住的城市。何其有幸，我在這些大多數城市都曾居住、造訪過。當不少在跨國公司擔任 CEO 的信徒驚訝地告訴我：「法師，您知道嗎？在社會上，想要有您如此的經歷，那得要多少年，又是要到多高的職位呀！」我感恩、我慶幸、我珍惜，因為以一介僧人，佛教、常住及大眾不只孕育了我，還成就我在如此多不同國家、城市弘法！不同的文化、人種、思維、角度等，讓我學習用更開闊的思想、國際的視野與方便善巧來行佛，看到佛法是如何平等無我地幫助每一個人，自己也在其中印證佛法之好、之美、之妙！所以也想藉文章，讓無法與我一同身歷其境的讀者，能透過我的筆，看到、體會到這些精彩！

從小對寫作並不熱衷的我，因著在師父星雲大師的篇篇文章裡，感受到文字的力量及所帶來的甚深感動，再加上師父的鼓勵——要作「佛光山的一枝筆」，讓我有勇氣與動力嘗試以前想都未曾想的寫作，師父開啟了我文字的生命！

經歷過數次生死關卡，本以為自己的生命是稍縱即逝的，但因為有師父、有常住、有佛法、有大眾，讓自己原本不被看好，令人擔憂的生命，有了奇蹟性的改變！於是，我如野人獻曝，著手《我快樂 因為我知「道」》的寫作。從調至歐洲所見所思，再以倒敘手法，將從小嚮往「道」、尋「道」，而後知「道」的過程，用幽默、充滿笑與淚、發人深省的類自傳小說體寫出，希望藉此讓佛法及艱澀的佛教名相等，以更平易近人的方式，為年輕人及一般大眾所接受。

書名為何定為《我快樂 因為我知「道」》？弘法過程中，看到眾生種種的苦，而大家也不停在問：快樂何處尋？信眾亦問我：「法師！出家既不能吃山珍海味，又不能縱情玩樂，還要捨棄那麼多東西，但為什麼您們是那麼開心？」其時，我語帶雙關回答：「因為我們『窮』開心呀！」是的，吾有法樂，所以不樂世俗之樂！多數人日夜孜矻向外追求快樂，卻了不可得！希望大家也能踏著我走過的「道」路而知「道」，找到內心真正快樂！

這些的人事物，有的是親身經歷，有的是同參道友所轉述，希望這些如如實實的生命歷程，帶給讀者一點啟發、一些鼓勵及一絲力量！也希望藉此機會，留下雪泥鴻爪，以感謝師父、感謝常住、感謝父母及一切與我生命交會的因緣。因為是您們，讓我的生命得以延續；因為是您們，開展我精彩的人生；因為是您們，成就了我，讓我能時時歡喜，處處感恩！若能如此，也就不枉初衷！

（註：文中除了我最敬愛的星雲大師及自己法名——妙益，其他人物皆用化名或代號）

目次

紅塵道場

吾有法樂

求道之路

遇見佛陀

人間菩薩

海外弘法

我與家人

師父與我

1 紅塵道場

愈是了解歐洲弘法之不易，心中愈生起一波波的熱忱與悸動，
即使每踏出一步都是如此艱難，
而我多麼希望在歐洲弘法的歷史腳印中，也有我的足跡。

01

荷蘭，我來了

拜中國中央電視台十二集電視紀錄片「大國崛起」紅火之賜，使我這次（二〇〇八年）的調職更受人注目、羡慕與祝福。「啊！你要派到荷蘭喔！哇！好棒！好了不起！」不是我棒，也不是我了不起，而是我竟然可以如此幸運調派到名列九個世界級大國之一的荷蘭，這件事太棒了！

十七世紀，只有一百五十萬人口的荷蘭，竟成為世界經濟中心和海上第一強國，的確讓人不禁豎起大姆指，嘖嘖讚歎：「了不起！」。就這樣，在大家此起彼落的驚呼聲中，我來到了荷蘭。對我而言，除了驚喜，還多了份相當重要的意義——多年前初出家時，心中所想的就是要到歐洲弘法。雖然當初的「第一志願」，並沒有立即實現，中間還在台灣、美國多個單位繞了好幾圈，但終究還是如願到了歐洲！費了大把勁才圓了歐洲夢，怎能不讓我欣喜若狂，更加珍惜這樣的好因好緣！

道場地處阿姆斯特丹的市中心，從中央火車站步行七分鐘便可抵達。想搭乘玻璃船、前往皇宮及水壩廣場都在咫尺。而從寺院前窗望出，是阿姆斯特丹最知名的粵菜館，烤雞、烤鴨一隻隻羅列，等待饕客一飽口福；後門與casino（賭場）、酒吧緊緊相連。你以為這樣已夠誇張，但其實我們左鄰右舍就是聞名全世界的紅燈區、可吸大麻的coffee shop以及同性戀酒吧！走在街道上，濃妝豔抹的櫥窗女郎與兩袖清風、一襲長衫的法師，總顯得如此不協調而每每引人側目；這歐洲第一座，也是最大的傳統中國寺院建築矗立在這滾滾紅塵中，亦常遭人質疑。但，這正是為何要在這裡設立寺院的主因，就如同蓮花出淤泥而不染，而這道場如蓮花擔負著淨化這片土地的重責大任。

02

「巧克力」的未知數

許多人一聽到某某人出家，立刻不禁為其悲從中來，好似生命已走到盡頭，只有「青燈伴古佛，了此殘生」！但，出家卻全然不是這麼一回事！曾經，為了要替自己的出家之路鋪設康莊大道，不斷為家人洗腦。譬如會時時在媽媽耳邊說道：「媽！您就這樣過一生嗎？」「怎麼說？」「您每天的生活一成不變、千篇一律．一大早急急忙忙叫我們起床，擔心我們上班、上學遲到，又怕我們不吃早餐，還得依每個人喜好張羅一番。好不容易送大家出門，才有時間顧到自己，將自己打理好也已近晌午，草草吃了午餐，看看電視、睡睡午覺、做做運動，又差不多是準備晚餐的時候了。晚餐煮好，又引頸企盼大家準時回家，享用您精心烹調的菜餚，總得等到每個人回家吃飽喝足了，您動盪不安的心才得以放下。好不容易一天圓滿，終於可上床睡覺，但翌日天亮時，又週而復始開始一天的生活……您看！您就是這樣過了一生！」

「嗯……好像真是這樣……妳怎麼把我算得那麼準！」「我怎會不知道？您的生活就是這樣的平淡啊！」

看到媽媽哭喪著臉，才意識到我說得有些過火了，其實我只是想讓她認同出家這條路，並不想傷她的心。於是趕緊換個角度：「媽，您不要難過啦！大部分的人其實都是這樣過的，可是，法師就不同了。我們一生認識的人頂多就是親朋好友及同事而已，但是我看法師們真的是廣結善緣，四海之內皆兄弟，而且什麼奇人都有！大家不是常說：『讀一個人就好像讀一本書嗎？』法師們讀了那麼多『書』，難怪個個本領高強，無所不知、無所不能。他們見的世面又多又廣，所以展現出大家風範。媽，您說出家是不是很棒！」還陷在情緒中的媽，很認真地點了點頭，哈哈！洗腦成功！

湯姆漢克斯（Tom Hanks）主演的電影《阿甘正傳》中，有一句廣為傳頌的至理名言：「人生就像一盒巧克力，你永遠不知道你將會嘗到哪種滋味。（Life is like a box of chocolates. You never know what you're going to get.）」出家後，對這句話更有體會，一路走來，也不斷印證此話。

出家以來，從台灣到美國又來到了歐洲，接下來，我又將繼續品嘗風味絕佳且絕對特別的「巧克力」了！人生充滿了未知數，也許是驚濤駭浪、也許是光風霽月，但不管遇到的是什麼，是酸、是甜、是苦、是辣……都是難遭難遇的，那些是珍貴的人生體驗，它們讓我知道人生百態，如實知道世間實相，感謝這些「巧克力」，每一顆獨特的味道，都值得細細品嘗，並從中滋養了身心，豐富了生命！

超脫大「麻」煩

在荷蘭，大麻合法化，也因此，站在山門就有刺鼻的「毒味」撲鼻而來，總被四處瀰漫的大麻煙給嗆得流淚、流鼻水。不過，初來乍到的我，佇立在被中式、港式、泰式、馬來西亞、印尼、義大利各式餐廳包圍的寺前，各式各樣的味道紛至沓來，實在分不出來哪一種味道是「大麻」的味道。久居於此的法師及信眾，只須輕輕一嗅，便知寺前熙來攘往、川流不息的遊客中，哪一位是毒蟲。尚未練就這功夫的我，只有隨時屏住呼吸、緊閉門窗，以免不小心吸入了「毒氣」。否則，回台時可就有「麻」煩了。

有時不免得經過紅燈區，也因身分特殊，總遭人另眼相看或起疑竇；外出時也常被多如過江之鯽，疾風般急馳的單車給嚇得不知何時才能穿越僅二公尺寬的街道；而對每次詢問義工「吃飽沒？」，所得到的答案如出一轍都是「吃過麵包了！」，也百思不得其解，難道吃麵包就夠？不用配菜？不用熱騰騰的湯？華人不都得這樣吃才叫做一餐嗎？加上同性戀酒吧整夜漫天價響、令人徹夜難眠的吼叫聲，與那每晚已齊唱N次的一百零一首歌：「Country Road, Take Me Home,To the Place, I'll be gone……」，都讓我匪夷所思：「奇怪，怎麼來半年了，他們還是唱這一首？而且每夜這麼『認真』地練唱，為何還是天天『走調』？若不是我得與寺共存亡，一定馬上『走掉』！」

在這裡，出門可別想跟台灣一樣。在台灣就算東西南北全搞不清楚，「小黃（計程車）」永遠是我們最忠實的好朋友；在這裡因為短短十五分鐘的車程，taxi 可就要索價六十歐元，所以除非是無計可施，否則絕不輕易動用到如此既高級又高貴的「賓士 taxi」。另外，也別以為像洛杉磯一樣，個個信徒家都有數輛私家車，可以發心載法師四處弘法。在這裡，有轎車的信徒屈指可數，因為不僅車貴、燃料貴，停車費也令人咋舌，路邊停車的計時器是以十五分鐘為計量單位，若必須停車，可想而知得分秒必爭才行。也因此，若要出門辦事，我也學會與荷蘭人一樣，要先做準備功課，善用巴士、電車、地下鐵或火車等大眾交通工具。所幸荷蘭這國家不算大，交通網綿密，也就從善如流了。

當然，還有讓我苦惱萬分的語言問題。到荷蘭之前，有人問：「荷蘭是使用什麼語言啊？」當回答「荷蘭語」時，竟是「哈！還有荷蘭語啊？」這樣的反應！可見這種語言對大家是如此的陌生。有時聽不清楚對方說什麼，請他用英文告知拼法，可是，那每每長達三十幾個字母串聯起來的字彙，總讓雙方努力又努力，但最後總以棄械投降收場。不只是長長的字彙，包括那華人不知要學多久才能發出的R捲舌音，以及不知要損耗多少氣的喉嚨音，都讓人卻步。許多荷蘭籍友人乾脆建議我先學會「吐痰」，再來談下一步！不過，這番折騰下來，發現英文變得好簡單，果真不比較不知道，不經一番寒徹骨，焉得梅花撲鼻香！哈哈，現在可千真萬確聞到英文的香味了。

除去惱人的荷蘭語，記得到荷蘭的第一天，師姐至機場接我回寺，甫見到我，就霹靂啪啦不停地一串廣東話，大概她也突然發覺怎麼我都沒有回應，停頓了一下，我才找到機會告知：「我……我……我……不識聽也不識講啦！」從那開始一個月，原本能說善道的我，不得不安靜下來，因為荷蘭華人多數由香港、廣東移民而來，我不會講廣東話，實在是有口難開啊！可以想像這樣滑稽的畫面：兩個華人溝通，竟要寫紙條，或是用英文輔助，才能略知一二！何況荷蘭那麼小，若一不小心出了國，加上法文、德文也來湊熱鬧，那才真是啞巴吃黃蓮，苦到心裡去了！上個淨房（廁所）要錢、去餐廳叫杯白開水也要錢，隨便點個普通三明治，那花費可是足以在台灣吃頓大餐了。歐洲居，大不易啊！

半年後，當我在數尺之外，就可嗅到大麻味，而馬上採取掩口鼻等保護措施；當我可安步當車行走在紅燈區而自在；當我可在自行車陣中自由穿梭；當我可以正餐只吃麵包夾生菜和cheese，感覺吮指味無窮；當我已習慣去公共廁所，有「使用者本當付費」的認知；當我遊走荷蘭甚或歐洲各國，都可獨自拉著行李穿越大街小巷、上下火車，而無須他人接送；當我可依著《大國崛起——小國大業荷蘭》書中所述，向來訪的各國人士，指出這就是一六〇二年，第一間股份公司荷蘭聯合東印度公司的舊址；那是第一座股票交易所，成立在一六〇九年時；當我已接受歐洲的超高物價，習慣餐廳要杯白開水都所費不貲時；當我可用廣東話在大多數的場合與人溝通，甚至還有人問我是不是從香港來的法師時；當我與許多荷蘭人打交道進而熟悉，然後深深了解為何會有「Go Dutch（各付各的）」這個詞時；當我了解何以在十七世紀，荷蘭人可以通過建造造價低、速度快的船隻，以及良好的商業信用而逐漸占據有利地位，然後在十七世紀中葉，貿易額占有全世界總貿易額的一半時；當我一點都不懷疑負責寺裡大小修繕的荷籍人士Michael告訴我的「荷蘭人可是歐洲的中國人呢！」時……我知道自己無論在食衣住行，甚或行事、想法，都已然融入了這個以風車、以鬱金香、以水利工程聞名世界的國家。

04

她，來了才像個「人」

一日，一位花枝招展、濃妝豔抹的白俄羅斯女子踏入大殿，我如同對每一位訪客這般熱心招呼，並告知可以燃香、點燈供佛，但她卻退縮了，說她不想染汙此塊清淨地。看到她的穿著與舉動，心中已然有數，但仍然引領她至佛前，悉心指導如何雙手合十祝禱。突然間，她哭了，在法師面前她卸下了心防，娓娓說道：「來到這裡，我才覺得自己像是個『人』，受到應有的尊重。我一直很想來，但我在後面的紅燈區上班，怎可以此汙穢之身辱蔑了這清淨的殿堂……」

我告訴她：「佛陀強調『眾生皆有佛性，人人皆可成佛！』佛性人人平等，每一個眾生都是未來的諸佛，所有的諸佛都是當初的眾生。」看她有些許疑惑，再與她分享為人剃髮的優波離及除糞尼提的故事。雖然她的英文不是那麼好，加上一些文化隔閡，好像不能完全理解，但從她不斷感謝此行所得到片刻的平靜及靈魂所得到的救贖，我知道她是懂得的。望著她離去的背影，更堅定要努力以佛法幫助每一位苦難的眾生！

05

抓鬼，佛法驅魔障

荷蘭許多房子都歷史悠久，動輒便是數百年老屋，昏暗的燈光加上老舊的陳設，不免讓人覺得鬼影幢幢。但這好像不僅只是「感覺」而已，剛來不久，就陸續接到眾多求救電話，請我們前去「抓鬼」！你以為是中國人嗎？錯啦！百分之九十九都是荷蘭人！今天希望我前往家中抓鬼的那對夫婦，開一個半小時車滿是疲憊地前來，可以看得出他們備受折磨、心力交瘁。他們緊抓著我的手，請我一定要幫忙！二人說這三個月來，他們找過神父、找過牧師，甚至經人介紹，找到回教、猶太教、印度教的人士，用過各種方式想將鬼「就地正法」，但仍是徒勞無功。

家應該是避風港，是溫暖而讓人能放鬆的。可是對他們而言，回到家卻是夢魘的開始。每當要開儲藏室的門，就好似有一股力量在門後牽引著，形成拉距戰，總要費好大的勁才能拉開……二人都感覺到有「人」（他們補充：不應說是人，是鬼才對！）在盯著他們，或行走在房間各角落……刀叉聲響及各種怪異聲音不斷，心一直不停動盪很痛苦，所以上網尋找佛教寺院，來到這裡求助。他們說佛教是他們最後的希望了！看到二人惶恐不安又渙散的眼神，可以想見受到多大的精神壓力。我問說：「如果告知佛教的方法，你們願意照著去做嗎？」二人馬上回答：「當然！最後一絲希望，也是唯一方法，當然要緊抓住啊！」

我想就從除掉他們內心的魔障開始。「首先您們要去除『抓鬼』這個念頭，而且要思考如何與他們和平相處？或是更進一步幫助他們？」二人一臉狐疑，看得出來對我的「專業」開始質疑，我繼續說道：「在佛教裡，有所謂的十法界眾生，分別為佛、菩薩、聲聞、緣覺，我們稱為『四聖』；天、人、阿修羅、畜生、餓鬼、地獄，稱為『六凡』。四聖六凡合起來，剛好是『十法界』。一般人聽到您們發生的事，也許會說：『哪有這種事？』但鬼道眾生既是十法界之一，看到也就不足為奇，只是他們現在有點『撈過界』，沒有在應該生存的空間……」這麼一解釋，看到二人的心已放鬆不少，而且信服了。「為什麼他們要待在我家不走呢？」「這你們就該讚歎自己了！」「為什麼讚歎？我們並不想他們來呀！」「一是他們與二位必是有緣，才會有這麼一段插曲；二是他們或有所求，知道你們是慈悲之人，可以幫他們，才會找上門，所以只是發出聲響，讓你們知道他們的存在，並沒有真正傷害你們，不是嗎？慈悲是眾生與眾生之間的融和與尊重，所以我們應該對每一眾生給予尊重。鬼也是眾生之一，不要有『抓』的心態，應該以一顆慈悲心，與他們共存、與他們對話。我們一起用佛教誦經回向的方式來幫助他們，希望他們依此功德，放下執著，並進而能上升善道，有更好的歸宿，不要就這樣待在一間小房子，好嗎？」二人點頭稱是，於是我帶著他們在佛前虔誠恭敬地諷誦了一部《阿彌陀經》及阿彌陀佛聖號，然後囑咐二人：「返家後，繼續如是做，若有任何問題，歡迎再蒞寺，希望您們問題能順利解決，不須再為此事奔波了！」

原本欲離寺的二人，看到大殿擺設的禪坐墊，轉身詢問可否帶領他們禪修？好人做到底，更何況是遠道而來呢！二人依照我的方法，調身、調息、調心，靜坐了約莫半小時，當眼睛睜開剎那，眼神已與之前全然不同，他們再度抓緊我的手，跪下稱謝，直說這是他們三個月來，最平靜的一刻，他們終於找到了 peace！

我抓緊機會反問：「你們現在的心已回復寧靜，來之前與現在的心，是不是都同樣是你們的心呢？」看得出他們對這「話頭」，正在非常用心地「參」！我繼續說道：「常有人問：『有沒有天堂？有沒有地獄？』天堂地獄究竟在哪裡？事實上，經過此事，您們應該體會到天堂、地獄就在我們的心裡，甚至十法界都取決於我們的一念。所謂：『心如工畫師，能畫種種物』，世間最好的藝術家，就是我們自己的心，這顆心想像什麼東西，就成為什麼東西。心一變，外在境界都會隨著我們的心而改變。我們要學習將貪、瞋、癡三毒去除，轉惡為善，化苦為樂，把地獄變成天堂，將仇人變作親友。所謂解鈴還需繫鈴人，你們回去，可要好好『化敵為友』。更何況，在現在這時代，有時人甚至比鬼更可怕呢！」

二人不斷點頭稱是，而後那位太太突然低下頭，將靴子的拉鍊整個拉開，我還以為又要出怪招，沒料到她竟從鞋內抽出折疊整齊的一百塊歐元，充滿感激淚水，恭恭敬敬地遞給我：「希望您不要介意（意指從鞋子中拿出的），但我真的非常謝謝您的幫助，所以想以此代表我們的感謝！告訴您這個秘密，我一向都把大鈔藏在靴子裡，除了我倆之外，就只有您知道。」我，怎會介意呢？要讓精打細算、連熱戀中男女朋友外出用餐，都是Go Dutch（字面義為「去荷蘭」，引申為各付各的）的荷蘭人，願意奉獻一百歐元贊助弘法事業，應該不是件容易的事！我想，他們真是深受感動！之後，沒再也沒有接到二人請求「抓鬼」的電話，我知道他們應已重回平靜的生活了。

我知道

感謝諸多因緣成就，讓我有機會在許多人認為是人間天堂的歐洲弘法。因這些難遭難遇的因緣，得以有機會更深入了解歐洲文化，以及學習如何運用善巧方便，在有著數千年悠久基督教及天主教歷史背景的國度，向西方人士介紹佛教。雖然忙，但忙得法喜充滿，心中亦開始描繪起種種「我能為歐洲弘法做些什麼？」的藍圖，希望有朝一日能將所有圖像付諸行動。

06

難遭難遇，擊不碎歐洲夢

之前以為調來歐洲，應該是悠閒而愜意，就該像此地人一般，坐擁好心情、好風景，享受生活。但因緣卻是許多看似慘、看似糟的事情全都被我遇上了，真的是「難遭難遇」啊！夢寐以求的「歐洲夢」，卻是一點一點地破碎了！或許，你們會問，那不就毀了嗎？不不不！此言差矣！由衷感謝這些因緣，因為它們，我才能在道上更精進，才能有如此深刻的宗教體驗。

荷蘭信徒都說：「好奇怪喔！新師父，怎麼自從您來之後，認識您、不認識您的人都『欺負您（指許多難解之事都突然冒出來）』，連機器也都不放過您！」近日有工程用升降梯、暖氣系統、電腦、影印機、掃描機都出狀況……我真不懂，前任法師調職前一日，還在用那部電腦，他一走，就……動彈不得了！是電腦會認人？還是我業障深重？他們更說：「師父啊！我們私底下都說您遇到的，真的一年都難得一次，可是怎麼在如此短的時間，全給您遇上了！」

說實在的，雖然心裡或嘴上有時不免覺得或說出：「我真命苦！」等情緒話語。但是，我並不害怕，因為信徒護寺、護法、護僧之心切，把寺裡所有的事情都視為比自己還重要，除了讓我萬分感動，更激起了「我還能做些什麼」的雄心壯志！

07

親力親為，方知輕重

沒想到原本以為不足掛齒的搬琉璃瓦，後來卻成為全寺戮力以赴、心心相繫的「大事」！

在歐洲建立一座傳統中國建築寺院的道場，本是一艱鉅工程，除建材不易取得，因懂此道的人甚少，維修也是難上加難。雪上加霜的是，金黃色的琉璃瓦，從東方來到西方，也不免發生「橘化為枳」的命運。明明已在台灣通過零下二十六度耐寒測試，但到了氣候大不相同的歐洲，卻完全不是那麼一回事。一入冬，琉璃瓦因無法抵擋嚴寒，爆裂的碎瓦片竟像雪花般掉落，隨時有割傷遊客的可能，這在相當注重公共安全的歐洲，是絕對於法不容的！市政府下令要立即處理此問題，否則只有遭「關門大吉」之命運。「這怎麼可以！佛門一向是普門大開的呀！」心中吶喊著。在做了各項評估後，決定再進一批可抗寒、耐凍的琉璃瓦，重修屋頂。我因緣際會碰上此時調至荷蘭。後來深刻體會到；原來天將降大任於斯人也，還真的要「勞其筋骨」！

記得抵寺第二天一大早七點，大量水泥和瓦片便在大卡車運送下開始進駐。建築材料費用不斷攀升，人工更是昂貴，所以什麼都得自己來，以節省十方信施淨財。幾百包的水泥，一包就達二十五公斤，看似一小包，卻比我全部的家當還要重，費九牛二虎之力搬完水泥，好戲卻還在後頭。下午又有四大車的琉璃瓦送抵，卸貨時，遊客們看到一群老弱殘兵（弱不禁風的我及被我們「壓榨」的老菩薩）搬到腰都直不起來，紛紛伸出援手，激發人飢己飢、人溺己溺的慈悲心。但因寺地處市中心，空間有限，要挪出如此大放置瓦片的地方本不易，加上格局彎彎曲曲不方正，所以真的須「分段生死」，才能搬至預定地。幾片琉璃瓦重達十公斤，若不親自搬，還真「不知輕重」！初抵寺就在百丈禪師力行倡導「一日不做、一日不食」的生活中度過，觸目所及全是黃澄澄的瓦片，無時無刻不在提醒開山的篳路藍縷與艱辛。自己只搬了一天瓦和水泥，就是這番景況，對於師父及長老師兄們當初開山，從無到有的精神與毅力，更加佩服得五體投地。

臨睡前發現在短短一天，竟然有了muscle（肌肉），還自鳴得意地想著明天得跟大家炫耀炫耀。翌日做早課時，連拿磬槌都很吃力，才發現哪裡是muscle，其實是腫起來啦！手臂內側凸起像個小山丘，而且滿是瘀青！信徒們一直不斷道歉：「師父，不好意思啦！才來第一天，就讓您做這麼粗重的活。您會不會被嚇跑，不留在這了。」我答道：「這是我的家，本來就是我該做的啊！我很高興！」「高興？」信徒露出狐疑的表情，我趕緊補充道：「當然高興啊！您們想想，為什麼早不修晚不修，剛好我來的時候開始工程呢？而且剛好在我來的這天得搬水泥及瓦片！雖然不能參與開山，但至少參與了修繕啊！您們有的搬到水泥，沒有搬到琉璃瓦；有的搬到琉璃瓦，沒有搬到水泥，我多幸運，全都遇上了！」

多麼可愛的信徒，他們是真正把道場當作「家」的一群人，所以才如此擔憂法師是否會不願留下。他們還說：「法師對在歐洲的我們，是多麼珍貴。」因此，他們很努力盡一己之力，希望幫法師減輕負擔；他們知道修繕所費不貲，都還顧不及吃飯，就急急忙忙趕來寺裡，希望能多請香客點一盞蠟燭，工程款就多一份著落。多人點燈時，他們會興奮地在法師面前展示那得來不易的歐元，有時也會怪自己老了沒用，一天點燈的淨財都不夠支付工程所需。心心念念，大家都希望工程早日完成，重還寺院莊嚴面貌。

08

不，可能的任務

從台灣來的幾個貨櫃琉璃瓦一起運抵，信眾家中或店鋪只要有多餘的空間，全都貢獻出來給琉璃瓦「暫住」。然而天有不測風雲，其中一位信徒的餐館急轉讓，暫放的瓦片須在三日內全部清空。事發突然，加上道場許多「大將」正好返鄉探親，而我又是個「新師父」，一時之間真可說是「Mission Impossible！（不可能的任務）」但凡事往好處想，Impossible 不就正是「I'm possible.」嗎？我要把它變成「不，可能的任務！」

時間不斷逼近，讓大家喘不過氣。老菩薩們不停自責：「師父，我們老了，不能真正幫到忙……」所以他們無所不用其極，用他們可行的方法，希望可以助一臂之力。他們自掏腰包點了多盞蠟燭，祈求圓通寶殿供奉的觀世音菩薩自己找人幫自己，並希望此事能「大步跨過（老菩薩們教的廣東話，意思是能快快解決、快快落幕）」！果然願不虛發，在寺門口就找到近二十位荷籍人士主動做不請之友，個個還都說：「It's my pleasure！（這是我們的榮幸）」後來讚歎老菩薩功力深厚，一下子就能號召那麼多人時，他們偷偷地告訴我：「師父啊！其實我們也沒那麼棒啦！有的人不知我們要做什麼，嚇得馬上跑開，好似我們有傳染病，有的人斜眼看、有的人白眼乾瞪……但這些都沒關係，我們需要人幫忙嘛！還好我們老，臉皮厚……」忙了大半輩子應該在家享福的他們，為了道場，即使看人臉色也心甘情願！

老的如此，小的、年輕的也是如此。經營 hotel 的陳居士，九歲的小兒子與二個女兒，在家是寶貝，在道場卻變成「童工」，他們紅通通的臉上堆滿了笑容，絲毫不以為苦！陳居士雖然自己經營的 hotel 也在裝修，但只要一得空，就馬上至道場共襄盛舉；多位從小就來寺參加活動的青年，也是打工一結束，水也沒喝、飯也沒吃就馬上報到，一直忙到晚上十一點，要不是隔天一大早還有課，怎會輕易罷休；更有的從早搬到晚，為怕媽媽心疼而不讓他繼續來發心，特別囑咐所有師兄師姐要保密。一位中文學校校長，戲稱自己是「雞手鴨腳（廣東話，意思是笨手笨腳）」，平常在家先生及兒女是絕不可能讓她做這些的，但這次也是二話不說挺身而出；除了多日打電話至夜深，到處招兵買馬，還號召兒子、女兒、未來女婿及親友們都加入，讓大家都有機會為此難遭難遇因緣貢獻己力。有一天，就在以為工作已告一段落，卻又來了一車，此時常被視為脾氣暴躁的兒子竟說：「我們繼續搬，就當作是運動吧！」

多位師兄都是放下工作，全力支援。雖然連日來的操勞，使他們的一把「老骨頭」好似分崩離析，但他們這群稀少有如「國寶」的金剛師兄，為了讓大家放心，趕快在眾人面前展現他們仍老當益壯。有不少師姐住在一小時車程外之的地區，但仍是堅持到最後一刻，大家集思廣益，擬出「作戰計畫」！

猶記得下「最後通牒」的那一天，到晚上九點，雖然已傾全力，仍有一大車的瓦片還待搬回！我知道大家已筋疲力盡，而且損將折兵慘重，不忍心看到如此發心奉獻的義工做到這樣的地步，所以，即使仍為此事憂心忡忡，還是請大家快快回去休息。就算要罰錢，也就罰了吧！此話一出，師兄們馬上說：「師父！我們不累！今天不搬，明天、後天、以後都得搬，不是嗎？租來的車子到明天早上八點才要歸還，我們就不睡覺搬到天亮吧！」老菩薩及所有師姐也立刻跟進：「師父，我們今天也全都留在這裡，不走了！」那一刻！大家心心相繫。

為讓暫放他處「餐風宿露」的十八個貨櫃瓦片全部早日回歸道場懷抱，義工數天內總動員，發心出錢租借大貨車、出力搬運，同心協力從早至晚不間斷，終於圓滿此艱鉅工程。我代表常住致上最誠摯的感謝，大家非但不居功，反而異口同聲：「我們才要感謝常住、法師給我們因緣……」他們同時感謝在屋頂修繕的過程中，接二連三的波折，使得大家有機會「患難見真情」，真可謂一群菩薩摩訶薩！

另外，我們也多了許多朋友，三位修繕的師傅雖已收工，也歡喜加入搬運的行列，連來參訪的荷籍青年看到此情景，也都馬上挽起袖子幫忙，而在搬運過程中，雖占據道路甚久，但後面來車的駕駛絲毫沒露不慍，反而微笑表示「沒關係，慢慢來！」真是諸上善人會聚一處啊！

心上一塊石頭總算落了地，達成任務的那一晚，大家留在道場享用師姐們精心烹調的素菜，為歡欣時刻慶祝，那滋味啊！沒有親身體會，又怎能嘗出那美妙呢？

我知道

出家修道是每天與自己革命，從而不斷向前、向上的過程。以前在美國，遇到的許多都是美國名校畢業博碩士級的信徒，經過好一段時間彼此熟悉、配合，進而了解的過程，終於以真心得到大家之護持。本以為，那應該是度眾生涯中，最難的一道關卡，沒想到，更大的考驗正等著我。

才調至荷蘭，就遇到這麼多「光怪陸離」的事，但就是因為這些「逆增上緣」，讓我在短時間與信眾建立起革命情感，從而互相幫忙、相互提攜，彼此信任……讓我沒時間去想「適應」的問題？因為根本無暇思此，就得全身、全心投入，真正體會到無入而不自得，時時自在、處處自在的境界了。

弘法度眾大考驗

法師在歐洲屬於稀有「品種」！一位中文學校校長第一次蒞寺，雙方互相寒暄過後，他問我：「請問法師貴姓？」我知道校長必定是不了解此緣由，才有此一問。於是我回答：「我姓釋啊！」「哪個 shì 啊？」「就是釋迦牟尼佛的『釋』啊！」「哦！是這樣啊！很少見的姓呢！」（中國佛教出家人都隨教主本師釋迦牟尼佛從「釋」姓，取四姓出家，同為釋姓之意，也彰顯眾生一律平等之意。）見他如此認真研究我的姓氏，一時玩心生起，繼而告知：「對啊，全荷蘭只有二人姓釋呢！」「法師，您太厲害了，才來沒多久，就已對這裡瞭若指掌，真叫人佩服！」怕玩笑開得過頭，老實告知緣由：「因為荷蘭只有我們屬中國佛教寺院，而我們只有二位法師，所以全荷蘭姓『釋』的，當然只有二位囉！」校長恍然大悟！

而在歐洲有許多華人以難民身分移居至此，初來之艱困時刻，多從事餐廳、hotel 服務生或清潔工等需長時間且耗費體力之活，生活相形不易。因為大部分精力已投注在工作上，所以進修或自我充實對他們而言，似乎太遙遠。因此在歐洲弘法度眾，委實是一大考驗，如何應機與藥？如何以他們能懂得的方式傳遞佛法？都是一門門不易的學科。

一次，為大家導讀《六祖壇經》，先講述惠能大師的行誼。我說道：「由於五祖叮嚀『逢懷則止，遇會則藏』，惠能大師於獵人群中隱居十五年，每日為獵人砍柴擔水、煮飯打掃，偶爾隨緣對他們講說佛法。吃飯時，則以肉邊菜維生……」結果一位師姐廣東話、普通話分不清，竟逢人就說：「法師開示時說惠能大師都吃『右』邊菜，真是奇怪，左邊的為什麼不能吃？」這下子，我真的跳到黃河也洗不清了！

10 雞同鴨講，原來是頻率不同

有一位「我執」深重的信眾前來請法。說是請法，可每當我一開口，她便搶在我之前說：「我想……我覺得……我認為……」滿腦子全是我執、我見，心中根本容不下其他。為了消除她根深柢固的種種執著，讓佛法能流入她的心，我先分享一段與師父的接心過程：「一日，我忙於工作至晚上十點半才返寺，師父知道了，立即請我過去，詢問我用餐否？隨後便請師兄煮了一碗香噴噴的麵。如此的關懷備至，讓我打從心底感動。但師父繼續說道：『今日，我要對你有所貢獻，這是為師者對徒弟的一番用心，若你能接受，我就直指你的缺點及須改進之處』……」我告訴這位信眾：「妳看！師父給徒弟最好的禮物就是……」我話尚未說完，她卻已先接話：「我知道，最好的就是給您好吃的……」※◎＃＊……真的忘記那日是如何收場的！

當此類「驚悚」事件愈來愈多，我也不停地反省檢討。本以為是自己的廣東話不夠地道，所以老是發生「馮京當馬涼」的事。之後與人談話時，更加用心揣摩廣東話每一個字的發音與習慣用法，但雞同鴨講仍是家常便飯，我真的不免懷疑起自己的語言能力。

直到有一位在香港出生、長大，廣東話發音絕對標準的法師，也頻頻與信眾溝通不良，我才體會到：原來我們與信眾之間的頻率沒有調好，所以老是接收不良。我不斷思考著如何轉換以他們可理解的方法，將如此好的佛法帶入他們的家庭及生活！至此，更深深體會為何釋迦牟尼佛有千百億化身？為何觀世音菩薩應以何身得度者即現何身而為說法？這真的是佛菩薩慈悲與智慧的展現啊！

我知道

過了美國博碩士級的度眾難關，歐洲這關卡又該如何過？那些美國的信眾，即使心裡有煩惱，但因社經地位及能力等相對較高，生活上至少不虞匱乏。但在這裡，不少信徒在連轉身都難的狹小空間站著洗一天的碗；在油煙瀰漫的廚房炒上一天的菜，也同時吸了一天的烏煙瘴氣；也有的清掃被寵物的排泄物弄得汙穢不堪的屋子等，身已夠苦，在心靈上若沒能得到一點安慰，悠悠歲月，如何度過？

他們有的不識字無法閱讀；有的識點之乎者也，但因工作的疲憊需要放鬆，心裡的愁苦需要抒解，下班之後，他們用打麻將、酗酒麻痺自己，看中文電視打發漫漫長夜。因為無多餘精力面對現實，每個人的背後都有一段說不完的故事！

我知道，即便生活如此艱難，還堅持以淨財或時間等來護持寺院，因為信仰是他們最重要的依靠。所以，即便一說再說，他們對於佛法還是一知半解，但我還是會繼續說；即便他們目前只是拜佛、求佛，還不知要學佛、行佛，但我還是會試著用各種法門接引。希望有朝一日，他們能了知「有佛法，就有辦法」！不僅用佛法幫助自己，也能夠以佛法助人！

11

原諒，獲得重生

素綢個性剛毅、自尊心超強，永遠不在人前低頭，只有她幫人，鮮少接受他人的關懷與幫助。二十餘年前，她從馬來西亞來到了歐洲，與一位來自中國的男子相識、相戀，然後結成連理。原本以為幸福美滿的日子已來到，沒想到男子只是想依靠她得到合法身分，一拿到居留，即刻遠走高飛。後來她才從側面探聽到，他另一個家庭孩子的年齡與自己所生的相仿。原來男子從一開始，便已背叛婚姻！她實在無法接受這殘酷事實，即便她知道男子根本對她已不屑一顧，她仍緊緊抓住那一張結婚證書：「我不會讓你得逞，也絕不會跟你離婚……」

二十餘年來，她無法掙脫這枷鎖，雖然已隔了千山萬水，但他的一舉一動，無時無刻不在牽動她的心。為了確實掌握他的行蹤，她幾近瘋狂，許多人都不得不成為她的「密探」。男子人在上海，朋友去的雖是成都，她仍不管一切，央求在成都的友人一定要去打聽他的下落。男子若過得春風得意，她便詛咒；若是潦倒失意，她便幸災樂禍。她身兼三職，讓自己忙得天昏地暗，晚上近十一點回到家，將一瓶瓶的酒不停地灌入體內，隔天酒氣沖天、蓬頭垢面繼續去外賣速食店打工。她的孩子們，已遭父親遺棄，對於母親的苦，又無力分擔，所以失去了自信，也失去與人溝通的能力。正值青春期的孩子，總是躲在牆角，對於他人的親切招呼、噓寒問暖總是無言以對。

我想再這樣下去，她及孩子們都可能崩潰！但難能可貴的是，她卻對三寶有一份虔敬、供養的心。當頂著被廚房油垢薰得發臭，成條狀的頭髮，一臉惺忪的她將好不容易才賺到的錢拿來寺作功德，收下時我總是百感交集，思惟著如何能幫助他們？如何能將佛法帶進他們的生活？

難得她一天請假不用上班，到寺裡參加共修法會。開示的時段，我特別針對信眾最難解的「人我之間」問題，舉一個真實的例子為大家剖析：「一位單親媽媽辛苦地將孩子拉拔長大，眼看著就是他要畢業，獲得碩士學位的日子，加上孩子在校表現優異，早已被知名大企業相中，一畢業，工作就已等著他。她感到相當安慰，因為這意味著挑在身上多年的重擔終於可卸下。可是她的夢想，卻硬生生地被一通電話給粉碎了。員警沉重地告知，她的孩子在去學校的路上，被一酒醉駕車的青少年撞傷，經緊急搶救，仍回天乏術。

連孩子的最後一面都沒法見到，她手指著肇事者，狠狠地說道：「你奪走我兒子的生命，我一輩子都不會原諒你……」淒厲的叫聲迴盪在長廊，令人不寒而慄。為了讓對方得到最嚴厲的懲罰，她開始了長達七年的訴訟，只希望對方付出一輩子的代價，來償還兒子年輕的生命。每天從早晨醒來到晚上睡覺，她想的除了報仇，還是報仇！七年來日復一日，年復一年，她的心極度痛苦。而每一次的出庭，她就要重複述說這沉痛的記憶。雖然時間流逝，卻沒有成為她最好的治療劑，也沒法從此事平復，反而對兒子更加思念。對於未能讓對方付出慘痛代價，她更是有著深深的「求不得苦」，恨不得親手血刃解心中怨氣。

情緒已近崩潰臨界點的她思惟著：「七年來苦不堪言，有如生活在地獄，還要再這樣過下去嗎？」就在那一刻，她決定原諒對方，不再上訴！在律師的陪同下，與被告見了面。這年輕人七年來也因不斷自責，背負強烈罪惡感而被折磨得不成人形。聽後他跪了下來：「陳媽媽！請允許我這樣喊您，謝謝您肯原諒我！」「不用謝我，這樣做，不是因為我多麼寬宏大量，我是為了我自己！這些年來過著人不像人、鬼不像鬼的日子，每天心中充滿仇恨。直到決定原諒你的那一刻，才得到救贖，七年來，心終於有了未曾有的平靜。」

與信眾分享完此故事後，我告訴他們：「原諒你的仇人、敵人，不是便宜了他們，而是為了讓自己過得更好。」聽到此，她摀著臉抽泣了起來，也許這樣一個故事，觸動了她的心靈深處，也讓她鼓起勇氣面對心裡最深的痛。法會結束後，她獨自來找我，告訴我：她也要與故事的主角一樣，選擇「原諒」！從現在起，她要與三個孩子展開新生活，過屬於自己的人生，不要再活在先生的陰影之下。當她堅定地說出此決定時，從來都是緊繃的臉，難得的浮現了笑容，我知道，她已獲重生！

我知道

人，因為有很多的放不下，生活得很辛苦。若該提起就提起，該放下就放下，就是學佛最好的修行吧！

有一位青年，爬山時不慎跌入山谷，所幸及時攀住樹藤，心中著急的他大喊：「佛祖救我！佛祖救我！」佛祖應聲而至，青年趕緊請佛祖一定要救他。佛祖說：「我是想救你，只怕你不聽我的話。」青年說：「都到這地步了，我怎麼敢不聽您的話？」佛祖說：「好，現在就請你把手放下來。」青年一聽，心想：這還得了，若把手放下來，必死無疑？不但不肯放手，反而抓得更緊。佛祖說：「你如此不肯放下，我怎麼救你呢？」後來，青年因緊抓不放，體力不支而跌落谷底，才發現地面離繩索不過二公尺的距離！

布袋和尚總是背著一個布袋，常說：「行也布袋，坐也布袋，放下布袋，何等自在？」來教化世人，若我們能學習放下心中背負的大小包袱，必能體會到逍遙自在的人生。

12

雲水歐洲，「緣」來都是「善」

在歐洲，正因為法師稀少，所以各分別院若有大法會及大活動，互相支援成為家常便飯，也因此，我們就有了許多與各國信眾廣結善緣及增廣見聞的機會。

在百年歷史的樓房裡，我思考著佛教在歐洲百年的發展。來到了歐洲幾個月的時間，參訪了德國法蘭克福、瑞士日內瓦、法國巴黎、德國柏林等地的分別院，現在的我，又雲遊到了比利時。

比利時

比利時的道場位在安特衛普市（Antwerpen），多數人對比利時的印象可能止於鋒芒盡出，擁有全歐洲最美廣場的首都布魯塞爾（Brussel）身上，其實第二大城的安特衛普，不僅被美國《新聞週刊》選為八大最具創意城市，也被西歐年輕藝術家視為秘密天堂。這裡到處都是文藝復興時期的建築與雕像，鵝卵石路旁是一間又一間前衛新穎的餐廳、咖啡座，商店則像是藝廊般，連空氣都好像瀰漫著深厚文化的優雅韻味，是完美的歐洲縮影。雖不及其他歐洲大城市令人驚豔，卻令人感覺清新脫俗；雖不是要角，卻比主角還動人，令人印象深刻！我們的道場就在這迷人的城市中，從有「鐵道大聖堂」的安特衛普中央車站步行前來，只須約三分鐘。

在這具百年歷史的屋子裡走動，常有時空交錯的幻覺，好似自己真成了古人。每個壁爐都由不同花色的大理石砌成；地板由片片木片拼湊成經典圖案；須用盡全身力氣才拉得動的老式木片百頁窗；最特殊的是幾乎已失傳的彩繪玻璃，其中有一片經市政廳認證，已算是市寶級文物。傳說中，有位名叫安提崗（Druon Antigon）的巨人，占據了斯克爾特河（Schelde）畔，向來往的船隻收取稅金，如果不從的話就砍斷船員的手掌。勇士布拉博（Silvius Brabo）為民除害並砍斷巨人之手將之丟棄河中，也代表安特衛普恢復自由通暢，這便是「安特衛普」市名的由來。字首 Ant 是手的意思，而字尾 Werpen 則是丟棄的意思，組合起來即是 Antwerpen。而這片玻璃不但有過去的市徽，還有象徵性的二隻斷手，目前在安特衛普，可說是屈指可數，所以更顯得珍貴。

一九九八年，在眾多信眾奔走努力下，道場終於開光落成。說來又是一樁有願必成之印證，當信眾正尋尋覓覓合適地點時，恰好現址在拍賣，本來有許多人都想標下此好地段的這棟樓，但後來在信眾努力遊說下，其他競標者全都自動棄權，得以好價格買下，成就弘法事業。

我就在這棟古意盎然的挑高樓層裡，看著那好似在述說歷史的每一景每一物，不禁想起在歐洲能有佛教寺院，是多麼難遭難遇啊！在十九世紀初期的歐洲，只有少部分學者在學術上從事佛學的研究，大部分的民眾對於佛教依然十分陌生，直到十九世紀末葉，東方國家才主動加強佛教在西方的傳播。二十世紀伊始，佛教在西方國家開始生根發芽，至一九九〇年開始，家師及師兄們開始在英國、德國、法國等地設立道場，弘揚人間佛教，佛教在歐洲終於露出重重曙光！因一些條件之限制，腳步雖沒其他洲快，但在十幾年的耕耘下，在英國倫敦、曼城；法國巴黎、德國柏林、法蘭克福；瑞士日內瓦、琉森；荷蘭、比利時、西班牙、葡萄牙、奧地利、瑞典等地都有了道場，佛教不但漸漸融入當地社會，而且佳績頻傳，不斷為人間佛教的弘揚創下歷史。

至首都布魯塞爾拜訪信徒，行經知名景點尿尿小童旁的巧克力販賣店時，突然衝出來一位年輕女孩，突兀地問我：「請問您是出家人嗎？」當我回答「是」時，她說：「我終於找到了！」她在比利時念研究所，在家自修已好長一段時間，想皈依成為一位真正的佛教徒，但在布魯塞爾找了好久，遍尋不著一處可「皈依」處，她一直誦經回向，希望因緣成熟！這在佛教蓬勃發展的地區是多麼難以想像？我也不知為何剛好會繞遠走這條路？為何恰恰相遇？也許一切皆是因緣所成。我為她介紹了位在安特衛普的道場及其他歐洲的分別院，並請同行住在布魯塞爾的信眾多加照顧，終於看到她眼中閃著光采！

德國

大家都說今年歐洲的天氣相當怪異，還是夏天，卻已然有著秋天的蕭瑟與淒冷。在法蘭克福時，連續幾天刮風下雨，許多留學生要到道場參加讀書會，就藉此機會來煮個煲湯為大家暖暖身，煮了湯，想到那些青年只喝湯可能不夠，於是愈煮愈多，結果擺出一桌的菜。在既歡樂又溫馨的氣氛下用餐，其中一位二十歲，才來半個月的青年竟然吃到哭了出來，他說：「昨天，師父說要請我們吃飯，我以為只是煮鍋湯，沒想到是這麼豐盛的一大桌，待會要打電話跟家人說要他們別擔心。在這裡，您們把大家照顧得那麼好……」

臨行之前，帶著這一群青年在佛前禮拜，向佛菩薩告假（say goodbye）。其中一位問道：「師父，以前去美國西來寺，覺得它像紫禁城；去紐西蘭的道場，覺得它像座城堡，為什麼在歐洲的道場就顯得又小又舊……」我勉勵他們：「就是因為在歐洲弘法困難啊！所以你們要幫常住、要幫法師的忙，現在好好讀書，將來學有所成時，人間佛教在歐洲的弘揚要靠你們囉！」他們全都堅定地點了點頭，彷彿說著「他日看我」！後來我必須繼續往下一個行程時，他們問我：「師父，您什麼時候還會再來？」我說：「有因緣一定會再來！」並且告訴他們：「佛門常說『一期一會』，『一期』，表示人的一生；『一會』，意味著僅有一次相會，如果每一次相會，都能抱持一期一會的心情，這稀有的一會將會如夜半的曇花一現，讓人心嚮往之，並更知要珍惜！」有了青年的加入，就有了希望，未來迎接我們的相信是一條康莊大道！

法國

二〇〇七年國際佛光青年會議中，有幸與各國青年進一步的交流，其中巴黎佛光青年團讓我印象深刻。他們大多是十四至二十歲之間，都是因父母的接引而接觸道場。青年們除了幫忙道場事務，也在道場學習中文、在兒童夏令營中當小老師、舞獅、行堂、跳敦煌舞等。充滿法喜的青年們呼朋引伴，發心來道場幫忙，並在活動中結交到更多朋友。在會議中，他們特別以一首歌獻給常住及所有與會大眾：

第一次聽說佛光山，真的以為是座山。懷著很好奇的心情，踏進巴黎佛光山。本以為會很大很美，但卻是破破爛爛。就是這間小小佛堂，感覺是那麼美好，看見了慈悲的師父，還有忙碌的義工，但每個人的臉上掛著幸福的笑容。一轉眼時間過得好快，佛堂愈來愈有活力。不久就會有新的道場，很寬廣也很莊嚴。我們很快就要搬家了，實在是很捨不得，忘不了我們的道場，那裡的美好回憶。希望在新的道場，大家仍那麼發心，保留那一份溫暖，那一份感動。等新的佛堂建好以後，我們要一起發願：巴黎舉辦佛光青年會議，歡迎大家的到來！

在吉他伴奏及感性的歌聲中，賺盡了所有青年及法師的眼淚……難怪師父總是說：「佛教未來的希望在青年！」這首歌是否也深深地觸動了您的心？

到了歐洲才了解歐洲弘法的困難，所謂「眾生無邊誓願度」，看到廣大眾生需要佛法，真的是沒有資格懈怠。尤其看到許多道場的老菩薩們，不因年紀大、不因身有老病苦，而停止他們護法護教的腳步，就更覺得了不起！

巴黎的老菩薩們從六十耳順之年知道籌建新道場開始，每個星期堅持不懈，努力做著一顆又一顆的粽子、一個又一個的包子義賣，二十餘年來，累積百萬、千萬顆的發心，就是為了能夠將新道場建設完成，讓大眾有更舒適的場地聽經聞法，精進修持。

奈何法國法令規章是如此繁複，行政效率是如此浪「慢」。有一次在巴黎，一位老奶奶級的信眾拉著我的手，說道：「師父，我已經八十三歲了，不知能否等到新道場開光落成……」我聽了，忍住淚水，以堅定的語氣告訴她：「就快了，很快就能完成，我們大家一起來努力！」

這位老菩薩也是義賣組的創始成員之一。「您已經八十三歲了，那您是義賣組年紀最大的吧？」「師父啊！我是其中最小的啦！」這些信眾對常住的護持，都提醒我不忘初心，以弘法為家務、利生為事業。這些平凡中有著不平凡的大菩薩們，如醍醐灌頂，滋養著我的法身慧命。

在巴黎信眾全心全力的護持下，巴黎有了二座新道場：二〇一三年七月七日，歐洲總部法華禪寺落成開光，以及星雲大師歐洲弘法首站的巴黎佛光山，歷經二十三年土地被徵收、歸還，經設計重建後，於二〇一五年六月二十八日舉行落成開光典禮。

「在漫無邊際的大海，一條船在飄蕩中駛向不可知的未來，大家像麻花捲般蜷縮在船底，近一個月的航程，無法舒展。吃喝拉撒睡全就地解決，空氣汙濁，充滿尿騷味與各種惡臭，沒有充足水分和食物，亦不知道能否保住自己的性命，更不要談什麼前程，一切聽天由命。多少親友因體力不堪負荷在半途中往生，沒能迎接新生活……」這是一位瑞士信徒敘述她從越南來到瑞士的經歷。

一九七五年，長達二十年的越南內戰結束，但越戰的勝利並沒給越南帶來和平，越共對人民進行慘無人道的折磨，這使他們下定決心，歷經千辛萬苦來到歐洲。

好不容易來到自由國度，因緣際會下，一次手受傷找到一位傳統跌打損傷的師傅治療，在舉目無親又得靠自己活下去的情況下，因環境所逼她成為他的第三個老婆。長達二十餘年在夾縫中求生存，沒地位也沒了脾氣。只有一事讓她津津樂道，那就是佛光山在瑞士設立道場，這讓從小就有深厚佛教信仰的她欣喜若狂。自此，她在道場裡忙進忙出，忙義賣、忙布置、忙所有的事，雖然身仍是苦的，但精神上終於有了寄託。

後來，在忍氣吞聲二十多年後，她下定決心離開那讓她身心受創的家，展開新生活。但沒想到，大女兒此時罹患了躁鬱症，她說：自己的業障必定很深很重，才走了一個煩惱，又來了一個！若沒有佛法，她不知何以為繼；也因此，她的自卑從來沒少過。她說：從來沒想到卑微的她，能認識十八般武藝都精通的法師們，覺得有如作夢般。還能與法師一起共事，並得到讚美，她真的很感恩。

我告訴她：「每個人對偉大的定義或有不同，但在我們心中，您們這些不求名、不求利、不求權，默默發心的信徒，在我們的心中至為偉大。出家修道的過程中，有時或有高低起伏，但每每看到您們的發心，都讓心生起無盡感動，而能繼續向佛道邁進，所以應該是我們感謝您們才對。」看到她的釋然，我也鬆了一口氣。

這些義工無須任何的掌聲，一份宗教情操，讓他們數十年如一日，令人不由得豎起大拇指讚歎。即便在福利這麼好的瑞士，同樣有苦難的眾生；即便看似人間天堂，但是過度安逸的生活，卻讓他們生活無方向。我想，我們要做的事更多了！

我知道

雖然在歐洲，弘法的種種條件比起其他洲較不具足，相形之下更為艱困，但正因為如此，如果佛教能在當地生根、發芽、開花、結果，是否更能顯出其不凡？也正因有許多尚待開發的領域，所以就更有無限的可能。不禁在心中悄悄發願，當盡己所能，戮力以赴在歐洲弘揚人間佛教。也正因如此不易，我們每跨出一步都值得喝采，我們每做的任何一件事，都可能是歐洲佛教史上的第一次，都是在樹立新的里程碑！在歐洲，佛教要本土化，難！但不可因為難就退卻，因為，不做就永無可能。我想，在歐洲的感動，應是一個 Never Ending Story 吧！

細想著來歐洲的點點滴滴及一次又一次的感動，來的愈久，經歷愈多就愈深刻體會在歐洲弘法的不易！以前在美國負責工程時，面對美國政府嚴苛的建築法令已覺得疲於奔命；來到歐洲，更覺得難上加難，各國的語言、法令、人文風情全都不同，已是重重關卡，再加上信眾並不如其他洲多，淨財相較也少，但偏偏此地物價奇高，僅僅是修繕工程，可能動輒就是幾十萬至數百萬歐元；更不可思議的是，連處理垃圾也是另一大筆錢。丟垃圾如此貴，建設及修繕更是天價，在歐洲生活真是大不易啊！以前是過客，來時走馬看花，總以為天堂不過是如此，但真正在當地「生活」，才更如實體會個中三昧。

愈是了解歐洲弘法之不易，心中愈生起一波波的熱忱與悸動，即使每踏出一步都是如此艱難，而我多麼希望在歐洲弘法的歷史腳印中，也有我的足跡，雖然可能微不足道，但至少也有我一份的努力。因為信眾真的是求法若渴，每每看到大家領納佛法時，那如同久旱逢甘霖的歡喜與激動，我也不禁隨著激動起來。佛法在歐洲的弘揚，雖「難行」，但一定「可行」！

2 吾有法樂

許多人盛讚歐洲是人間天堂，
我想是因為歐洲人愛這片土地，也以此心善待這片土地，
才能成就這樣的好因好緣好結果。

從踏上歐洲這片土地，面對陌生的環境、陌生的語言、陌生的文化，在在告訴自己，唯有讓自己融入其中，才有資格及能力在此弘法利生。

我學著觀察歐洲人如何生活？如何處事？了解他們的文化、習慣及禁忌等等。

面對與自己所知、所認為、所熟悉的有不同之處，或是有衝突之時，還是告訴自己：放下自己的我執、我見及我慢，唯有接受，才能不與所處環境及人事物產生對立，才能不消耗自己弘法利生的力量。當如是觀、如是做、全面接受，我發現自己學習到更多；體會到更多；當然也成長許多，弘法之「功力」更為增進。

一路走來，感謝每一位相遇的德國人、荷蘭人、法國人、瑞士人、葡萄牙人、瑞典人、芬蘭人、西班牙人……他們都成為我的老師，教會了許多我以前不知道的事！

2

01

一板一眼，嚴謹德國經驗

德國人的一板一眼、不虛華、誠實可靠的作風，對於許多人（包括自己），都如一記當頭棒喝！就以德國的駕照管理制度及垃圾處理來說，就能一窺堂奧！德國成年人的汽車持有率很高，而事故的發生率卻很低，這與德國科學、合理、實用、嚴格的駕照考試制度有著密不可分的關係。獲取德國駕照須通過急救訓練、理論知識培訓和考試、路訓和路考。一切的基礎皆建立在尊重與守法兩大原則，操縱技巧反倒是其次。此外，也特別強調保障安全和控制情緒，所以車輛維修也在考試範圍內。在路上看到車拋錨或發生車禍而不拔刀相助者，亦會受罰。

在德國，考駕照一定要報名駕訓班。十四堂各一點五小時的理論課程須「無一缺席」，經由教練確認道路駕駛能力，並完成十二小時的高速公路、鄉間道路與夜晚駕駛等「特殊駕駛」練習及六個小時的急救課後，才能參與理論與道路考試。德國的駕駛學校沒有訓練場，所有的練習都在實際道路，包括大街小巷、超市的停車場、高速公路等。所有學生從第一堂駕駛課起，就直接坐上駕駛座，在教練的陪同下學習各種路況駕駛。德國能擁有全世界唯一的無速限高速公路，絕不只是嚴格的駕照制度，其他諸如嚴謹的汽車定期檢驗要求、影響力巨大的德國汽車工業、保養良好的公路品質等多重因素，都是背後推手。

而垃圾處理就更令人瞠目結舌了，聽說許多留學生初到德國，房東教的第一件事就是垃圾分類。每戶人家根據使用垃圾袋的大小，向政府繳納一定的費用，每年年初，市府都會將新一年的「垃圾清運時間表」及「垃圾分類說明」，挨家挨戶地投到各家的信箱。德國是全球垃圾循環利用做得最好的國家之一，其循環利用率達百分之六十五左右，在全球處於領先地位。回顧德國的垃圾分類回收歷史，要追溯到一九〇七年的德意志帝國，民眾垃圾分類習慣養成已逾百年歷史。從幼稚園階段起，學校會系統性地教導學生實施垃圾分類，並告知保護生態環境的重要性，此便建立了垃圾分類回收的集體意識。

德國日常生活中垃圾一般可以分為七類：生物垃圾（Bioabfall oder Biomüll）、廢紙（Altpapier）、包裝袋（Gelber Wertstoffsack）、舊玻璃瓶類（Glas）、特殊有毒垃圾（Sonderabfall）、其他垃圾（Restabfall）以及大型廢棄物（Sperrmüll）。為了強制每個居民分類倒棄垃圾，德國政府制定了一套嚴格的處罰規定，並設有「環境員警」。一旦發現居民亂倒垃圾，就會發警告信；如不及時改正，會發罰單；再不改，收取垃圾的費用就會提升，從而加重整個小區住戶的垃圾處理費用，不僅會招來鄰居的譴責，甚至有可能被管理員趕出公寓。為了適應垃圾分類，每個家庭垃圾桶也都分為幾個格子，把紙、塑膠和廚餘垃圾等分開，以便隨手分類。

就整個德國來講，其垃圾處理的政策包括三個方面：一是儘可能地避免垃圾的產生；二是在垃圾的產生不能避免的情況下，使垃圾在材料或能源方面能夠再回收，能被最大限度地再利用；三是只有不能被再利用的垃圾才可被環保地處理。

佛教講求的惜福觀念，在此竟如此地被落實！而同時人人也都是警察，若是垃圾未確實分類，或是食物不當浪費，可是隨時都會被糾舉的。

我知道

在柏林服務時，我們的好鄰居 Rutz 先生，總用他有限的英語，試著教會我所有的垃圾處理方式，說不通時，他就乾脆幫我將所有垃圾一一分類，然後要我試著記下來。有時他在他家窗口看到我又分類錯誤，總是急得衝下來，再幫我歸類到正確的位置。這也難怪德國一切井井有條，許多嫁給德國人的華人太太看到婆婆的廚房及流理台，都備感壓力，因為二十年如新，乾乾淨淨，連水漬都看不到！

德國人做事嚴謹，道場德籍信眾參加法會或活動絕對準時。該禁語時絕不散心雜話、該排班時絕不爭先恐後；而一旦應允幫忙常住某事，就一定做到確實，譬如他們發心承擔午齋善後、洗碗與修繕工作，所有工作都自訂一套 SOP 標準化流程，一定做到好才會告假離寺，所以事情交給他們，百分百放心！也因此，在道場之運作上，運用各種善巧方便，讓德中人士適才適用，各有舞台，彼此又能合作，從中學習及欣賞到各自之長處及美好，截長補短，讓德中人士相加，得到最大加乘效果！

02

列車驚魂，一堂公民道德課

在歐洲搭火車，可是家常便飯，更是一件既方便又舒適愜意的事。有時若不趕時間，寧願選擇搭乘十幾個小時的火車，享受「慢活」，看著窗外的景色由交錯縱橫的運河，轉變成牛羊安閒徜徉其上的草原，繼之是高聳筆直的白樺樹林，這也意謂著將跨越荷蘭邊界，駛向另一個國度。在穿梭各國的高速列車中，如歐洲之星（Europe Star）、法國的 TGV 及瑞士國鐵（SBB）的 ICN 列車等，我尤其鍾愛德國的高鐵 ICE（Inter City Express），它就像德國人給予大眾的印象，非常沉穩內斂而實在！不僅外型線條簡潔具現代感，內裝亦舒適明亮寬敞，令人不再視長途旅行為畏途！

有一次，由瑞士的道場要返回荷蘭，刻意搭 ICE 列車，想著可以享受車上十個小時無人打擾的靜謐時光，一覽沿途的湖光山色。因瑞士道場位在一座小鎮，地處偏僻，一大早天色未亮，大地還在沉睡時，便拉著行李坐電車，以便趕上由瑞士最大轉運站 Basel 啟程的直達火車。空氣冷冽清新，把握機會多吸幾口這在其他地方有錢也買不到的「寶物」，然後再撿拾鄰家掉落在地上的有機蘋果，做為路途上的口糧，多麼的心曠神怡！

找到座位，放置好行李，以最舒服的姿勢將自己安頓好。一路上冬天的暖陽照拂著，手中拿本書隨意瀏覽，累了小睡一下，醒了繼續看書、看風景，真是人生一大幸福事。加上服務人員的可掬笑容，軟硬體搭配得宜，這樣的氛圍令人完全忘卻長達十小時路程可能產生的疲憊。感覺沒多久的時光，看見日落西山，才驚覺一晃眼七小時已然流逝，而火車也一路跨越瑞士、德國，駛至德荷邊界，約莫再過二個多小時就抵達了。出門多日，雖掛念寺裡的一切，但德國 ICE 列車的舒適是出了名的，很想就這樣一直待下去。

也許我的心念又感動諸佛菩薩，列車由鬧區慢慢駛向黯然無光不知名的小鎮停靠，印象中沒有經過這一段路，心中感到奇怪！聽到緊急剎車聲，這次十分確定是 something wrong！往微微燈光處張望，連個站牌都沒有，理應不是停靠點才是，但為什麼會「停下來」呢？就在此時聽到廣播：「Dames and Heren……」先是荷蘭語，除了開頭的「各位女士先生們……」接下來近五分鐘的話完全聽不懂。接著又來一段德語，但仍是有聽沒有懂。我豎起耳朵準備好好聽個仔細，此段結束的英語廣播，應該是我最後唯一能夠了解發生什麼事的機會了。

經驗法則告訴我，廣播順序都是這樣，但今日的不尋常事，卻顛覆了此法則，德語結束，廣播聲音竟就此嘎然而止！看到車廂內其他人紛紛東張西望：到底發生了什麼事？找個人問個清楚吧！旁邊有位看來面善的男士，於是就問問他是否知道是什麼情況？他說他也摸不著頭緒，因為他是從英國來歐陸自助旅行的，對剛剛的荷文、德文廣播一句都聽不懂。可是他卻自告奮勇，表示要去了解。原本來自世界各地、互不相識的旅人們，竟毫無鼓譟，反而歡天喜地向中段集中，分別自我介紹然後聊起來，倒好像開起了party。這時候英文廣播響起：為了表達歉意，車上的bar提供免費冷飲，感謝大家的體諒！廣播結束，有一位年輕人做不請之友，主動幫大家拿取飲料，貼心地記下每個人不同的需求。他也注意到蜷縮在角落的我，來詢問是否要喝點什麼？他很樂意為我服務。但寒冬的夜晚，只有冷飲，只好敬謝不敏。整顆心掛念著到底發生什麼事？當然是無心在吃喝上了。反觀四周，當那位好心年輕人唱著歌，抱著令人目不暇給的各式飲料回來，現場響起英雄式的歡呼聲，「啵！」「啵！」「啵！」的開罐聲四起，這下可真成了party了！

我納悶的是，很多人是要趕到荷蘭的史基浦（Schiphol）機場搭機，這麼一耽擱，應該是來不及了，卻絲毫無一點慍色？歐洲人受到文化藝術陶冶之深，以及公民素養之高，真是令人驚訝！想著想著，那位四處打聽消息的英國男子返回了，看來似乎已蒐集到第一手情報。

只見他面色略帶凝重地宣布：「車上有一個人，突然死亡，因情況不明，不知是否有他殺嫌疑，所以在還沒查清楚之前，任何人不准上下車，列車要完全封鎖！」聽後只有我心急如焚地問道：「那大約需時多久？」「No one knows !」沒有人知道！因為還得等警察一一盤問每個人、盤查每一處可疑細節，待事情明朗後，列車才會啟動！「My Buddha ! 這種事都讓我遇到！」心裡大叫不妙！此時警車及救護車的鳴笛聲由遠而近，火車已被這些車輛團團包圍住，大批警力也陸續進駐車內。

眼看二小時已過，絲毫沒有任何進展，警察仔細地盤問每一個人並檢查身分文件，輪到我時，我問：「還要等多久？」警察仍是無奈地搖搖頭回答：「No one knows !」我從焦急地左顧右盼，到繼續拿本書打發時間，然後到心已不抱存希望；周遭的人也從自我介紹，到談及此行一路趣事，聊到從小到大的成長過程，聊到大家都累了打起盹來。如此折騰一番，是該睡了，夜已深，已經半夜一點了！我也盤起腿來，什麼也不想，放空吧！好好養精蓄銳才是王道！

迷迷糊糊中被雜沓的人聲吵醒，服務人員及警察又來了，他們帶來一好一壞的消息：好消息是再過十分鐘，車子將重新啟動；壞消息是，火車無法照原來的路線行走，所以車上八成的乘客都要至不同停靠站轉車，才能抵達目的地！即便此時，還是無一人喧嚣，反而對一一耐心檢視車票，仔細告訴每一個人如何轉車的服務人員，稱謝不停！至此，之前心裡的「匪夷所思」已消失殆盡，取而代之的只有無限的敬佩。這次的火車驚魂，扎扎實實地為我上了一堂永遠難忘的公民道德課！

我知道

雖然幾經周折，但終究還是在翌日清晨抵達久違的阿姆斯特丹！

當迎向晨曦時，我展開笑容感謝這一次的經歷，一是它讓我難得有機會看到如此絢麗的朝陽（因為平日此時在做早課沒機會看到），二是ICE票價不便宜，我在上面多待了近十個小時，算是大賺一筆，還成全了我期望在列車上多待些時間的願望。凡事得往好處想！

同樣搭乘交通工具，每一次的奇遇，都讓我對歐洲各國民族性與文化，有了更深一層的認識。

03

南法21小時，兩道彩虹畫圓滿

話說正如火如荼在日內瓦籌備二〇〇七年國際會議的大家，晚上忙到近十二點，都還不知何時可以就寢，這時住持告訴大家一個天大的好消息：「為了體恤大家連日來的辛苦，明天早上五點出門，要讓大家relax（放鬆）一下……」非常感謝住持的好意，因為若在會後才去放鬆，連日來已操勞過度的我們，可能連欣賞的力氣和雅興都沒有，所以才提前來慰勞我們吧！忙到近凌晨三點才得以回寮就寢的我們，道別的問候語竟是：「See you later！」真的是「等會見！」因為再過二、三個小時，同甘共苦的夥伴們又即將相見。

清晨五點，睡眼惺忪的我們，在一片漆黑中，展開了旅程。但截至出發前，大家都不知目的地是哪裡？後來互通片段消息，拼湊起來，才知要去普羅旺斯！我們幾個人一起驚訝地問道：「是那個法國南部的Provence嗎？」「是那個有很多Lavender（薰衣草）的Provence嗎？（大家故意以法文發音唸出此地名，一時之間，好像車上已充滿著花香。）」當一個個問題的答案都是Yes時，我們這才百分之百確定真的要去那薰衣草迎風綻放，鮮麗的色彩妝點翠綠山谷的地方耶！

奈何，心有餘而力不足的我們，一路上都被瞌睡蟲「綁架」，明知一路從瑞士到法國南部的景色，絕對是賞心悅目，並可能只一期一會，下次再來不知何年何夕？但是，整車的人幾乎都累到呼呼大睡，一小時後我們被叫醒，原來在這麼短的時間，我們已然從瑞士到達另一國度——法國，住持催促著大家去看不容錯過、相當有名氣的安錫湖（Lac d'Annecy）。

聽說安錫（Annecy）本是個著名的花城和旅遊避暑渡假聖地，是阿爾卑斯山區最具魅力的城鎮，位於安錫湖的北端，四周被覆滿白雪的山脈環繞著。中世紀城區裡有運河、鮮花圍繞的橋梁和拱廊街道；還有特定觀光景點值得一訪，如宏偉的小島宮（Palais de l'Isle），堤塢運河（Canal Thiou）中十二世紀的監獄，蓋有角樓的安錫堡（Chateau Annecy）則高踞於城鎮上方的山丘，可俯瞰美麗的安錫舊市區與清澈湖泊。在此還可遠眺白朗峰與阿爾卑斯山的絕佳景色，即使在盛夏都還可看到山頭白雪皚皚！

一大早根本來不及多加件衣服的大夥，被從湖面吹來沁涼如「冰」的風，從萎靡不振立刻警醒起來，真的感覺到何為「避暑」了。但從清晨六點在湖邊照的相片，仍然看得出就是「想睡」！

雖然一路我們都在半夢半醒之間，但體貼的同車還「醒著」的夥伴，總是很盡責地看到任何令人驚豔的美景，就以絕對會讓每個人醒過來的高分貝叫醒大家，所以每一次醒來，迎接我們的都是絕佳的風光、都是一個又一個的 surprise！這旖旎的風光，讓我變得神經兮兮！為了睡覺與美景，魚與熊掌都能兼得，所以即使在睡夢中，都很盡責地拿好照相機 stand by，以便一張開眼就可捕捉明媚景色，一來不枉走這一遭單程長達九個小時的旅程；二來也能將美景與世界各地關心我的家人、朋友分享。不過，為了在這艱困環境中還能拍到好照片，全車的人幾乎都慘遭我「毒手」，只要我一有動作，即刻哀嚎聲遍起，不是被我壓到、踩到，不然就是差點被我那兩隻不知何時會突然冒出來的手打到，可是為了能拍到那可能萬中得一的照片，只好「辣手摧花」，對大家抱歉了！

一路上從安錫到第二大城里昂，到目的地普羅旺斯，「看到薰衣草田了沒？」「NO！」這中間的曲折離奇待我娓娓道來。話說我們這一行總計十六個人，卻沒有一個知道確切的位置，甚至法文也都馬馬虎虎，但這一路卻是「成果輝煌」，被警察攔截三次；被後面來車警告了無數次（因為一直都在找路，所以每到叉路必猶豫不決，所以總讓後面來車氣急敗壞地叭叭叭叭。）；經過十餘個收費站（到歐洲旅遊，還真得財力雄厚才行！）；造訪了近二十處淨房（廁所）。被攔截的三次，第一次在高速公路，被警車示意靠邊停車時，每個人都「魂飛魄散」，是我們超速了嗎？是否大家都帶了護照等證件？又因為一直找不到地方可靠邊停車，所以心情可真是「嚇」到最高點！後來當警察告訴我們是車門沒關好，才知是虛驚一場，自己嚇自己！

從早上五點出發，一路風塵僕僕，經過七個多小時，終於抵達那不知魂牽夢縈多少次的普羅旺斯。可是，當地的人卻告訴我們：今年薰衣草提早收割了！大家頭上馬上冒出一個又一個問號：「那我們來幹嘛呀？」惡耗一傳出，大家像洩了氣的皮球，整個就是無奈、無力、無言，沒想到連這小小心願也難以實現。正好已是用餐時間，於是大家打算先用午齋再繼續上路。在法國吃素的選擇本來就不多，我們找了間餐廳，上面第一行字寫了個大大的「pizza」，嗯！就吃 pizza 吧！又方便又可自己選擇素食 toppings（配料）！可是，老板竟然跟我們說餐廳沒有提供 pizza ！那……看板上的 pizza 是……我們只好吃冷硬的三明治果腹！

好不容易來到 provence（連念到這個名字，都覺得人變得有氣質起來），這個位於法國南部，從地中海沿岸延伸到內陸的丘陵地區，這有著諸多歷史的城鎮，自古就以絢麗的陽光和蔚藍的天空，令人驚豔。整個普羅旺斯地區因極富變化而有著不同尋常的魅力，天氣陰晴不定，時而暖風和煦、時而冷風狂野；地勢跌宕起伏，平原廣闊、峰嶺險峻；寂寞的峽谷、蒼涼的古堡、蜿蜒的山脈以及活潑的都會，全都在這片大地上演繹萬種風情，因此我們怎能輕易就打道回府！花了一個半小時向甲乙丙丁戊己庚辛……路人問路（已問到頭昏腦脹，搞不清楚問了多少人？），再花二個小時不停繞圈子，仍是一株薰衣草都沒看到。後來想想退而求其次，買一些薰衣草的產品，也可過乾癮，但終究還是事與願違！還好一行人中有人帶了薰衣草精油，剛好大家被大太陽已折騰得快要中暑，就每個人都抹一點，也算是抓住了點薰衣草的氣息吧！所幸還看到一座由修道院改建而成，富有濃濃古意的 hotel，應是堪以告慰吧！

三番二次的折騰，我們離開普羅旺斯已是晚上六點，可是我們還得趕去里昂，因為一位發心信眾特別請我們前往家庭普照。但是到里昂少說也要三個小時，為了怕他們等太久，所以我們真的是加足了馬力，另一輛車也窮追不捨，但卻已呈現疲態，所以特以電話告知：「不是不為也，是不能也。」所以也不能怪我們這輛車不顧道義先走了。自以為是「兔子」的我們，一路上很驕傲地馳騁在高速公路上，心想他們遠遠落後我們三十公里以上，所以好整以暇地去加油站上淨房，然後繼續前進。真所謂「福兮禍之所伏」，馬上又有警察請我們靠邊停車。這次就沒那麼幸運了，因為警察一直講法文，面露無辜的我們真的是有聽沒有懂，從警察嚴肅的臉可判定這次一定有什麼地方錯了。比手劃腳一陣後，他總算擠出speed這個英文單字，講到這，我們每個人立刻頭低低的，因為我們真的開得太快了！幸好自首無罪，最後只是柔性勸阻，沒有罰錢，算是不幸中的大幸！逃過一劫後，馬上收斂，不過這時也正好閃電打雷，下起了傾盆大雨，我們一定得減速！眼看雨愈下愈大，我們怕另一部車不知前方下大雨，特地以電話告知：「我們前面下大雨，你們等會要小心！」「我們這裡也下起大雨了……」「你們離里昂還有幾公里？」「大約一百一十公里！」「咦！怎麼變成我們比較慢？我們還有一百二十二公里！」原來，在狀況頻頻之後，他們已經超前，龜兔賽跑故事的教訓誠乃不虛，又是一記當頭棒喝！

車行至里昂，夕陽西下，絢爛無比，奇景出現了！大雨過後，天邊出現七彩的彩虹，襯以古老的建築、微波蕩漾的湖水及氣勢壯闊的吊橋，好一幅令人傾倒的美景！不知多久沒看過彩虹了，忙於四處弘法，早出晚歸的我，好像已與許多景觀絕緣，沒想到更令人驚訝的是一道彩虹變成二道彩虹，每個人都被此情此景震懾住了。雖然只有聽說看到流星趕緊許願，但是雙道彩虹是多麼難遭難遇，不禁在心中發願並祝福大家。我想，原來經過如此遙遠的旅程、如此漫長的等待，就是要看到這難得一見的美景！禪宗有所謂的「漸修頓悟」，漸漸修學，一旦功行圓成，頓時開悟。如同樵夫伐木，片片漸砍，一斧頓倒；又如旅人遠行，步步漸行，一步即到。我想，原來之前的辛勞也就是為這一刻！說也奇怪，當這一刻來臨時，之前所有的辛勞剎時化為烏有，所謂苦盡甘來就是如此吧！

對了！對了！忘了講第三次為何被警察攔下，而且是在離道場只剩三十分鐘的路上，真是好遙遠好不容易的歸途啊！可是真有點難以啟齒，就是我們的車子忘了去繳稅，在被罰了四十歐元後，終於放行。此行的另一意義，大概是讓我們學習法國的法令規章吧！

我知道

總計此趟旅程，共花了二十一個小時，其中「腳踏實地（得以下車，腳踩在大地）」的時間只有四個小時！但誰說到普羅旺斯一定要看到薰衣草？佛教說「法無定法」就是如此啊！更何況，我們還幸運地在「Vincent」的歌聲中，看到了那一望無際，讓偉大的畫家梵谷有源源不絕創作動力的向日葵，當「Starry starry night, Paint your palette blue and gray……」流洩出來時，又是讓人醉心的時刻，好個不一樣的法國普羅旺斯之旅！

我們常會跟信眾說：要活在當下！在痛苦的當下、在快樂的當下、在逆境的當下、在順境的當下……都能不被境轉，還能保有安然自在！如同「風吹疏竹，風過而竹不留聲；雁渡寒潭，雁去而潭不留影」，也如《金剛經》所說：「應無所住而生其心。」若能如此，也才能欣賞生命中的每一個美好。

04

周折旅途中領略公民素養

在歐洲弘法的困難，除了要突破多元文化、語言複雜的藩籬，其他包括人力、物力等資源都相對的少！當然，還有一個相當關鍵的因素，就是身分難以取得。歐洲各國相較於其他國家來得保守，對於外來移民審核嚴格，門檻高，加上佛教是外來宗教，以及近幾年恐攻事件頻傳與難民潮等，都讓各國的居留更加不易辦理。記得數年前的一個仲夏夜，忙到已不知今夕是何夕，突然接到日內瓦道場師兄弟的提醒：「你的居留要到期了，什麼時候來辦延期啊？」這一提醒，讓我在炎炎夏日，竟不由得冒了身冷汗。只剩一星期，所幸有人及時提醒，否則成為非法居留，到時被發現了不就得遣送出境？趕緊上網買機票，無奈柏林飛日內瓦班機少，去程早已沒有位置，只好轉訂火車票。但柏林到日內瓦，多麼漫長的路程！車票列印出來後，不禁傻眼，一共要轉四次車，全程須時十五小時，到瑞士蒙特勒（Montreux）時，已是半夜二點，須等三小時才有最早班火車前往日內瓦。

心中盤算著，只要告訴師兄我六點多抵達日內瓦車站，請他們來車站接我直接去移民局即可，在蒙特勒等三小時的事就甭提了，免得他們擔心。就在自以為聰明如是告知後，不到十分鐘就接到電話：「你要在蒙特勒等三小時耶！」「我故意不說，您們怎麼知道？」「因為知道你客氣，不想麻煩我們，所以上網查個清楚啊！這怎麼可以！我們不能讓你半夜一個人在那，我們已經計畫好當日共修活動圓滿後，先休息一下，就從日內瓦開車前往車站，接你回來。」心想：星期日經過一整天活動，大家都累了，怎能讓師兄們再如此勞累。我急得語無倫次，只有一直說：「不要啦！不要啦！我一個人OK的。打坐一下，三小時很快過去的……」「這我們來決定就好，由不得你，就這樣！」我知道我是拒絕不了師兄們的好意了。

那日中午，在柏林圓滿法會後，連午齋都來不及吃，馬上趕往火車站。本來還好整以暇，因為到下個轉車點法蘭克福，將近有五個小時，盤算著可以稍作休息。但車行至一半時，看著窗外經過的站名，愈來愈感不對勁，怎麼不是應該經過的大站，反而都是名不見經傳的小城鎮？此時恰巧傳來陣陣的廣播，豎起耳朵等待英語播報，但全程皆是德語。這下我的驚慌應該全寫在臉上，一對老夫婦從對面走來，告訴我：「你應該不知道發生什麼事吧？很抱歉，他們沒為您提供英語服務。剛才廣播說本來火車預計經過的梅因茲（Mainz）發生嚴重車禍，無法通行，所以必須繞經周邊城市。你要去哪裡呢？」心想：這趟「長征」，共要轉四次車，說也說不清，於是將整份共三張的車票直接拿給他。老先生仔細端詳，研究再三過後表示：「您的行程有些複雜，因為繞道，會比預定時間晚四十五分鐘抵達法蘭克福，如此就趕不上您原本要轉搭的車，我去幫您問問列車長，看如何補救？」待老先生回來，看到他已在車票上註記新的班次，並說：「放心吧！雖然現在轉車時間都壓縮到僅剩五分鐘，但我想是來得及的，因為轉乘的車都是在對面的月台，你一下車就趕快飛奔至對面的火車，時間是充裕的，這樣就來得及在明天早上六點抵達日內瓦，而且不用補任何費用。」我不斷稱謝，老先生再說：「現在你在法蘭克福要轉搭的車，還要走一段路，擔心你找不到，這樣吧，我們一起陪你在法蘭克福下車，確定你上車後，我們再回斯圖加特（Stuttgart）。」「不不不，這樣太不好意思，已經占用您們太多時間，怎能再耽誤您們回家的路程。」

老先生語帶幽默地表示：「放心，我們都退休了，退休人士擁有最多的就是時間。」

在確認把我送上對的列車時，雙方都鬆了一口氣。突然發現老太太怎麼不見蹤影？「哦！她去買麵包了。」是啊，這一折騰，他們應該都餓了。見到老太太歸來，想說跟他們道別後，得催促他們也要去趕火車了，否則法蘭克福回到他們斯圖加特的家，還要兩個多小時。雙手合十說道：「感謝您們把自己的行程延後，一路相隨相伴，這真的讓我對德國，留下最美好、最溫馨的印象。也請您們一定要到柏林，讓我有機會好好接待。」語畢，老太太順勢將手上的水、麵包及水果全塞在我的懷裡，然後說：「餓了吧？待會在車上吃。」我的眼眶紅了起來，她竟不是買給自己吃，而是擔心我一路趕車，沒時間買東西，會餓了肚子。只是萍水相逢，卻是如此用心對待。不知道該如何感謝，只有謹記此心，並且要將此心傳遞下去，也以此心待人。在火車上細細咀嚼「愛心晚餐」，雖是如此簡單，但吃著吃著，吃出多少耐人尋味的味道。

蒙佛菩薩加被，接下來的兩次轉車，都在千鈞一髮之際趕上了。終於坐上通往蒙特勒的火車，因為一路舟車勞頓，時間而且已晚，真的累了，抱緊背包，沉沉睡去。再次醒來，原本滿載的列車，竟然前後左右空無一人，毫無動靜，感覺整列車就只剩我一人了。倏地，聽到走動聲響，下意識地將放有重要物品的隨身包再捏得緊緊的，屏住氣息，當門一開，原來是列車長，頓時鬆了一口氣。高大的他，彎下腰來彬彬有禮地向我解釋著：「剛剛我們查了一下，您的目的地是日內瓦，我們不能讓您一個人半夜枯等三小時，所以決定為您叫計程車送您到日內瓦。」我心想：若真請計程車，我這貧僧哪負擔得起，這可是瑞士啊！千萬不能啊！大概看我一臉驚恐，列車長滿臉微笑繼續說：「請放心，SBB（Schweizerische

Bundesbahnen 瑞士聯邦鐵路簡稱）會全額負擔此費用。沒能讓您即時轉乘火車至日內瓦，是我們服務不周，所以理當支付。」瑞士，高度的公民及民主素養，如此尊重每一個不同的個體，今日真的是親身經歷到了，若非因緣巧遇，實在難以想像。後來，我告訴他：「我的師兄弟會從日內瓦來接我！」「哇！您有很棒、很關心您的家人！那我到站時，確認有人來接您，我才下班。」

半夜二點，當一路從柏林，歷經十餘個小時，輾轉三次換車，身心疲憊地終於抵達蒙特勒車站時，在車門就看到日內瓦二位師兄在入口處興奮地對我不斷揮手，這時列車長站在我身旁，也跟我一起開心地向他們回禮。他說：「果然依約前來，這樣我的任務才算圓滿，可以安心下班了。」下了車，瑞士仲夏的夜晚，空氣仍是冷冽的，但我的心是感到如此溫暖，看到師兄弟，頓時如同在他鄉異地遇到久違的親人，心中既激動又感動。貼心的師兄，趕緊接過我的行李，要我速速上車吃他們為我準備的點心，然後叮囑要抓緊時間小憩，因為抵達日內瓦後馬上就得趕去排隊辦居留卡。吃飽喝足後，和衣躺在後座，那一刻，真覺得自己就是最幸福的人。憶起我的父母及家人們告訴我，他們都很歡喜供僧。問他們為什麼？他們說：「師父，雖然你出家，但家人的關心及罣念是一定的。你離我們如此遙遠，但感謝那麼多你的師兄弟如此照顧你，讓我們非常放心。他們照顧你，我們很感念，所以也要發心護持所有的法師！」人人為我，我為人人，這樣的世界多麼美好！

抵達日內瓦會議中心後，用過師兄貼心準備的熱湯麵，隨即驅車前往移民局。幸運的排第一位，雖然離開放的時間九點，還須等上近兩個小時，但接續而來長長的人龍，讓大家都不得不「認命」地等候。因為移民局要處理的案件實在太多，不搶得先機，過了辦公時間，就算還沒輪到你，也得摸摸鼻子走人，然後下次請早。瑞士人崇尚工作價值，但生活還是他們的第一順位。當工作人員將門一打開，急著辦理居留的各國人士飛奔衝向服務台，我被他們推擠在一旁，眼冒金星的我，遠遠被拋在後頭，心中不免嘆氣：就算那麼早來，也敵不過大家的爭先恐後啊！正在擔憂若今日辦不成，該當如何？因為柏林明日有大活動，今晚必須搭機趕回啊！就在此時，前方一陣騷動，好像在爭執誰應該先辦理，只見櫃檯人員拿起麥克風大聲說道：「請大家尊重他人及按照次序排隊，否則就不受理，直到大家遵照規定。」然後指著我說：「您應該是第一位，請到前面來，將為您優先辦理。」當大家不得不讓出一條路，為我開道，讓我得以向前時，心中的震撼不亞於當列車長說要特別安排 taxi 送我至日內瓦那一刻。瑞士，一個什麼樣的國度啊！

想到有「公投之國」稱號的瑞士，小到休假、薪資福利，大到法律、外交、經濟等國家事務，都會舉行全民公投，平均每年三至四次。諸如：政府是否應該每個月發給補貼金給沒有固定工資的公民？瑞士工會向政府提議，要把法律規定的四週帶薪年假，增加到六週等事宜。這樣的「好事」，在絕大多數國家，民眾肯定都是投贊同票的，畢竟人總是有惰性。但公投結果卻讓全世界許多人都跌破了眼鏡，大多數的瑞士人民，都拒絕了「免費的午餐」及「天上掉下來的禮物」，因為這樣的法案若通過，會影響瑞士經濟及社會發展。高度的民主與公民素養，讓瑞士呈現出的是理性與有序的社會。當然，感謝他們，讓我在短短一小時內，順利取得居留，圓滿這趟長征任務。

我知道

當一人靜靜地在日內瓦機場，準備搭機回柏林時，想到過去二十四小時所發生的點點滴滴，每一件都值得細細品嘗，更是意義深遠的人生課題。一路遇到的德國人、瑞士人以及瑞士這個國家，教會我許多彌足珍貴的事。許多人盛讚歐洲是人間天堂，我想是因為歐洲人愛這片土地，也以此心善待這片土地，所以才能成就這樣的好因好緣及好結果。

常言道：「莫嫌佛門茶飯淡，僧情不比俗情濃。」師兄弟間的道情法愛就這樣淡淡的，不刻意、不做作的展現在每一個小細節。雖然當我表示感謝，師兄們都輕描淡寫回道：「這哪算什麼，任何人都會這麼做的，照顧師兄弟本來就是應該的……」他們覺得是「應該」，我卻知道若非有著深厚的慈悲心及同理心，如何能做到如此細膩？僧人的真性情，有時卻比一般大眾還動人心弦。經歷的一幕幕都深深地烙印在我的心裡。不管經過多久，當閉上眼睛回想那一刻，心中定是滿滿的溫馨，嘴角也不禁上揚起來。那一天，我是如此感動！

05

「行三好」助我「過三關」

在歐洲生活，出國是件再平常不過的事，也因此，與海關交涉，與航空公司往來，可說是司空見慣，一般人對這些單位都是敬而遠之，因為若須進一步接觸，那便意味著可能有麻煩上身了！但三次的親身經歷，卻讓我看到他們相當具「人性」的一面，而且也印證了在生活中隨時行「三好」——做好事、說好話、存好心，絕對是能逢凶化吉，受用無窮！

第一關

一次，身負重任，要帶領從台灣前來歐洲支援燄口法會的師兄弟前往倫敦，而其時，剛好英國已給予持台灣護照免簽證的待遇，所以壓根兒沒想過會被卡在海關。但所謂「天有不測風雲，人有旦夕禍福」，從日內瓦要搭機前往倫敦時，天氣丕變，溫度驟降，還狂風大作，正印證了此句話之前半段，接下來後半段竟也在我始料未及之下一一應驗！唉！怎一個悲字了得！猶記曾得意地拿著台灣護照，談笑風生地與一同前往的師兄弟說：「台灣護照可是愈來愈好用了……」但就在下一秒，帶頭的我，卻被海關人員攔住，我問：「為什麼？台灣人已可以享有免簽證入境三個月啦！」對方回答：「你的問題跟此條例無關！」「跟此無關！那為何不放行呢？」我喃喃自語著。海關人員又問了我一個問題：「你有被英國拒絕入境的紀錄嗎？」口中斬釘截鐵吐出「當然沒有」四個字。「你再仔細想想，因為我們這有紀錄！」此時，那塵封已久的往事襲上心頭，然後在海關人員一個又一個的提示之下，那不愉快的記憶，也愈來愈鮮明了起來。

數年前，因需要去倫敦道場支援法會，所以特別前往英國大使館辦理英國簽證。還記得那日帶了好似身家調查的申請書、銀行證明、邀請函等所需文件，外加其上未註明的包括寺院的精美簡介、報紙採訪的新聞剪報等資料，這麼萬全之準備，就是早已聽說申請英國簽證困難度高，凡事豫則立，希望如此能萬無一失，但沒想到最後還是慘遭滑鐵盧！因不熟悉地理環境，駐錫在當地已數年的師兄弟引領我前往，沒料到只辦個簽證，在入口處就必須通過安檢，陪同前往的師兄弟被擋在門口，任憑怎麼哀求，就是不准進入。因為是嚴冬，想到好心陪我來的師兄弟要在風雪之中不知等多久，實在是過意不去，只好退而求其次，央求警衛讓我們在屋簷下等。沒想到這樣也不行，最後只有直接問他們：「那麼，到底要怎麼樣，才是你們可以接受的範圍？」他們也老實不客氣地說：「要在他們視線觸及不到的地方！」這時，只有在心底暗自嘀咕：「竟還有這樣的事！」眼看著一波波想辦理簽證的人潮湧入，也只有請師兄弟自己多加保重，我得趕快進去卡位，免得又是無止盡地等待。

看著一個個被拒絕，臉上盡是無奈的臉孔，心也隨之沉重了起來，同時也大概計算了下或然律，約有百分之八十是不通過的！「大使館這生意也太好賺了吧！在短時間內就能累積大量財富，且是穩賺不賠！」心裡還打著妄想，突然看到我的號碼出現在螢幕上，一躍而起，趕快邁向指定窗口，一一遞交自認為充分的文件，辦事人員將文件來回翻了二次，然後猝不及防地告知最不想聽到的結果：「你被拒絕了！」反射性地回問道：「Why？」他竟跟我說：「Reject with no reason !」這算是回答嗎?當下，我想無論如何都要扳回一城，所以接著問：「那我預繳的費用呢？」「很抱歉，那是我們的行政費用，是不可退回的！」「就算沒拿到簽證，也是要收取費用嗎？」「是的！」該問的都已問，我知已無望，只剩下心還在做垂死的掙扎，安慰自己：「大不了不去得了！世界那麼大，哪裡不能去呢！」

這種不愉快的經驗，通常我都選擇過去就算了，不讓不愉快在腦海裡停留太久，免得賠了夫人又折兵！也因此剛才辦事人員問我有無被拒絕的紀錄，竟然脫口而出「當然沒有！」就在快速回想之際，對方再問：「你知道是什麼原因被拒絕的嗎？」「他們給我的回答是

With no reason !」「It's impossible !（這是不可能的）」費了好大一番勁，好說歹說，才讓他們相信，不繼續在這點上各持己見。接著我被請至另一小房間稍坐，等待他們與頂頭上司報告我的 case。等待的時間是難熬的，尤其擔心來接機的人不知我們所處的情況，必是焦慮萬分；更擔心一同前來的師兄弟，因無人為他們翻譯，也只有在不知情的情況下枯等。一路奔波的他們，受我之累，還要承受這種折磨，這該怎麼辦？雖然看到小房間的牆壁上貼著不准使用手機的圖示，但還是決定冒個險，若不小心被逮到，就說怕接機的人接不到會擔心，所以報個平安。西方國家最重視人權，這說詞應該是可接受的吧！

電話撥通後，先跟負責倫敦道場的法師略述一下所面臨的狀況，熟料後來他所說，更讓我覺得不可思議與不可理喻！原來我的 case 並非單一事件，許多比我們早抵達之其他國家信眾，明明已正式取得英國簽證，卻仍是在入關時被拒，然後原機遣返！那些人在申請簽證時就已領教過大英帝國的嚴苛，因為文件往返費時、費力又費錢；現在又因無法入境，不克參與預定活動！白白損失簽證費、機票、住宿費用及寶貴時間的信徒們，當場就在機場發誓：「這一輩子絕對不來英國了！」但我可不敢有那樣的氣魄，一是受常住之託，忠於常住之事，我得把來支援的師兄弟安全送抵倫敦道場；二是派駐在歐洲的法師不算多，許多國家的法師都是校長兼撞鐘，因此有大活動時，互相支援是必須的，所以話還是不要說得太死了，留條「生路」才是上上之策！

在此嚴峻情勢下，要把 impossible 變成 possible，我看唯有求助佛菩薩一途了。於是，邊等待著回音，「觀世音菩薩」的聖號也不斷！辦事人員再度出現，說道：「查閱過去紀錄，確實未記錄被拒絕的原因！」我趕快補了一句：「我的確都是實話實說！」接著他再告知主管想要知道我這次為何前來英國？當他提出此問題，我就知道曙光出現了。趕快傾己所能，告知此次活動是來自十餘個國家，集所有歐洲佛光人參與的「歐洲佛光聯誼會」。大家在會中集思廣義討論如何對歐洲國家做出更多貢獻，然後待大家返回各國後，便會一一落實。我乘勝追擊反問：「這幾天您們應該看到許多穿著跟我一樣僧服的法師，及著佛光會背心的信眾在機場出入，他們都是來參加會議的！」他們順勢點了點頭，表示認可。

接著我從分布在歐洲各國十餘個道場開始介紹，再到總本山及分布在全世界的近三百個分別院……看他們一副不可置信之模樣，趕緊告知可上網一探究竟，而且還有英文網頁可點選……無所不用其極，非得說服他們讓我通關不可。此人聽了我的「長篇論述」之後，又朝裡面的辦公室走去。看著他一路前行，菩薩聖號仍是未停歇，約莫過五分鐘，他折返回來，並帶來令我喜出望外的好消息：放行！順利過關了！背起隨身行李，口中也「Thank you！」「Thank you！」個不停，辦事人員還透露個小消息，他們真的上網去看，還說有機會他們也想去我們的分別院看看！感謝觀世音菩薩，聞聲救苦；感謝常住這座大山，讓人不敢小覷；感謝執法人員，網開一面，看看同樣坐在密室裡已不知等幾個小時的其他人，就知道自己何其幸運！再看看錶，我總共只耽擱了二十五分鐘；而他們，眼看數小時已過去，仍是杳無音訊，不知還得要等多久。

一出關，馬上打電話給焦急如焚的師兄弟。大家都以為我必定還卡在海關，太過擔心的他們，完全不給我機會報喜訊，只是急迫地詢問：「還好嗎？現在情況怎麼樣？把電話給海關人員，我來跟他們說……我們也聯絡律師了……」在眾人關切的話語之中，試著找到空隙插入「我順利出關了！」眾人聽到這句話，喝采聲立刻不絕於耳！接著又是一連串的問題：「怎麼可能？你怎麼說的？這得要記下來，做為永久紀錄，留給以後的人當範本！」因為接機的人已等候多時，我告訴大家：「待我回到道場，再來為各位好好分解吧！」以此圓滿結局，為這「旦夕禍福」下了一個最好的 ending！

再一關

從巴黎要返回維也納，瞥眼看了看有點過重的行李，心裡卻也不是太擔心。往來歐洲各國頻繁，依照過去經驗，通常只要通融一下便可安全過關。但沒想到，我這次卻是踢到鐵板了！托運行李尚未秤重，竟要隨身的電腦包先過磅。一秤之下亮出五點六公斤，此時看到後方有立牌寫著「隨身行李最多可至十公斤。」看到這牌子，心中底定不少，想著若待會托運行李超重一些，我便可跟櫃台小姐商量：因為隨身行李尚有額度，所以用在托運行李，如此應該是可行得通的吧！我老神在在將托運行李放上磅秤，沒想到，櫃台小姐馬上開始算計起來，告訴我：你必須付五公斤行李超重費，一公斤十五歐元，共需支付七十五歐元。本來連看都沒想到要看多少公斤的我，此時聽到她如此一說，也馬上用自己的經驗法則盤算了起來：托運行李二十四公斤，是重了些，通常雖規定是二十公斤，但基本上至二十三公斤都是在可接受的範圍內。多了一公斤沒錯，而隨身行李還有四、五公斤的額度呀？怎麼算都不需要付那筆錢才對。於是，我反問：「Why？」她沒好氣地說了一串：「隨身行李限重五公斤，超重一公斤，托運行李二十四公斤，超重四公斤，總共五公斤。」然後很不客氣地給了一張帳單，冷峻地說：「你要不就把七十五歐元給付了，要不就拿出五公斤行李丟掉！」還想用三寸不爛之舌再試試，或許是 check in 的人潮太多，小姐體力、耐心已不堪負荷，連理都不理，直接忽略我的話語，然後說：「很抱歉，這是規定！next !（下一位）」後面大排長龍的人虎視眈眈，各個盯著我，好像在說：「你不要太不識相了，我們可都等得不耐煩了呢！」

迫不得已只好退至一旁，腦筋空白地盯著帳單，但也沒讓自己放空太久，思索著下一步該怎麼辦？如何為常住省這一筆錢？邊想邊朝航空公司詢問處走去，「How may I help you ?」辦事人員以如此親切的口吻及滿面春風的笑容迎接，讓心安定了不少，比起剛才那如晚娘之臉孔，有如從地獄直升天堂！頓時之間，自信滿滿找到一可行的方法，先是將剛才所發生的事及心中之疑惑略述，接著誠懇地說：「我及許多法師，常須往來歐洲各國，每一次選擇搭乘航班時，貴公司總是大家共同的第一選擇，因為受您們的服務熱忱而感動、而歡喜……你看！下星期去德國杜塞多夫，也是訂了您們航空公司的票……」趁勢出示 e-ticket 以證明所言不虛！後來才知道原來是經理的這位女士，爽快而貼心地將那張罰單取走，雲淡風清地對我說道：「No worries, I'll take care of the bill and thanks for choosing us.（毋須擔心，我會處理這帳單，也謝謝您選擇我們。）」又安全過關啦！

又一關

過了上一關，又有一關。在巴黎的遭遇，沒想到卻是為這一「關」，留個伏筆！應邀前往德國杜塞多夫帶領共修法會及經典導讀，離杜塞多夫不甚遠的荷蘭一位信眾知悉後，特別開車前往隨喜參加，並帶了荷蘭當地出產的素香腸等素食產品與常住結緣。活動結束，帶著這「甜蜜的負荷」過海關時，竟被攔下，問道：「Do you bring sausages with you？（你有攜帶香腸嗎）」我聽後趕緊解釋：「沒錯，但那是『素』的！」安檢人員回道：「即便是素的，還是不允許！」我深深理解，在海關人員面前，有理無理都要低頭，才是明智之舉！

先堆滿笑容謝謝，接著再表達歉意，表示因為「不知道」而造成他們的不便及作業上的困擾，真的很過意不去！「是我們該說抱歉才是，吃素在歐洲真的不太方便，我們吃素的朋友也常有此困擾，所以可以想見為何你的朋友會大費周章地帶這些食品，但是於法規定真的不行，你可以去查相關規定，真是這樣！」這還真是頭一遭，海關人員竟向我陪不是！雖然覺得這些東西就這樣丟掉實在可惜，但也知道執法人員的難處，所以告訴他：「沒關係的，我相當能理解您們執法人員的困難！」沒想到這招又奏奇效，那群海關人員先是交頭接耳一番，然後請我至旁邊借一步說話：「因為你是宗教人士，有特別需求，所以我們決定給你一次特別優待，予以放行，但記得下一次千萬不要再做這樣的事，因為不會再有這樣的幸運了！」

連忙將那一袋「違禁品」收起，再三稱謝！同時雖知「此舉」應該不被接受，還是從背包裡拿出結緣吊飾，想送給他們表示感謝！如我所料，他們告知「It's forbidden to accept this！（接受這是不被允許的）」我不意外，但仍不死心地把握任何一個弘法的機會，除了介紹常住分布在歐洲的十餘個道場給他們認識，還打趣地說：「非常歡迎造訪我們的道場，屆時，您們就可毫無顧慮地接受我們的結緣品及好意了……」他們亦風趣地回道：「It's hard to say. Who knows？（很難說！誰知道呢？）（指到道場參訪）」經過這一回合，背上那原本覺得有點沉重的負荷，頓時覺得輕盈了起來！

我知道

經歷這連三關，深深覺得：誰說海關人員不通人情或不近人情！在我看來，他們還真是人情味十足呢！

而這闖關紀錄，亦是我最真實之宗教體驗，自己也再次印證佛法所言不虛！佛光山開山星雲大師在「恭迎佛牙舍利顯密護國祈安法會」上，提出「三好運動」做好事、說好話、存好心。希望透過行三好，用三好去三毒，化暴戾為祥和，化嫉妒為讚美，化貪欲為喜捨，化濁惡為清淨，讓社會充滿無限美好。對啊，我所遇到之「三劫」，也都因行三好而一一化解。六祖惠能大師說過：「一切福田，不離方寸，從心而覓，感無不通。」只要我們發無上慈悲心、清淨心、平等心、恭敬心，透過生活中力行三好，定能改造並開創命運，實現人生的價值，成為自己命運主宰。

十修功德，微笑得助緣

許多人覺得修行很困難、很高深，其實修行不離生活。星雲大師曾寫過一首〈十修歌〉：「一修人我不計較，二修彼此不比較，三修處事有禮貌，四修見人要微笑，五修吃虧不要緊，六修待人要厚道，七修心內無煩惱，八修口中多說好，九修所交皆君子，十修大家成佛道，若是人人能十修，佛國淨土樂逍遙。」對！若真的能如是「十修」，你會發現：修行原來就是這樣簡單；你更會發現：現下就是淨土！而你就在這樣的佛國淨土樂逍遙，幸福且安樂！〈十修歌〉之「妙」，妙不可言！

歐洲弘法的雲水生活，在許多人想來、看來，絕對是充滿了艱辛與挑戰，而我卻是樂在其中，甘之如飴。因為，有師父星雲大師所賜無盡法寶，有佛法，就有辦法！而光是「十修」，就常讓我思衣得衣；思食得食；思助緣得助緣；思義工得義工……且待我娓娓道來……。

一日，趕著外出至荷蘭東部城市奈梅亨（Nijmegen）參加宗教會議，天氣非常熱，想到這一路得數個小時，於是轉往超級市場買水。取了礦泉水後，卻發現收銀機前排起好長的隊伍，一個個都是滿車的物品，看了看手中的水，心裡盤算著：要不要放回去啊？這麼長的人龍，等到我結帳時，可能就要趕不及了。當我與排隊的人群對望時，還是習慣性地還以燦爛微笑，應該是這微笑奏效，看到只買一瓶礦泉水的我，大家不約而同地做出「請」的手勢，禮讓我到最前面的位置。一路稱謝到了收銀人員面前，因為想把零錢用掉減輕重量，所以拿著錢包一直翻找著，希望湊足一瓶水的錢。此時，好幾位在後面排隊的人，竟然向前圍繞在我身邊說道：「讓我們來吧！」專心一致忙著找硬幣的我，在乍聽到的電光石火間，還愣了一下，如丈二金剛摸不著頭腦？但當他們拿出紙鈔時，一下全明白了，原來他們以為我不夠錢支付啦！此時，趕緊回過頭，再次微笑回大家：「謝謝您們，我有錢啦！只是想把笨重的零錢用掉而已。」真相大白後，彼此相視哈哈大笑。這一笑，讓彼此心的距離更近了。

大家笑說：「如果您願意，我們還是很樂意為您付錢的。」靈機一動，回答：「這小事，我自己來就好了，有個忙，就請您們一定要幫了，歡迎您們有空時，都到前面不遠的寺裡找我，讓我也能為您們做些什麼？現在您們都是我的『好朋友』，所以一定好好招待……」聽到荷華寺，大家好奇不已，問題一個接一個，諸如：「原來你住在那漂亮的寺裡啊？」「所以你的身分是？」「你在寺裡都做些什麼？」「你的衣服（指長衫）好特別，我可以也買一件嗎？」「我以前都是經過，但都沒走進去，現在一定得去了！」……後來，我索性站在收銀員旁邊，等他們一邊結帳，一邊回答各式問題，直到驚覺再不走，就真的來不及出席會議，才果斷剎板。在眾人不斷揮手歡送下，快馬加鞭去坐火車。坐在車上，想著剛剛一幕幕，不禁竊竊笑了起來：好可愛的一群人啊！本來怕買水耽誤時間，結果他們的好意，卻讓時間更加緊湊，但即便如此，還是趕時間趕得好開心！當然，後來個個都實踐「幫忙」的承諾，陸續依約來寺！

其他人在聽到我轉述此經歷時，都訝異說道：「要讓精打細算、連熱戀中男女朋友外出用餐，都是 **Go Dutch**（字面義為『去荷蘭』，引申為各付各的）的荷蘭人，願意幫你付錢，真是件不簡單的事啊！

維也納佛光山旁有一販售麵包及咖啡的小店。每天早課前，我都習慣擺好供水、供杯、上好香後，再拉開百頁窗。像是一種默契，常常是我拉起時，小店的老板也剛好開門，準備做生意。一大清早，萬籟俱寂，好像眾人皆睡，只有我倆醒著。很自然地隔著二樓窗戶，遠遠遙望，相視一笑，或者揮揮手互道早安。已有年紀的老板，像是爺爺一般，常比劃著喝咖啡的動作，作勢要請我去店裡喝一杯。剛調至維也納的前三個月，因許多的人事物要趕快熟悉，還要關心捷克布拉格布教所，以及支援其他道場，就以這樣的方式打著招呼，竟都未有機會踏入小店。

三個月後的一個放香日，早課後心血來潮，信步走到小店，老爺爺看到我，「哇！」的一聲，說道：「歡迎！歡迎！終於等到你來了，一定得好好接待！」爺爺得意地為我介紹他親自煮的咖啡最香、親手現烤的麵包最好吃。點了拿鐵及可頌，連中午供佛的麵包也一起買了，問爺爺總共多少錢？「不用錢！我請你吃！想喝咖啡、想吃麵包，隨時過來。」「不行，您若不收我錢，我會不好意思來，那就無法喝到那麼香的咖啡，吃到那麼好吃的麵包了。」「誰說你沒付錢？你的微笑是『無價』的啊！感謝你的微笑，為我開啟美好的一天！」心想：原來微笑還可以當飯吃啊！最後在我的堅持下，雙方各退一步，達成共識，以後每杯咖啡、每個可頌，都收一歐。

在阿姆斯特丹時，常去離寺不遠的郵局寄各種文件及包裹。郵局外是一非常大的跳蚤市場，其中有一賣越南點心的小餐車，由一對年輕的越南裔夫婦經營。要進入郵局前，一定得經過那小餐車，每次經過，就習慣性地微笑打招呼，說聲哈囉。打招呼次數多了，一次年輕太太看到我，特別速速向我奔來，手上還拿著剛炸好熱騰騰的素春捲，說道：「這是我自己做的，請您吃。」因此因緣，多聊了幾句，也才知道他們來到荷蘭已七年，為了家庭生計，又為了可以同時照顧孩子，於是想到可以擺攤賣最熟悉的家鄉口味。自此，每每去郵局，除了還是互相微笑打招呼，她都加碼請我吃素春捲。而我亦禮尚往來，回贈寺裡的供果或結緣品等。年輕太太說自己也是虔誠佛教徒，但為了家庭及生計，實在難以抽出時間至寺裡，所以很感恩我們帶來佛菩薩的光明及慈悲，這是他們全家在他鄉異地的一大精神支柱！時光飛逝，在荷華寺三年服務期滿，短短七天之內，必須完成所有交接工作，從阿姆斯特丹前往日內瓦報到。因為行程匆匆，當然也沒有機會跟他們道別。

一年後，再有因緣返回荷華寺支援。在法會圓滿翌日，舊地重遊，還兀自看著運河上來來往往的遊船，一個興奮激動的聲音衝向腦門，是那位年輕太太！還來不及問好，她就迫不及待冒出連珠砲的問題：怎麼那麼久沒看到你？你還好吧？是不是去別的地方了？我好擔心……正要答覆她的問題時，她又等不及地衝回攤位拿出一袋物品說道：「八個月前，我來荷蘭這麼多年，第一次帶著孩子回鄉探親，特別帶回越南最有特色的咖啡及手工藝品想送給你。但因為不知什麼時候才會見到你，所以每天出攤我都帶上，就是希望有機會遇到你，親自送上！總算等到了，還好咖啡還沒有過期……」手捧著那袋禮重情更重的厚禮，怎能不感動？怎能不讚歎人間是多麼美好？感謝您們，有您們真好！

離開七年後，再次調回荷蘭，因為同時要負責荷華寺及比利時佛光山，兩邊都須兼顧，所以常需搭乘大力士（Thalys）高速火車往來二地。一日，上了車，先將行李安置在行李區，然後前往車廂找位子。此時列車長卻告知因最近偷竊案太多，基於安全理由，行李區必須清空，只能放在座位上方的置物區。心中大喊：不妙！這次帶了許多新書特別重，剛剛只是放在行李區，「抓舉」還勉強，但要改放在座位上方置物櫃，這「挺舉」，可真沒辦法。暗想著再來次「故技重施」吧！只要親切微笑及禮貌請他人協助，幾乎是有求必應！

正想著，馬上有一對夫婦主動上前詢問：「師父，您需要幫忙嗎？」原來二人來自印尼，都是醫生，也是虔誠佛教徒，此次來荷蘭參加為期四天國際醫學會議，昨天剛完會，正準備要前往 Schiphol 機場，搭機返回印尼。二人在知道我來自佛光山後，開心雀躍地表示：多年前就聽聞星雲大師及佛光山之名，非常仰慕，但一直無緣接觸，只能透過網路了解大師致力提倡的人間佛教理念及佛光山成就的事業，沒想到卻在旅途中，不經意地竟圓滿多年夙願。兩人當然也把握因緣問了諸多關於佛光山、星雲大師及人間佛教種種問題。在抵達機場前，二人說：「師父，我們先返回座位，待會再來跟您告別。」

再次前來，二人竟是同時跪下，捧著一紙袋說要供養常住。請他們快快起來，二人激動紅了眼眶說道：「因為出門習慣用信用卡，身上現金不多，但剛將身上現金都全部找出，希望也能以此小小心意，贊助佛光山的弘法事業！」請他們快快起身，並說：「這份心意我們領受，但回印尼路途遙遠，還是留點現金在身上比較保險。」二人堅持尋尋覓覓佛光山多年，好不容易遇上，請我一定要給他們機會種福田！他們供養的金額是「五百萬」，這真的是我經手過最大的一筆功德款了，好大的一份供養啊！雖然是五百萬印尼幣（約合三百歐元，一萬台幣），但他們對三寶的恭敬以及虔誠的心意，當然堪與五百萬歐元相比！

同樣也發生在大力士火車上。一次，在比利時圓滿大型活動，火速趕往火車站月台時，卻只能遙望已揚長而去的列車。唯一能做的，就是等待下一班，一小時後開往荷蘭的車次。心中懊惱著若能收拾快一點，再走快一點，應該就能趕上，否則待會臨時補票，不知道要貼多少錢？車靠站後，先彬彬有禮地去向列車長「自首」，告知因錯過上一班車，所以並無此班車之車票，列車長表示因為車廂可能全滿，不一定有位置，所以請我先至火車附設餐廳找位置坐下，他會再來幫我補票。應該是乘客眾多，列車長姍姍來遲，按了手上機器查了下，告訴我：「很抱歉，你必須再付七十歐元，我知道你一定是有事耽擱，不小心錯過了上班車，很想不收你錢，但你知道的，這是公司規定！」「是我的錯，本應該照規定補票的，很謝謝您的協助，也很抱歉占用您這麼多時間。」拿了銀行卡給列車長，只見他不停按著手上的機器，邊按邊唸著：「好奇怪，怎麼都進不去補票的系統，從來沒發生過這樣的事！」在奮戰二十餘分鐘後，列車長放下機器，雙手上舉，做出棄械投降之勢，然後笑著對我說：「恭喜你，既然連機器都挺你，你此行就免費搭乘吧！」然後他又問我是否常搭車往返阿姆斯特丹及安特衛普？因為他對我印象深刻，我們這一襲長衫，實在顯眼！他更熱心為我介紹多種節省車費的方式。在後來往返荷比的車上，仍是常遇到這位列車長，不管彼此多忙，總還是那會心的一笑與親切的招呼！

在維也納，每每自行來回機場與道場間時，中途都會經過一相當具規模的轉運站，不僅讓旅人在此轉乘各項交通工具前往目的地，也讓旅途中奔波動盪的胃，得到滿足與溫暖。經常都習慣買瓶水及水果就繼續趕行程的我，這一次真的是饑餓難耐，加上天寒地凍，心想：此時，若有一碗熱湯麵該有多好！環伺四周，看到不遠處寫著大大的「Ramen」，心中一喜：拉麵耶！雖然有素食的機率不大，但此時，只有一試！詢問後不禁大喜，不僅有素食拉麵，還貼心為素食者準備素食菜單。食量不大的我，速速點了碗拉麵，上麵時，服務人員一再貼心詢問並說：「若有任何需要，再隨時告知，若口味不合，也可再調整，重新送上一碗！」心中訝異著這應該只做遊客生意的拉麵店，服務竟是如此頂級！

當饑腸轆轆的我，吃到用心烹煮的一碗素麵，真的是當下立即身心安頓！帶著滿滿的滿足，要前往付錢時，服務員竟說：「你不用付，我們老板幫你付了！還交代我們轉告你：只要你歡喜吃這裡的麵，歡迎隨時來吃。而且下次不要只吃麵，還要嚐嚐我們素食菜單裡所有菜品！」「這怎麼可以！您們做生意不容易，特別為素食者著想，已非常感謝，萬萬不能不收費……」雙方僵持不下，最後只好退而求其次，「要不？能不能親自對您們老板說聲謝謝！」「老板有急事處理，所以先離開了，只交代我們一定要轉告。」

實在搞不清楚哪來的幸運，雖然在亞洲，這樣的情況並不少，但這可是在歐洲啊！為了釋疑，還是追根究柢問道：「我可不可以知道：為什麼您的老板要幫我買單，他是佛教徒嗎？」「不不不，他可是虔誠的基督教徒！老板說：因為在你踏入店時，即便排隊人潮那麼多，服務員忙不過來，招呼不周，你也絲毫沒有半點不悅，都還是面帶微笑，對於我們的同仁，不停謝謝……非常歡迎你這樣的客人，你是我們的VIP，歡迎隨時來吃，而且一定要請你吃！」最後，他們還貼心地表示：因為不太熟悉素食者的需求，所以有任何要特別注意的，都請一定告訴他們，日後都可為我特別「客製」。在維也納這吞吐量如此大的轉運站，是如此之忙，他們願意花時間為我做這樣的服務，怎不令人感動！又怎能不讚歎「十修」之功德無量。

而這樣的福報，好像一直延續著……睡眼惺忪，清晨四點出發，要搭六點多的班機前往巴黎。登機前點了一份早餐，準備在機上吃，畢竟為了節省經費，歐洲各航線幾乎都不再提供餐點。當叫到我的號碼時，狐疑地打開袋子看一看，我點的應該是最小份的餐點，為什麼要用這麼大的紙袋呢？一看，裡面大大小小共四個盒子，唉呀，一定是拿錯了！正準備退回去時，看似店長的荷籍大男孩說：「這些是我招待的！我把所有的素食餐點都為你準備了一份，祝你吃得開心！」「這是為什麼啊？」「因為搭乘早班機的人，通常心情不好，總是面無表情，感謝你燦爛的笑容，為我們開啟了美好的一天，所以我也想帶給你美好的一天！」登機時間已到，只好不斷稱謝，然後速速前往登機口。那麼多份的早餐，足以讓我到了巴黎，與幾位師兄弟共享！

我知道

修行一定要遠離人群嗎？即便現在學佛風氣頗盛，仍有許多人對於修行有著似是而非的錯誤觀念，對於修行真義無法真正認識、了解，一味地認為修行必須眼觀鼻鼻觀心；必須離群索居；又或是青燈伴古佛……。殊不知六祖惠能大師早已明訓：「佛法在世間，不離世間覺。」太虛大師亦說：「人成即佛成！」倘若大家都入山苦修，閉關修行，佛教不能深入社會人群，不能讓眾生得到幸福安樂，佛教的命運，眾生的疾苦，將何以為度？

修行難嗎？十修，人人隨時、隨地、隨手、隨口、隨心都可做到！而當你真正將十修落實在生活中時，處處廣結善緣，非但利己，也利人天，好處不可言喻！我，如是做了，您們呢？

3 求道之路

發心立願猶如播種，發心及願力有多大，成就就有多大。
也從發心利他的願力中，圓成自己的佛道！

01

尋道，且在因緣成熟時

小時候，每當失意時，就會背起行囊，長途跋涉，想著要去少林寺，尋找得道高僧為我指點迷津。但所謂「失意」，不過就是覺得媽媽比較疼姐姐而忽略我，或者月考掉到第二名這種芝麻綠豆小事；而所謂「長途跋涉」，就是我那短短的腿及瘦小的身軀所能到達最遠的距離。前些日子特別回到老家「睹物思情」一番，這離家出走的路線連一公里都不到，而離海峽對岸的少林寺可還遠的很呢！

總是躊躇滿志地想著會遇到頭頂九個戒疤，一手還不停地順著長長白鬍鬚的老和尚，對我說道：「小施主，阿彌陀佛！請問來到敝寺有何指教，有什麼需要老衲為您服務的嗎？」然後我便可以學大人般豪氣地答道：「正所謂無事不登三寶殿，有些事困擾我已久，還盼大師開導開導……」接著慈悲的老和尚便會為我開示「空」啊、「無」啊，這些意境深遠的佛法，然後在佛力加持下，我即刻頓悟成道了（真是電視看太多了）。

但是，也不知離家出走多少回了，老和尚的面從沒見著，倒是每次都被好心的叔伯姨們「撿」到，然後問道：「小朋友，妳一個人要去哪裡啊？不要亂跑，太危險了，家住哪呀？

我帶妳回家吧！」於是，總是在父母向他們賠不是，然後把我臭罵一頓下結束出走鬧劇。可是，求「道」的念頭，卻從未在我的心中消失過。雖然，升學的壓力常把那求道的心，硬是狠狠地蓋過，可是，我知道，總有一天，我一定會知「道」在哪裡！

長大後，揮別青澀的歲月，終於可以享受「由你玩四年」的大學生活，而「道」也在冥冥之中向我愈來愈靠近。

老早就聽說二年級的文馨學姐是個傳奇人物，別看她年紀輕，據說，台灣喊得出名號的高僧大德，對文馨學姐此號人物，可謂無人不知、無人不曉，她可都是得以長驅直入老和尚的方丈室，與他們談佛論道的。文馨學姐雖不是我的直屬學姐，但可能與我有緣，亦或是覺得我還挺有慧根，期末考的最後一天，在公車站與她不期而遇，她劈頭就問：「明慧，妳要不要參加短期出家？」可能所有因緣皆已成熟，對短期出家根本沒半點概念的我，竟這樣不假思索地滿口答應：「好啊！什麼時候？」

殊不知，求道的旅程就此開啟！

「我是人，當然也會笑！」

來到了短期出家報到處，引禮法師一字排開端坐著，好像準備審問犯人似的，好不嚇人！印象中法師應該都是眼觀鼻、鼻觀心，一副道貌岸然、莫測高深狀，不會像生性好奇的我這樣，喜歡東張西望。從小為所欲為、被寵壞了的我，對於這類正經的人，自然而然心生恐懼，避之唯恐不及。就在我怯生生地將報到通知單遞上時，B法師（偷瞄到名牌知道的）竟然投給我一個燦爛的微笑……「天啊！你會笑？」「我是人，當然會笑！」這句話還真有禪味，值得好好參一參。「沒……沒……我以為……」一向伶牙利齒的我突然結巴了起來。

B法師繼續散發那溫煦如冬陽的笑容說道：「看到那麼多青年才俊（包括我嗎？）來學佛，心裡歡喜是很正常的啊！我們師父常說該笑的時候不笑，非人也！」聽到此，心中不禁響起一陣掌聲，「沒錯，真是太對了！」突然想到喜歡裝酷的大弟，每次我們一群姐妹淘笑到幾乎把屋頂掀起來時，他都非常淡定，活像羅丹的沉思者雕像。這時，我都會提醒他：「弟，想笑就笑出來嘛！不要不好意思，否則會得內傷喔！」不知他這樣，算不算「非人」，回家後我可得好好引用這智慧語，好好開導他一番，終於可展現一下為人姐的風範了！

法師們的親切，讓初來乍到陌生環境的我，緊張的情緒緩和不少。大概是常被問到這種無厘頭的問題，B法師反過來逗著尷尬還寫在臉上的我說道：「有人還會問我們是不是也要吃飯、睡覺呢！（厲害喔！我正想要問呢！）其實，我們也與大家一樣，都要吃喝，也要睡，而『道』，就是在日常的行住坐臥中呀！過去，有人問趙州禪師：『怎樣參禪才能悟道？』趙州禪師聽後，站起來，說道：『我要去廁所小便。』趙州禪師走了兩步，停下來，又說道：『你看，這麼一點小事，也得我自己去！』所以，這些事都得自己來，別人是替代不來的呀！」

這一席話如暮鼓晨鐘般，陣陣敲打著我的心，我的佛門第一課於焉展開。

我知道

直到現在，當我拉著行李穿梭在歐洲各城市的機場及火車站，還是常常遇到有人問我：「請問你是出家人嗎？出家人不是應該都在寺院或山林裡誦經、打坐，你為什麼在這裡呢？在這裡做什麼呢？」

又或者，當他人想跟我們保持聯繫，然後進一步問該如何？而我回覆說看你們習慣用何方式？使用電話、email、wechat、whatsapp 或 line 都可以！對方總是很驚訝地說：「你不是出家人嗎？這些你也會！」

師父曾指出：「佛教說法的語言與方式，如果不能順應民情，與時俱進，則佛教不能普及於社會民間。」若佛教無法與時俱進，勢必會被大時代的洪流遠遠拋在其後！從二十餘年前參加短期出家，我對法師們有這樣的疑問；到二十年後，即使已出家，而佛教也已蓬勃發展，還是許多人抱持這樣的疑問？由此可見，不少人對於佛教或法師仍存有錯誤印象及迷思，如何在歐洲這片大陸，讓西方人士正確認識佛教，仍是一條漫長，但必須勇往直前的路！

03

「高」僧開講，差點拋腦後

報到手續好似闖關遊戲，而法師們就像少林寺十八銅人陣的銅人們，一一檢視我們這些凡夫俗子，是否夠格進入佛門淨地？

「有沒有自備海青、羅漢鞋？」「海青？羅漢鞋？」面對這問題，我的頭上再度冒出一個又一個的問號，看來我又卡關了！引禮師再次被我打敗，只不過，這次換成可憐的C法師。相較於B法師的瘦小，C法師可算是「高」僧了，真的好高，至少有一七五！他鐵定沒碰過像我這樣連最最基本佛門禮儀都不懂的人，就敢來短期出家。他以不可置信的口吻為我釋疑：「現在我身上穿的這件黑袍就是海青，腳上那有六個洞的鞋子就是羅漢鞋。海青，本是鵰類的鳥名，狀似衫之大袖，因此，就借『海青』之名稱之，它的下擺、袖口，都很寬大，所以又叫做『大袍』！唐朝李白就曾有詩云：『翩翩舞廣袖，似鳥海東來』。海青在佛教中是一種禮服，用於各種儀式及集會，佛弟子穿上海青，藉由莊重的外表來顯現內心的虔敬，佛法須在恭敬當中求，如此具備了恭敬心，方能與法相應。而羅漢鞋的六個洞，代表著六度——布施、持戒、忍辱、精進、禪定與智慧，是六種從生死苦惱此岸得度到涅槃安樂彼岸的法門。接下來的九天，它們可是你們最親密的朋友，隨時都得穿著以訓練威儀，所以千萬不可不認識它們！」

法師們個個出口成章、引經據典，讓我大為折服！後來，有人向我爆料：C法師年齡比我小上二歲！佛陀啊，這下我更自慚形穢了！不過，他們愈解釋，我愈像墜入五里雲霧中，更多的問號在我腦海產生：「持戒、精進……又是什麼？」不過，我真的不敢再問了，再問下去，我可能馬上被遣送回家。而且，剛才光「海青」及「羅漢鞋」就講了那麼久、那麼多，不是挺有慧根的我，一定會消化不良啦！腦中突然響起披頭四的「Let it be……Let it be……speaking words of wisdom……Let it be」真是阿彌陀佛！來到佛門淨地，還滿腦子充塞著平日鍾愛的西洋歌曲。不過，這歌倒起了提醒作用——不要想太多，否則接下來九天如何熬過呢？一切就 Let it be，隨它去吧！（只是，法師的智慧之語「words of wisdom」，竟然也差點被我 Let it be 了。）

04 短期出家的菜鳥一隻

終於通過層層關卡，來到分配的寮房。裡面早已有四個小女生吱吱喳喳像麻雀吵個不停。惠敏國三，全家一心向佛，是標準的佛化家庭。此次他們全家放下萬緣，一同參加短期出家，互為戒兄弟，成為戒期中大家最津津樂道的佳話！而他還是胎裡素，從來沒有被雞鴨魚肉染汙過，所以對於這些濁氣可是明察秋毫，誰吃了大蒜、誰偷打野食，都逃不過他這位好鼻師的一嗅。哇！真令我佩服得五體投地，怎麼有人可以抵擋炸雞排的香酥嫩，以及小籠湯包內那肉及湯汁融為一體的美味呢？這可都是放學回家路上，我最喜愛的美食耶！

有倫是長庚大學護理系二年級生，他會參加，背後有一個我覺得很偉大的動機：他在醫院實習過程中，看到很多人面對病苦及死亡時，是那麼的無助，他想要幫忙卻也使不上力，因此想在佛教裡找尋可以真正幫助他們的方法。

最小的佩雯，才國一，他竟然是因為欣賞法師們著長衫，一副仙風道骨的樣子而來，當他說出原因時，大家都異口同聲說：「果然有比較幼稚！」

曉蘭雖然也才十九，打工的資歷卻已有七年。從小喪母、家中經濟情況又不甚優渥的他，有著這個年紀不應該有的成熟，他沉默寡言，常常都陷入沉思中。我總想，他是否也與我一樣，喜歡思考人生的意義為何呢？

我呢？除了佩雯可以當墊背外，其他每個人我都比不上！大概是太好命吧！我沒有曉蘭的成熟、沒有有倫的遠大志向，更沒有惠敏的慧根。想想還真是慚愧，除了書讀得還可以，其他一無是處，不會洗碗、不會煮飯、不會掃地拖地、不會縫衣服、不會洗衣服，也不會套被單，記得有一次爸媽出國，我就抱著那一坨用盡我吃奶力氣都無法讓它散開的棉被睡了一個禮拜，真是標準行動上的侏儒！這句話的上一句是「思想上的巨人」，可是我的思想高度也不怎麼樣，所以，唉！不說也罷！還有，我剛說佩雯幼稚，說的還真有點心虛，其實我也好不到哪裡去。想起最近一次跟爸大吵一架的原因，竟是我請他買紅豆湯給我當點心，他卻不小心買回綠豆湯，我氣炸了，當場就跌坐在地，雙手、雙腳發狂似地拍打地面，然後淚流滿面地哭說：「不管！不管！我就是要我的紅豆湯……」這場鬧劇，最後在大姐終於從她十公里外的學校買回紅豆湯，而我破涕為笑吃下它才告終。天啊！怎會有這麼幼稚的人！可是，那個人就是我！

「那你呢？為什麼會想來參加短期出家？」「我？我也搞不太清楚！就是學姐告知有這

個活動，問我要不要參加？我想也不想就答應了。」大家又是作勢一副昏倒狀，我想，他們應該恥於與我同一寮吧！接下來，每個人又各自分享功勳彪炳的學佛歷程，我呢？則是無話可說，看來，只有我是菜鳥一隻，他們滿口的佛言佛語，對我都像是對牛彈琴。

同寮的六個人到齊後，哦！對了！忘了介紹慌慌張張衝進來的第六位室友──淑芬，因為集合時間已到，所以無暇探聽他的底細。不過，他的「菜市場」名字──淑芬，讓我想到網路流傳的《淑芬傳奇》笑話：

「戚淑芬（七十分）！妳呀，不是名字叫起來像七十分就可以考七十分啊？」老師不悅地說。

「伍淑芬五十分！妳呀！比戚淑芬還不如！」老師依舊忿忿然地說道。

接著，老師以更生氣的語調發著下一張考卷：「施淑芬四十分，哦！妳也一樣，名字叫起來像四十分，妳就給我考四十分？」

不知這位淑芬姓戚？姓伍？或姓施？

05 見識不同凡響的慈悲

引禮師開始為大家做生活說明。我們的是E法師，在這九天他將帶領我們，以保證行住坐臥一切如法如儀。其他人可是羨煞我們了，因為E法師長得好漂亮（後來，我又被戒兄們糾正了，他們說：「不可稱法師『漂亮』，要說『莊嚴』」！），對啊！E法師真的好莊嚴，跟大明星的豔麗與刻意不同，而是一種超塵脫俗的感覺。講話也都是輕聲細語，讓人如沐春風，我想，就算他罵人，也不會讓人害怕吧！

「現在你們將所有貴重物品裝入信封袋內，然後留下一套換洗的內衣褲，以及毛巾、牙膏、牙刷各一，其餘的打包好，交給班首送進倉庫。」

「師父，我可不可以把睡衣留下？」

「再重複一遍，除了我剛剛說的物品，其餘的在這九天內都不能出現。」

「那，晚上睡覺穿什麼呢？」

「穿什麼？當然還是你身上的那套式叉摩那（梵語：Śikṣamāṇā，意譯為『學法女』，介於出家和在家之間，近於出家的女子）服。」

「可是……我不穿睡衣是睡不著的……」有倫幾乎哽咽地說著。

「請記住，進堂後，你們就是出家人了。有誰看過法師還穿睡衣的呢？」這一句鏗鏘有力的話，馬上把有倫的嘴巴堵住，終於心不甘情不願地將他的夢幻 Kitty 貓睡衣給塞進行李箱裡。我接著問：「天氣那麼熱，我留些錢買飲料喝可不可以？」曉蘭輸人不輸陣，也插一腳：「這個玉手鐲是我媽媽留給我的，戒期中戴著應該不要緊吧？」E法師似乎已招架不住，乾脆來個總答辯：「戒期中為讓大家體驗佛世時出家人清淨簡樸的生活，所以除了要持基本的不殺、盜、淫、妄、酒五戒，還有不香花鬘塗身、不歌舞倡妓、不歌舞觀聽、不坐臥高廣大床、不非時食、不捉持金銀等戒，所以你們認為身邊可以留錢，或者戴手飾嗎？」我一聽就知與透心涼的飲料已無緣，但曉蘭仍不死心：「這手鐲根本是拿不下來的？」「放心吧！交給我！我有辦法！」E法師實在是太太太……猛了，我們這些孫悟空，看來無論如何都沒辦法逃脫他這位如來佛的手掌心了。後來E法師用了肥皂水，終於使命必達，不過曉蘭的手卻成了「紅燒豬蹄」！E法師還說這樣已經對我們夠好了，以前在大陸叢林中，有所謂的「衣單二斤半，洗臉兩把半，吃飯三稱念，過堂五觀想。」衣單二斤半，就是學道者擁有的衣物，加起來不過二斤半重。洗臉兩把半是洗臉所使用的水，剛好可以弄溼兩次臉，而那半把是用來將毛巾再洗淨的，可謂極盡簡樸。而三稱念……E法師的話還未說完，我們已對E法師的惜福與節約，露出佩服得五體投地的表情，只有佩雯，他竟然說：「哎喲！這樣臉哪洗得乾淨啊！真是太不衛生了。」他，果然很「瞎」！

E法師說我們的課程是「行解並重、福慧雙修」，為什麼呢？好問題，我正想問，可是同堂戒兄一致地說「是」，證明只有我認為這是個好問題，其他人都認為這根本就是stupid question（蠢問題）。但，法師就是法師，再次讓我見識到不同凡響的慈悲，他耐煩地娓娓道來典故：「佛經裡有句話說：『修慧不修福，羅漢應供薄；修福不修慧，大象披瓔珞』，曾有兄弟兩個人，一個是修慧不修福，雖然證得阿羅漢果，但是生活艱難，去托缽都空缽而返，連飯都吃不到，正所謂『羅漢應供薄』。另一個是只知修福不知修慧，後來投生為皇宮裡的一隻大象，身上披滿瓔珞、珠寶，但是，終究還是畜生。所以，古德把福與慧、行與解喻為『知目行足』，知見如眼睛，修行如雙足，有眼睛，腳才不會走錯路；有雙足，才能協助眼睛發揮作用，眼睛和雙足相輔相成，才能行得安穩。」

我知道

我們在歐洲別分院的法師們，每二年都會回到歐洲總部一起策劃、承辦短期出家修道會，而那些在我十八歲參加短期出家時上演的「歷史」，好像也一直不斷地重演著！

只是，違禁品已不僅只於 Hello Kitty 睡衣或玉手鐲等，而是更高端的智慧手機、ipad 等科技產品。有時沒收了一支手機，沒想到現在的人道高一尺，魔高一丈，同一人竟暗藏了第二支、第三支……遇到這樣的人與事，先是無奈，感嘆若是如此，何須大費周章來參加？但繼而一想，過去的自己，比起他們，不也是有過之而無不及嗎？感謝常住及引禮法師們並沒有捨棄我這頑劣剛強眾生，仍是悉心以慈悲、智慧及佛法澆灌著我這無明眾生，所以讓我能夠逐漸蛻變，羽化成蝶，成為更好的自己！每每作如是觀後，對於戒子們就有更大的慈悲心與包容力，也就能看到當修道會圓滿，那一個個彷彿重生的佛門龍象！

3

06

跟周公增進友誼

行解並重立意雖好，但也把我這隻台北來的飼料雞給害慘了。早上四點就得起床，起床後除了要眼明手快與數百位戒兄搶地盤刷牙洗臉及上淨房（佛門用語，即廁所），還要整理內務。毛巾、牙膏、牙刷、漱口杯都有固定擺放位置，朝什麼方向還都有規定，多一樣不行，少一樣同樣會被扣分。E法師知道我是生活白癡，貼心地為我畫了示意圖。我天天照著圖樣玩「對對看」遊戲，還算勉強過關。但棉被要摺成豆腐乾，這可就讓我頭疼不已了。從小到大，我都沒摺過被，理由很簡單，既然晚上還要睡，何必多此一舉！爸媽每次聽到我的謬論，就會反問：「那妳吃飯的碗，三餐都會用到，幹嘛要洗？」沒想到他們年紀一把，理路卻還如此清楚！不過，我總是要賴：「唉喲！這二者不可相提並論啦！」結果就是他倆誰看不下去，誰就去幫我摺好。沒想到平日劣習不改，到了短期出家，可就得自作自受了。

話說已連續三天，我那東凸西翹的棉被在所有的豆腐乾中，總是鶴立雞群，也因此我們那一寮的內務評分，在萬黑叢中一點紅，也特別醒目。沒錯！這下，我成了一鍋白粥中，那唯一的一顆老鼠屎！於是，第四天起，曉蘭開始早五分鐘起床，為什麼呢？那當然是幫我摺棉被，免得我拖垮大家。雖然棉被事件得以解決，但我的心有點受傷，從來沒有覺得自己如此糟！另外，雖然我在心中念了無數聲觀世音菩薩，可是，我還是被分配到吃重的洗碗組，是上萬個碗，而且是照三餐操練，洗到背都駝了！洗到駝背也就罷，還遭到隔壁堂歐巴桑戒兄嗆聲，說我洗不乾淨。別人過手的碗他都不檢查，卻偏偏拿著我洗過的碗，指著碗的背面說：「你看！屁股都沒沖乾淨！」心中雖然很氣他當眾給我難堪，可是，又不免偷笑，歐巴桑就是歐巴桑，講話真的好「土直」啊！但是，他形容的真好，「屁股（而且還用台語發音）」，比我那「碗的背面」簡潔又傳神多了！

行解並重可真不是蓋的，到了「解門（上課）」時間，我早已筋疲力竭！佛法是如此深奧，本以為數理經濟學已是天下最難懂的學問，以我這種「天縱之才」，也才得了五十六分（別笑我，雖然不及格，但我可是系上所有二年級生，加上其他百位大三、大四、大五一再被當的學長姐中，分數最高的呦！），但，沒想到佛法比它難上千倍百倍。所以如鴨子聽雷的我，只好頻頻「讚歎」，要說最大的收穫，應該就是與周公的友誼大為增進吧！

3

07

念力盼到養樂多

為了提振精神，我們最年輕這班，可是各種辦法都傾巢而出！這下不就來了嗎！最小的「本來」戒兄，遞來一張紙條，上頭寫著：「好想吃霜淇淋喔！」下面還畫著一坨像屎的霜淇淋，他的藝術天分真令人質疑。不過，一說到吃，我的精神隨之亢奮，瞌睡蟲立刻逃之夭夭。我回寫道：「可是我比較想喝養樂多耶！」我的畫功真不是蓋的，往瓶上再加上正字標誌「Yakult」字樣，養樂多就好像呼之欲出了。「？」再傳來的只有一個大問號，我知道他問的是如何達成心願？回頭看所有引禮師都沒有注意我倆，於是附在他耳邊，輕聲說道：「有願必成啊！師父不是教導我們身口意都會產生力量嗎？我們一起發願，運用我們的念力，達成願望吧！（師父如果知道我們如此誤用佛法，應該會大嘆世風日下、人心不古吧！）」

整節課，我一直想著我的養樂多，而本來呢？瞧他一臉饞相，八成已接受我的建議，努力觀想他的霜淇淋。好不容易捱到下課，大家排班魚貫進入齋堂。「My Buddha !」我差點失口喊出聲來。願力真的真的太不可思議了。每個人的面前，除了固定的菜碗、飯碗、湯碗之外，那立著的不就是我「魂牽夢縈」的養樂多嗎？而旁邊擺著的正是紅豆牛奶冰棒。我得意的回頭看本來，他的眼睛正閃爍著燦爛光芒，我倆不約而同露出會心一笑。不過，我的功力畢竟略勝一籌，養樂多就是正宗養樂多。而本來，不知在觀想過程中，哪裡出了亂子？霜淇淋變成冰棒。不過，沒魚，蝦也好啦！由此事件，貪吃二人組也領悟到與「大師級」一樣的佛法。據說中國佛教三大翻譯家的鳩摩羅什，七歲時到寺院裡，看見在佛前有一個很大的磬，他看了覺得很好玩，也沒有加以思索，就把磬拿起來頂到頭上當帽子戴；後來一想：「我只是個小孩子，怎麼可能頂起那麼重的磬呢？」心裡這麼一想，磬就應聲跌落地面。於是，鳩摩羅什悟了，了悟了什麼？一切唯心造！

我一滴滴地享受著瓊漿玉液，而本來則是伸出舌頭猛舔冰棒，齋堂的糾察師父說這些都是台東的信徒知道有戒會，特地大老遠發心前來供養的。「我愛你們，台東的護法信徒們！你們真是太棒了！」心中不禁響起陣陣歡呼。

我知道

省庵大師在《勸發菩提心文》裡說道：「嘗聞入道要門，發心為首；修行急務，立願居先。願立，則眾生可度；心發，則佛道堪成。」發心立願是修道人很重要的學習功課，雖然當我在參加短期出家修道會，第一次聽到要發心立願，還是以自以為是的小聰明「誤用」，僅只為滿足口腹之欲。但一路行來，如如實實感受到發心立願之不可思議！發心的力量很微妙，發心吃飯，飯菜就會很好吃；發心睡覺，就會睡得很香甜；發心做一件好事，就會心甘情願，全力以赴。尤其當你所發之心，所立之願都是為眾生、為佛教時，就會感受到助緣紛至沓來！

近幾年地球暖化，原本夏季均溫約只近攝氏二十度的西歐，竟然飆漲到四十幾度，大家措手不及，來不及應變。不僅因歐洲家家戶戶都沒空調設備，還因這樣的氣候變遷，始料未及，連電風扇都一支難求！眼看這熱浪已令許多人送醫急救，接下來道場的活動又如何繼續呢？瞻仰著佛菩薩聖像，心中默禱：若有管道能買到幾支風扇，應可救燃眉之急，來寺的信眾就不會酷熱難耐了！就在此時，義工說：師父，有人找您！沒想到一位師姐以貨車載了八支風扇來供養常住！我驚訝著望著圓通寶殿的觀世音菩薩，心中讚歎著：觀音菩薩，您真的好靈感啊！好奇地詢問：「新聞播報都說荷比盧市面上已買不到，何以如此神通廣大！」師姐回道：「我請我兒子一路開到東歐搶購載回的！」

發心立願猶如播種，發心及願力有多大，成就就有多大。我們也都是從發心利他的願力中，圓成自己的佛道！

3

08

互稱法名，「張冠李戴」

說到「本來」，他就是佩雯啦！因為我們短期出家，所以那些世俗的名字就理所當然被高雅脫俗的法名給替代了。「本來」，一語雙關，所以我老是開他玩笑。「本來……」本來戒兄一聽到他的名字，就會神經兮兮跳起來說：「什麼事？」這時候我就會故作正經繼續說道：「本來……我想先去喝水……可是我現在決定……」每次都惹得他握緊拳頭想揍我。我呢，叫本韻，還真滿意這個名字，因為有這好名字，人也好像變得有氣質了。惠敏是本具、有倫為本清、淑芬是本哲，而曉蘭則是本知。剛開始有些不習慣互稱法名，加上七百位戒兄第一個字都是本本本……所以老是張冠李戴。更有一次引禮師要「本自」出列，結果「本忞」、「本知」、「本智」、「本之」、「本治」……一卡車的人全都出去了。後來，引禮師都得特別強調才行。例如：「本自」，就要再補充說明是「自己的『自』」。

說起法師間的趣事：常有人打電話到寺裡來，說要找「妙……什麼師父的……」他們都只好回答：「我們這裡所有的師父，全都是『妙』什麼的，請問您要找那哪一位？」名字搞不清楚也就罷了，此外，還有因為剃了頭後，外人不易分辨，有一次竟發生「靈異事件」。

話說有個天兵阿嬤上山來，猛地拍了一位法師的背，然後就劈哩啪啦說道：「乖孫啊，阿嬤坐了好久的車，就是特地來看你，你咁知……」看到法師一臉茫然樣，奔波勞累又口乾舌燥的阿嬤一時火氣上升：「出了家，連阿嬤都不認了嗎？」只見這位法師一頭霧水無辜地回道：「可是……我的阿嬤三年前已經往生了啊……」哎呀！這位阿嬤，您認錯人了啦！

09

修道密法盡在吃飯睡覺

佛門裡有所謂的五堂功課，即早課、早齋過堂、午齋過堂、午殿與晚課。其中吃就占了五分之二，可見吃也是一大修行。有的人會問：「吃是修行？那成天吃吃吃的豬不就最有修行了嗎？」非也！非也！此言差矣！待我借花（引禮師的開示）獻佛（各位），慢慢道來其中分別。

過去有人問珠海和尚修道是否有秘法？「有！」

「如何是秘法？」

「肚子餓時吃飯，身體睏時睡覺。」

「與常人吃飯睡覺何異？」

「不同。」

「敢問？」

「彼吃飯時百般挑剔，挑肥揀瘦，不肯吃飽；睡時胡思亂想，千般計較。」

咦！怎覺得珠海和尚所說的吃時挑肥揀瘦、睡時胡思亂想此等行徑很熟悉耶！嗯……好像……好像……我就是這樣！

講到「過堂」，即至齋堂用餐之意。也許你會奇怪，那就叫吃飯或用齋就算了，為何還要另立一名詞呢？因為過堂意指在一飲一啄間要能不貪不瞋，「過」了齋「堂」就忘了、就放下了，不要離開齋堂還念念不忘剛才的美味或是斤斤計較菜色，也就是不能久留，只是一時的過堂而已。在寺院的大齋堂中，可以數千人同時用餐，沒有半點聲音，你能想像嗎？在齋堂中，一律禁語，只有兩張半的口可以講話：一張是大和尚、一張是糾察師，另外半張則是行堂（打飯菜）人員不知道你需要什麼時，以僅限於你我兩人可以聽到的音量講話，因為是輕聲細語，所以就只算半張口。整個過堂的過程，莊嚴但又不落於緊張。先是大眾排班進入齋堂，先向上問訊，輕拉椅子再坐下。唱完〈供養咒〉供養諸佛後，用筷子與手抵碗盤，將碗、盤收進來（一旦收進來就要全數用完）。一般來說盤子與碗皆成一線，左邊的碗收進來在右邊，右則反之。如果知道自己用不完那麼多，就先不要收碗盤，放在原處，待行堂人員予以退飯菜！退時不出聲，只以筷子作勢。吃飯時龍含珠（四指在下脫住碗底、拇指在上押著碗的上邊）、鳳點頭（拿筷子之姿態），以碗就口以示威儀！

而在用餐過程中，要菜、要湯、要飯，要多、要少，還是只要湯，不要湯裡面的料，都各有一套，毋需言語便可意會的方法。用完餐後把湯碗疊在飯碗上然後推出去；碗在左邊、盤在右邊，筷子放在碗與盤的中間。然後結齋，起立、向上問訊，出齋堂。一切是那麼環環相扣、如法如儀，莫怪宋朝理學家程頤至大叢林寺院看到僧眾過堂後大歎：「三代威儀，盡在此中矣！」

話說從小只愛吃零食，不喜歡正餐的我，初看到面前三座小山丘（飯丘、菜丘與湯丘），還真是驚為天人：「這如何放進我的肚子呢？」可是，好像只有我存在著這個問題，其他人總是在唱完〈供養咒〉，大聲答以「阿彌陀佛」後，便大快朵頤起來。當我還兀自吃著前三口飯，並稱念「願斷一切惡、願修一切善、誓度一切眾」時，左邊的戒兄已然將飯丘解決，斜推至左前方，準備再添一碗。「果然羅馬不是一天造成的！」看他略顯臃腫的身軀，心中竊笑著。說時遲那時快，右邊的本文戒兄也將菜及湯碗都推了出去，「這是什麼情況啊？連瘦皮猴也如此會吃！」看著自己那像似紋風不動的碗，不知不覺緊張了起來，一心想的就是把小丘鏟平，什麼「龍吞珠」、「鳳點頭」壓根兒忘得一乾二淨，還不時斜眼盯著別人的速度，否則大家都吃飽了，只有我還在努力中，多丟臉！

就在此時，冷不防地有人將我的頭扶正：「本韻，吃也要專心，要食存五觀！照顧好自己的心念，個人吃飯個人飽，個人生死個人了！」又是一記當頭棒喝，長那麼大，還被質疑不會吃飯，這下臉真的不知往那裡擺了，只有將頭埋在碗裡，繼續苦幹，等我將破布子的籽及辣椒也一併入肚後（引禮師說要惜福，只要是行堂人員打到碗裡的飯菜，都要吃下去！），和尚才慈悲地說道：「還沒有吃完的，慢慢吃……結齋！」當百分之九十九的人都雙手合十唱著結齋偈：「薩哆喃……供養已訖，當願眾生，所作皆辦，具諸佛法。」將功德回向布施者時，還有人好整以暇地享用菜根香，真有定力！從小我就最怕跟別人不一樣，所以該是穿布鞋的日子，我卻穿了雙黑皮鞋，該帶美術用品卻忘了帶，都成了記憶中的夢魘。若是哪一天，我也能像這些戒兄無懼他人眼光，能無入而不自得，不用活在別人的期望與標準下時，修行功夫該是更上一層樓吧！

我知道

那一天下午座談時，肚子好痛，我想應該是破布子的籽在搞鬼，於是我問法師：「惜福很好，可是連破布子的籽及苦瓜籽都要吃下去，那也太不人道了吧！」「難不成你把它們都吃下去了？」所有的戒兄早已按捺不住，噗哧地笑了出來，不用言語，我就已然讀出他們心中都在笑我的蠢，「可是，您不是說只要放到碗裡的，就一定要吃完，因為要惜福啊！」法師不直接回答，而是反問道：「如果是龍眼的籽，你會不會吃下去？」唉，糗事再添一樁。

10 只「進」不「出」天人交戰

午睡時，儘管同寮戒兄累到打呼聲不斷，但我仍是輾轉難眠。山上雖然也很好，可是我真的也好想家喔！想媽的拿手好菜、想我最愛的 opera、想跟姐去夜市吃過一攤又一攤、就連弟弟那令人髮指的鳩占鵲巢行徑（他最愛搶我看電視時的寶座），現在想起來也是美好的。最重要的是，我好想好想在後無追兵的情況下，舒舒服服地洗個熱水澡，而不是像現在這樣，從褪衣、洗頭、洗身到穿好衣服，要在五分鐘內完成，否則像催命符的敲門聲絕對會讓你抓狂。還有……還有……這叫我如何啟齒呢……我……已經便秘四天了。再不「出」，那每餐的三大碗，勢必是無法再「進」了。

「可是，該找什麼藉口呢？」「就說返校日到了。」「不行！不行！大學哪有返校日呢？」「不然就實話實說，承認實在是支撐不住了。」「一定行不通的，連問都不用問，就知道師父們一定會正經八百地說：『本韻，出家乃大丈夫之事，非將相所能為，今世得此因緣出家，是累積了多少福德因緣，千萬要把握當下啊……』，更何況，同堂的本來，小我六歲，從進堂至今，都一派怡然自得狀，而老菩薩們，也好像拚了老命，努力拖著老邁的身軀跟上大家的腳步。不管老的小的，都沒有鬧著要回去，忝為『中流砥柱』的我，怎麼有臉提出要回家呢？啊！我快瘋了。」寶貴的睡眠時間，就在不斷與自己的思想鬥爭，以及無解的自問自答中給摧毀殆盡。

當下課的引磬聲響，鼓起勇氣走向引禮師，「師父……我……」「有什麼事嗎？」「我……沒事……謝謝師父的用心照顧……」然後一溜煙地跑掉了，留下滿臉狐疑的引禮師。我真是孬種，「我想下山」四個字，無論如何就是說不出口。接連二天，日子就在圍繞引禮師旁走來走去，然後鎩羽而歸的輪迴中度過。後來，本智戒兄發自肺腑一番話，才讓身在福中不知福的我，徹徹底底死了下山的心。

11

老菩薩 青年心

話說隔壁堂的戒兄們，年齡全都比我爸媽還大！其中的本智，已經七十五歲了，昨天一個不小心，在行進間，踩到前面戒兄海青的後襬，一個踉蹌，從樓梯跌了下去。一陣驚呼中，只見他的額頭已血流如注。在法師及戒兄們都著急地搶救時，只見本智戒兄竟然對自己的色身毫不在意，而是不斷喊著：「我一定要留下來，千萬不要把我送回去……」最後在糾察師父再三保證會讓他圓滿戒期，才終於乖乖地就醫，沒想到老人家拗起來，比號稱小霸王的我還厲害。

翌日，奉引禮法師之命，前往送午餐給本智戒兄。他慈祥地望著我，還拉著我的手輕輕拍撫著，說道：「歹勢（抱歉）、歹勢，讓大家擔心了，感恩！感恩！」奶奶早逝，我連她的臉是圓是方都不知道，但在此刻，我想像著：如果奶奶還在，應該也是如本智戒兄一樣如此和藹可親，而且對我百般疼愛吧！唉！奶奶若多活幾年多好，那我就可以帶她一起來拜佛、學佛、行佛，老人家應該很喜歡吧！不過，眼前的本智戒兄，是如此平易近人，讓我不自覺地已把他當成自己的奶奶了。

他突然嘆了口氣，然後語重心長地說道：「看到你們那麼年輕就知道要學佛，心裡真為你們感到高興。我啊！老來才學佛，太遲囉！這次的短期出家，是我盼了多久才求到的，你咁知？本來短期出家的上限是六十五歲，我是絕對不符合資格的。可是我不甘心，少年時沒因緣，現在再不把握就更沒機會了。所以，我就去求師父……」「阿嬤，您很厲害耶，差十歲，師父還讓您來喔？」「這哪有那麼簡單，我連續一個禮拜，照三餐加上點心、宵夜時間去吵師父們，吵到他們要聽我講完一定要參加的理由。大家都說：『不是我們不幫你，實在是短期出家得要有體力才能參加，否則會凍未條（受不了）啦！』」我就告訴他們：『那如果我保證有六十五歲的體力，你們會不會讓我參加？』他們一定沒想到我會達到標準，所以就隨意說道：『好啦！好啦！』可是，有他們的這一句話，對我而言，就好像溺水的人抓到稻草一樣。我每天開始去跑步、做運動，希望更勇健；而且每天禮佛五百拜，一來求菩薩加持，二來聽說短期出家都要不停跪拜，要先練習，否則到時會「鐵腿」。這樣持續了三個月，從不間斷。有一天我去爬山練身體，當家師父從後面追上來說：『老菩薩，我們真的輸給您啦！您真是一位菩薩，我們大家一致決定要讓您參加短期出家了！』」

聽到此，我的臉開始紅熱了起來。不知道是羞愧自己的輕言放棄，還是太感動於本智戒兄的堅忍不拔。

他繼續說道：「我好不容易才來到這裡，說什麼也不能半途而廢，以前我的婚姻是別人安排好的，現在我要選擇自己的人生！每次看到師父為眾生做那麼多事，我就發願：雖然這一世沒辦法出家，不過，我會好好修，看來世有沒有好因緣，能夠出家弘法利生……」阿嬤叨叨絮絮又講了許多，看到我呆立著，才不好意思說道：「講那麼多，耽誤你的時間，真是歹勢歹勢……」其實，阿嬤哪裡知道，他的一番話，竟然讓我連日來漂浮不定的心，漸漸安定下來。臨走前，我不忘跟阿嬤再三道謝。

我知道

想起中國禪宗二祖慧可大師。他自少年就博覽群籍，壯年時在龍門香山出家，後入嵩山少林寺拜謁達摩，並請達摩祖師收他為入室弟子，但卻不得達摩應許。慧可不畏刺骨寒風、漫天飛雪，苦苦地在門外等候。過了很久，雪深及腰，慧可依然佇立不動，達摩見他確實真誠，便問他：「你不遠千里到這裡來的目的，究竟所為何事？」

慧可答道：「弟子的心不安，乞請您幫弟子安心。」

達摩喝道：「將你的心拿來，我為你安。」

慧可愕然地說：「弟子找不到心。」

這時，達摩說道：「我已經為你安心了。」

我想，我已經領悟到「安心」之道了。原來，心本如如不動，原不須「安」，那些顛倒妄想，都是凡夫俗子的造作罷了……。

下了這個結論之後，自己得意的不得了，有戒兄說：「短期出家像個超級改造營！」看來，我這顆頑石也不得不點頭，而且隨手拈來就是如老參般地「佛言佛語」……得意……真是得意……

就在此時，太得意忘形，跌了個狗吃屎，把我從極樂淨土硬生生又拉回娑婆世界。連路旁三歲的小弟弟看到我的衰樣，都忍不住笑了起來。唉！凡夫就是凡夫，不過一點點體悟，就忘失了本心，又開始妄念紛飛。看來，我的確又落入了「口頭禪」，離開悟還差得遠呢！還好有這番體悟，跌得好！跌得真是好呀！

12

找到法身慧命之家

也許是阿嬤那番話的加持，到了第六天，就是那麼神奇，一切變得不一樣了。有好幾次，我體會到「無念」的自在，山下的一切都變得不重要了，世界竟可以在一秒間，因為我的心不同，而大大不同。據說智閑禪師有一天在耕地時，鋤頭碰到石頭，鏗然一聲而頓悟，真是「一擊忘所知，更不假修持」！不知我這樣，算不算是「頓悟」？

於是，接下來的日子，吃飯時專專心心，細細體會酸甜苦辣各種味道，原來簡單的菜，就能吃得如此津津有味。以前山珍海味擺在前，都還嫌東嫌西，果然有錢並不一定買到食欲。長這麼大，第一次知道如何「吃飯」？以前挺自豪吃飯還可以分心看電視、背書，現在想想真是愚蠢至極！現代人追求快速，吃東西要速食；開車要速度；讀書求速成……可是，快速真的好嗎？可能失去的，是更為重要的——細細體會過程的樂趣吧！

曾經聽過一個饒富禪味的故事：有一個人很害怕死亡，他認為：要避免被死亡追上的唯一方法，就是走得更快速、更匆忙。於是，他每天總是行色匆匆，不論是吃飯、工作或走路，都比從前的自己快了三倍。有一天，他正在趕路時，被一老人叫住。老人問他說：「你如此匆忙，是在追趕什麼呢？」

他說：「我不是追趕，我是在逃開呀！」「逃開什麼呢？」老人問。

「逃開死亡！」老人說：「你怎麼知道死亡是在後面呢？」

他說：「因為所有的動物都是在往前逃命被死亡追上的。」

老人說：「你錯了！死亡不是在起點時追趕，而是在終點時等候的。不論你跑快或跑慢，都會抵達終點。」

「你怎麼知道？」

「因為我就是死神呀！」老人說。

那個人大驚失色：「你今天出現，莫非我的死期到了？」

死神說：「哦！你不用害怕，你的死期還沒有到，只是你一直跑得太快，我的兄弟『活著』一直向我抱怨趕不上你，如果你不和他會合，和死亡又有什麼兩樣呢？他特別請我通知你慢一些呀！」

「我要如何才能和『活著』會合呢？」

死神說：「首先，你要站著不動，把心靜下來，然後你要環顧四周，用心體會、用愛感覺、用所有的力量來品味，『活著』就會趕上你了。」

當他把心靜下來的時候，老人說：「你回頭看看，我的兄弟來了。」

他一回頭，老人不見了，卻看見了從來沒有看見的、美麗的街景。

所以，現在我走路時也清清楚楚知道哪隻腳提起、哪隻腳放下。睡覺時，頭剛碰到枕頭就進入夢鄉了，果然是「心中有事世界小，心中無事一床寬」。當然，我的便秘也不藥而癒，在前後夾攻的情況下，還能「一瀉千里」，我知道，山上真的是我的家，我的法身慧命之家。

13

慚恥之服 無上莊嚴

不過，要成佛作祖果真不易，雖然我們這群黃毛丫頭已初步領教「吾有法樂，不樂世俗之樂」，但畢竟劣根性難改，習氣還是引領著我們繼續使壞，這下子，我更體會到地藏菩薩「地獄不空，誓不成佛」的偉大，光我們這群，就夠祂傷腦筋了，要度化眾生談何容易啊！

受戒之後，就要持過午不食戒了。這對正在「轉大人」的我們（其實其他部位都轉換成功了，只有嘴巴還未轉），簡直是酷刑。所謂上有政策下有對策，在看到一戒兄因感冒而從引禮師手上得到又酸又甜的維他命C時，腦中頓時閃過一線曙光，夥同同樣貪吃的本來及本明共同商議大計：「想不想吃東西啊？」看到他們口水快流下來的表情，讓我不禁故意吊一吊他倆的胃口，「想啊！可是哪有可能……」「嘿嘿，我就有辦法Make it Possible！」

下午，在我完美的指揮下，三人的咳嗽聲此起彼落地，大到影響到上課的進行、大到引禮師都前來關心。「哈哈！這就是我想要的。」下課後逕自走到引禮師前，故意壓低聲音：「法師，我好像感冒了，好像是被本來、本明傳染的。」「嚴不嚴重，要不要請假下山去看醫生？」心裡喊著：不！不！不！還能去看嗎？真的去看醫生，就穿幫了！我們只是想要幾顆維他命C來解饞，沒有必要搞那麼大啊！後來我們跟師父「盧（糾纏）」了很久，他大概已快被我們煩透了，所以給了我們分量相當相當足夠的維他命C，夠到足以打敗蟄伏在我們體內已久的貪吃蟲。

晚上，我就含著它，作著美夢進入夢鄉。我可沒有破「不非時食」戒喔！因為那是「藥」，不是食物！雖然我取巧鑽法律漏洞，沒有違犯戒會規矩，可是想到自己怎會如此貪吃，就不禁「悲從中來」，如果連小小的吃都無法克制，那還談什麼威武不能屈、貧賤不能移？突然覺得有點罪惡感，所以就把這不舒服的感覺寫在「戒壇日記」上，算是懺悔吧！

下午在出坡拔草時，有一位法師突然挨近我的身邊對我說道：「人非聖賢，孰能無過，最重要的是錯了要能改過！所謂慚恥之服，無上莊嚴。」他還問我：「本韻，你覺得E法師如何？」「E法師！他可幾乎是我們所有戒子的偶像！他根本不用言語，只要看著他的一舉手、一投足，就好像在說法，心中就算有多少熱惱，馬上被他的安然自在所感染，頓時化為清涼。」「你知道嗎？以前他在讀佛學院時，曾經因為嘴饞，在出坡撿垃圾時，偷偷去投自動販賣機，然後把飲料藏在垃圾袋中被老師逮個正著；也曾躲在觀音殿上頭偷吃泡麵，因香味四溢而東窗事發……」「這怎麼可能！他那麼有氣質耶！」「所以啦！只要你知慚愧，願意面對自己的習氣，有朝一日，你也可以跟E法師一樣莊嚴喔！」

我知道

師父總是苦口婆心告訴弟子們：「一個人若不知羞恥就不像人；不知苦惱就不會上進；不知慚愧就不會改進。」

慚者，慚己；常自覺學問不夠、發心不夠、慈悲不夠……愧者，愧他，時時感到對不起他人，對不起父母、朋友，對不起國家社會……在修行路上，也總以此提醒、勉勵自己，因為有了慚愧心，才會對自己的言行、心念產生羞恥，進而知道要懺悔，要奮發向上，才能藉此來莊嚴自己的德行。是故，《佛遺教經》亦說：「慚恥之服，無上莊嚴。」

14 山中無甲子　法喜充滿

明天，就要捨戒出堂了。每位戒兄都是百味雜陳，而我又再度失眠了。不過短短幾天，差距卻是如此之大。之前失眠是因不想待在山上；而現在，卻是不想離開。躺在床上，盯著天花板，好怕時間流逝得太快，細細想著從報到開始的點點滴滴——每一個在短期出家的時空裡，與我生命交會的人；每一件與我生命交會的事，驚訝從小是小霸王的我，短短九天，改變竟然如此之大。

遠邊天色已發白，聽到「叩——叩——叩叩」的板聲後，大家如過去八天一樣，有次序地刷牙洗臉，雖然仍是遵守著禁語的規定，但當與每一個人眼神交會時，我都可以讀出他們的心中正喊著：「我們不想下山！」但是又何奈！終於，大家最不想面對的時刻來了！在師父引領下，魚貫進入將舉行捨戒典禮的大雄寶殿。先是哽咽，然後啜泣，最後竟至嚎啕大哭，本來引禮師是很含蓄地挨進每個人身邊，遞上一張面紙，後來看到場面一發不可收拾，馬上請人讓盒裝面紙進駐，狂抽猛抽，但還是抵擋不了戒子們傷心的洪流。

從小到大，每一次的離別，包括國小、國中、高中的畢業典禮及好友的移民，我都不曾流下眼淚，可是，今日，我卻破例地哭了。哭什麼？是捨不得山上的一切？是捨不得戒兄們共患難的情誼？是感動？還是被莊嚴的典禮攝受而哭，我真的不知道！當引禮師要來收回衣、缽、具時，大家都好似怕一旦收回後，這清淨、美好的時光也將告終，所以死命抱著不肯放手。師父們個個陷入兩難，雖然天下終無不散的筵席，但這九天的朝夕相處又怎如此輕易能了，所以有多位引禮師也跟著戒子暗暗拭淚。亂糟糟的情緒，讓我幾乎忘了捨戒儀式最後是如何圓滿的。

開堂和尚諄諄叮嚀：「受戒是一時的，戒體是一世的，九天的清靜是非常難得的因緣，應永記在心。」同時也勉勵我們要常回到法身慧命之家精進修行，做萬種事結萬種緣，要不離生活、不離大眾，透過他人圓滿自己不足之處，讓自己坑坑洞洞的佛性補綴起來，共同成就佛道。我想，短期出家真的只是個開始，而非結束！佛道長遠，今後還有更多的功課等著我們。

對了，順道一提，開堂和尚最後還宣布一個消息，短期出家的沙彌首，決定留在山上長期出家了。聽聞此，有人讚歎、有人嘆息、有人愣住……和尚說是好消息，可大家的心情是錯綜複雜的。雖然九天在山中度過無甲子之時光，體驗到了有別於山下的法喜充滿，但真要決定留下來，絕對是要經過一番掙扎吧！而且聽說他還是一家 IT 公司的老板耶！他就這樣出家，那公司營運怎麼辦？他的家人會接受嗎？我們一群人像三姑六婆般交頭接耳，個性直爽的H師父直接來一記棒喝：「多管閒事！」對啊！看到沙彌首一副自在樣，我們卻反而放不下，不覺失笑！

我知道

過去曾有一群人在河邊等船，準備乘船到對岸去辦事。當船夫把船從沙灘上推下水的時候，船底壓死了很多小魚、小蝦。船過了河以後，留下一部分人等待下一班船。

當中有個秀才問一位禪師，他說：「師父，當船推到水裡的時候壓死了許多魚蝦，壓死魚蝦就是造業呀！那麼，請問這個罪過是船夫的呢？還是乘船的乘客的呢？」

禪師對秀才說：「是你的罪過。」

「為什麼是我的罪過？」

「因為你多管閒事！」

船夫為渡人到河岸，心裡沒有殺意；乘船的旅客，只是過河辦事，也沒有瞋恨殺生的惡念，他們的無心，像虛空一樣，任白雲烏雲遮蔽，並不妨礙原本淨朗的天色。我就跟那位秀才一樣，無事平地起風波吧！

15

成為「佛教最佳代言人」

三個月的暑假，就在精進中充實地過去了。回到學校，大家都稱讚我的眼睛變得明亮有神，整個人看起來有一種脫俗超塵的味道。而當大家知道我竟然去參加短期出家，還開始吃素，全都杏眼圓睜，然後央求我現場重現。因為，號稱「舞」林高手、流行小天后的我，會去參加這樣的活動，本來就相當具有「爆點」，加上整個人又有如此大的轉變，所以個個都眼巴巴地圍繞在我身旁，對我的奇遇「垂涎欲滴」。

第一次，很興奮；第二次，有點疲憊；第三次，我快不耐煩，因為每當我口沫橫飛好不容易講完後，又有另一批人，一個接一個的問題等著我回答。後來，這事也讓教授通識課程的蕭教授知道了，他覺得我這個「不可多得（當教授這樣說時，我好心虛啊！）」青年的體驗，值得給其他生活糜爛的大學生一個借鏡，於是特別撥出二節課由我主講。蕭教授真是英明，第一，此決定馬上解決了我疲於應付的困境；第二，我意外地成為人氣高漲的地下講師！自從一講成名後，我彷彿成為佛教的最佳代言人。譬如有一次，蕭教授要從宗教觀點探討對死亡的看法，其他的宗教觀點，教授全包了，獨留佛教的觀點，囑咐我好好表現一番。這麼好的協助弘法機會，我怎能不好好把握呢！

我先以一個充滿趣味的引子開了頭：「一般世間人對於生命的結束，總是用死亡、逝世、過世等消極性的字眼來描述，但是佛教卻賦予它一個更積極的意義，那就是『往生』。這讓人感到死亡不是結束，而是繼續『往』下一期的『生』命前進。正如鞋子破舊了，要換一雙新鞋；房屋損壞了，要換一間新屋，更何況人的身體老邁了，怎能不重換一個身體呢？」

這些新新人類們，全被我興味盎然的話頭，引得正襟危坐，準備聽個究竟。我繼續說道：「其實，生，也未嘗可喜；死，也未嘗可悲。有一戶大富人家，晚年得子，賀客盈門，紛紛向老員外祝賀弄璋之喜，有一位禪師也接受了邀請，但他非但未獻上祝福，反而號啕大哭。員外大惑不解，就問他說：『禪師啊！你為什麼如此哀慟呢？』

禪師憂戚滿面地回答說：『我悲傷你家多了一個死人啊！』

當人出生的那一刻，就注定有一天必定要面臨死亡，但在覺悟者的眼中看來，生，是死的延續；死，是生的轉換，生死一如，何不以平常心看待？」如此前所未聞的言論，想必已讓全班心悅誠服，因為他們看我的眼神，就好像是見到重量級的 super star 般。

為了讓他們更佩服我，我就再繼續露兩手：「湖南有一鐵匠，叫作王打鐵，天天做苦力賺一點錢來過日子。一天，一位出家人從他家門口經過，他向法師請教：『我生活太苦了，想學佛，但我要努力賺錢養家，抽不出時間，有沒有辦法救我？』法師告訴他：『只要念阿彌陀佛求生西方極樂世界就行了！』他聽了之後很是歡喜，每天打鐵，鐵槌打下去念阿彌陀佛，拿上來也是阿彌陀佛，一天到晚就是阿彌陀佛。如此念了三年，有一天他跟太太說：『我要回家去了。』『這不就是你的家嗎？』『我的家在西方極樂世界！』說了這話後繼續打鐵，臨走時口述一偈：『叮叮噹噹，久煉成鋼，太平將近，我往西方。』鐵槌打下去之時，站著往生，滿室生香！

另外，龐蘊居士一家四口的死法尤其各有千秋；先是女兒靈照搶先坐在父親的寶座上化逝，龐公只好臥著死；兒子在田裡鋤地，一聽父親去逝了，就丟下鋤頭立化；龐夫人見他們個個都去了，也撥開石頭縫隙，隨口留下一偈而去：『坐臥立化未為奇，不及龐婆撒手歸；雙手撥開無縫石，不留蹤跡與人知！』」

我們常常都在為人生諸事作準備，為考試加緊複習；為下雨天準備遮傘；為遠行準備口糧……。而現在，我們也應該趁著時間還早、趁著自己身體精神都還健康的時候，先為死後的皈依處預作準備，面對死亡也可以如此瀟灑自在！」話甫落，下課鈴聲也適時響起，一切銜接得如此天衣無縫，如雷掌聲久久不散，自此我在學校「佛教最佳代言人」的地位已然確立。因為短期出家後，從山上帶回一皮箱我們都最尊敬的師父——星雲大師的各類書籍繼續深入，大師總有辦法將深奧的佛法、嚴肅的議題等，以輕鬆活潑又深入淺出的方式，讓大家明瞭佛法的意涵。所以我也就依樣畫葫蘆、照本宣科如是說、如是行，而全班也在我有計畫的「循循善誘」下，跨進了寺院展開學佛之旅程。

16

「女魔頭」導演一齣齣「浪子回頭」

本來以為吃素，會因此與同學產生距離，但萬萬沒想到，這卻讓我贏得更多堅定且珍貴的友誼。剛開始，總在吃飯時間，獨自默默地走向素食自助餐廳。這下，還不到數日，先是阿真、小花說他們吃肉太猛，造業太多，罪業深重，所以要跟著我一起吃素減輕罪孽。後來，Peter、珠珠、Robert、佩琴等族繁不及備載的一票人都加入素食一族，他們的說詞都是最近發福不少，想來「素素看」，看是否能消除肚上肥油，但我心裡知道：其實，他們吃素只有一個理由——就是要陪我！他們這一群「酒肉」朋友，也就順理成章地「我行我素」起來了。

有一次 Peter 大剌剌地在我面前啃起了雞腿，我自己倒不覺得有什麼不妥，但那些有情有義的同學們，對 Peter 卻群起攻之，給他個下馬威：「你怎麼可以在明慧面前吃雞腿，這樣子很不尊重人喔！」嚇得 Peter 及其他有意僭越者，再也不敢造次。

每每心裡想到他們的細心體貼，都會不由得讚歎他們真是「人間菩薩」。聽說曾有一位癌末病童，因化療而頭髮掉光，同學們為了不讓他覺得與別人不一樣，所以全班陪著他一起把頭髮剃光光。在我的心中，我的同學們都是一尊尊的小菩薩；加上在短期出家遇到的法師、戒兄及許多的老菩薩，他們都讓我對菩薩有了完全不同的認知與定義。

想到國中時曾年少輕狂，自以為為朋友兩肋插刀，像個烈士般犧牲，就是最大存在的價值。為了陪朋友，我從資優生淪落到一個連數學題目都看不懂的「智障生」；從一個頭髮齊耳的乖乖女變成頭髮削薄、制服袖子與裙子都捲上好幾圈的叛逆少女。那時候，最恨的就是被大家稱為「女魔頭」的班導師，她處處找碴，連我放學呼朋引伴要去吃個剉冰，都會被她中途攔截。在逼我吃完她自製的超級健康，但平淡無味的晚餐後，便威脅我演練那一道接一道難解的數學方程式。那時，愚癡的我，從未體會她那嚴峻外表下柔軟的心，現在想一想，還真有點智障。若非真的關心，有哪一位才二十幾歲，剛畢業教書的女教師，會放棄與男友約會、逛大街的機會，為我這冥頑不靈、自以為是的傢伙複習功課、當免費的家教，還要像老媽子一樣張羅晚餐。還好，天可憐見，讓我這呆頭鵝也有開竅的一天。學期結束前一天，一想到今天過後，就可逃離女魔頭的手掌心，我像吃了熊心豹子膽，竟在課堂上公然頂撞老師，女魔頭不像以前一樣火冒三丈，繼而指著我的鼻子，叫我到外面罰站。反之，她不發一語，繼續上課，她的異常，反讓我感到惶恐，如坐針氈，好不容易熬到下課，她要我跟著她進入教師休息室。

雖然看到她這樣反常，心裡很不安，但天生反骨的我，還是對她正眼不瞧，一副不置可否的樣子。她也不介意，只問了我一個問題：「妳知道這學期我給妳的操行分數幾分嗎？」可惡，就知道你會拿操行分數來威脅！被激怒的我，狠狠地撂下一句：「隨便妳！I ── don't ── care！」「雖然妳不關心，但我還是要告訴妳，我給了妳與裴文靜一樣的分數！」（裴文靜就是本校從校長到每一位老師最引以為傲的學生，不僅成績總是全校第一，且人如其名，總是文質彬彬、知書達理，我們那群狐群狗黨中的阿惠曾有一個妙喻：裴文靜就像高貴迷人的貴賓狗！當然，把人比做狗，有點不恰當，不過，這形容還真是滿貼切的！）

不知道女魔頭葫蘆裡賣的是什麼藥，只見她停頓了幾秒後繼續說：「在我心中，妳與裴文靜都一樣的好！看到妳如此放棄自己，我非常痛心！我知道妳們早在心中罵了無數遍我對妳們的嚴苛。可是，我實在沒有辦法放任妳們如此下去。我唯一的弟弟，原本也是有著大好前程，卻因一時失足，交了壞朋友，然後逃學、吸毒、偷竊，最後死於幫派械鬥中……」不記得她後來又說了什麼，因為我早已哭到眼淚、鼻涕直流，第一次覺得自己真蠢，蠢到為自己幼稚的行為得意洋洋，蠢到傷害一個如此用心的老師。

後來，在我們學校，還真上演了多齣浪子回頭的戲碼，我和阿惠都是主角之一。如果不是女魔頭，也許我現正躲在社會某一角落，過著暗無天日的日子。佛門中有句話說：「寧叫老僧墮地獄，不拿佛法作人情」，墮地獄的老僧應該算是菩薩中的菩薩吧！

我知道

以前覺得菩薩是遙不可及的，是端坐在佛殿中央，只供人瞻仰的，沒想到我的周遭就充滿了無數的菩薩。爸媽把屎把尿拉拔我長大，他們是菩薩；山上的師父們，對我們無法無天的行徑，慈悲包容，也是菩薩；幫助過我的人理所當然是菩薩；障礙我的人同樣也是菩薩，因為他們讓我激起雄心壯志——要爭氣不要生氣，因而更努力向前。當初釋迦牟尼佛會成道，也多虧了他的堂弟提婆達多。

提婆達多三番兩次陷害佛陀，但是佛陀常說，提婆達多是他的增上緣，幫助他成功。所謂沒有黑暗，哪裡有光明？沒有罪惡，哪裡有善美？沒有兇狠，哪裡能見得出慈悲？所以佛教中有慈眉善目的菩薩，但也有怒目的金剛，慈眉善目是大家所喜歡的，但卻不一定是對你最好的；同樣的，怒目令人心生恐懼，但卻可能是最關心、最疼愛你的人。白臉人人喜歡，但要扮黑臉就得有大無畏的勇氣了。

這世界因為有這麼多菩薩而美好，我在佛菩薩前亦許下心願——要在人間作為他人生命中的千手千眼觀世音菩薩！

17

媽媽早已行菩薩道

一早就被擾人清夢的電話吵醒！「喂……請問妳是……」因為話筒傳來不甚熟悉的聲音，所以就自然而然地問了問。「我是……我是……我就是妳最愛的人啊……」這搞怪的音調一出，我就知道是那老愛裝神弄鬼的豬豬打來的，可我也不是省油的燈，雖然還在半夢半醒之間，仍然機靈地馬上大喊：「媽！媽！」這下她被我搞糊塗了，「妳在說什麼啦？」「妳說妳是我最愛的人，我最愛的人，就是我媽啊！」哈哈！她可被我反將一軍了，不用看到她的人，就可以想見她吹鬍子瞪眼睛的模樣。

我是真的真的好喜歡媽媽，並且深深以她為榮，不是因為她有過人的成就，而是她的生活態度與哲學。她總是告訴我們吃虧就是占便宜，也從不串門子講是非，同時也如此要求她的每一個孩子。若是我們抱怨某某人如何這般，她要不就提醒我們：一句不實的指控，可能會要了一個人的命。要不就索性連聽都不聽，所謂一個巴掌拍不響，我們也就自然養成慎言的習慣。連爸爸在股票市場慘賠，媽媽仍不減瀟灑，還是一句「隨它去！」，因為她相信：該是我們的，跑也跑不掉，不該是我們的，求也求不到！一樣要過日子，何不快快樂樂？

她的樂觀，時時刻刻影響著我。成績退步了，她安慰我：一時的失敗並不代表永遠的失敗；青春期滿臉豆花感到自卑，她提醒我內在美更耐看。總之，她總讓我覺得自己並不差。

她常對我說一個「最美的孩子」故事。有個獵人到森林裡打獵，積極地搜索他的獵物，突然看到一隻羽毛漆黑的鳥停歇在樹上。

「我看你的槍法百發百中，收穫一定豐碩。但我想請求你一件事，請你千萬不要殺害我的孩子。」

「天下慈母心，我答應你的請求。但是我不認識你的孩子呀！」

「那羽毛最光澤、歌聲最悅耳的鳥就是我的孩子，我的孩子是世界最美的！」

「你放心，我一定遵守諾言，不殺害你的孩子。」烏鴉於焉放下忐忑不安的心。

忽然，獵人眼前一亮，一隻戴著寶冠的鳥自在的舒展著身子，一身扇狀的羽毛光彩奪目。獵人舉槍正待射出，驀然想起對烏鴉的承諾：「這隻鳥如此美麗，一定是烏鴉的孩子，我不能殺他。」

轉頭一看，枝上有一隻輕盈的鳥，發出陣陣的的妙音，獵人心想：「這隻鳥如此可愛，一定也是烏鴉的孩子，看來今天只好空手而回了。」

正待轉身離去，突然看到一團烏黑的東西，發出嘎嘎的怪叫聲，獵人一驚，天下怎有如此醜陋的鳥，毫不遲疑一槍射中。這時烏鴉卻飛到跟前，傷心欲絕的指責道：「你怎麼可以言而無信呢？」

「這隻鳥如此難看，怎麼可能是你的孩子呢？」

「在天下父母的眼中，他的孩子永遠是最美麗的。」

我知道

媽媽告訴我：在母親眼中，即便是只會「阿」、「阿」叫的烏鴉都是最美的，更何況妳是隻鳳凰呢！因此妳要相信自己、肯定自己。所以即使成長過程中，跌倒的次數沒少過，可是我總能屢仆屢起，大家都說我是無可救藥的樂觀主義者。因為我參加短期出家，媽媽才開始接觸佛教，我卻覺得她早已在行菩薩道！

18 家人，我求道過程的護法

言歸正傳，豬豬打電話給我，就是想下午約我出去喝咖啡聊是非，雖然是聊是非，可是大家都說我總有辦法讓他們從中得到一些啟示。自從我一講成名後，就成為同學間爭相邀請的心理諮商顧問。被男女朋友甩了找我；被同儕排擠找我；想買禮物給心儀的對象也找我……奇怪，果真菩薩法力無邊，我只是去參加了短期出家耶！

不過，只有自己知道功力還差得遠！記得高中英文課必背的一句經典名言——Intimacy breeds contempt（親近則生侮慢之心）——也應驗在我的身上了。在同學、在法師、在所有外人面前，學佛後的我，就像是一個全新的人——主動、發心、熱誠……。但，回到家，我就完全現形。我也不明白，一樣的爸爸、一樣的媽媽、一樣的姐姐……什麼都沒變，唯一變的就是我開始學佛、開始吃素！學佛該是件好事，但卻差點讓我因此鬧了一場家庭革命。

我一直沒有辦法掌握到學佛的真正精神，學佛後對自己及家人的高度期許與現實生活諸不如意相抵觸，所以不斷產生衝突。本來在門外還高高興興地與同學講著手機，但一進門看到爸爸、媽媽及姐姐們圍在電視機前看沒營養的 soap opera 就滿肚子氣，覺得他們真是無可救藥的墮落眾生，「生死事大，無常迅速」，他們不知要加緊修行，竟還繼續造業、虛擲生命？想到此，連媽媽精心為我另外準備的素菜，我瞧也不瞧，就甩了門躲進房間，留給他們的是一堆又一堆的疑問，不知是那裡又惹到我？在沐浴淨身後，我又著海青，從一對對錯愕的眼睛前走向我專屬的佛堂誦經拜佛。

大家儘可想像那滑稽的畫面，一個未滿二十歲的年輕人，開口閉口都是了生脫死、要念佛、要參禪；放學後不是像以往去追星、去夜店、去看電影，而是不停誦經、拜佛，一心只求能從熱惱中得到解脫。那時候，跟同參道友提到家人的不精進，都會氣急敗壞地說他們簡直就是「一闡提（斷盡善根的眾生）」。但我的家人卻用極大的包容心，來包容他們這個如歧路亡羊的小妹，因怕打擾我誦經拜佛，只要我在佛堂，全家人就不敢越雷池；因為短期出家後就改弦易轍吃素，所以爸爸開始按圖索驥找遍方圓十里內的素食店，只為了讓我能吃到不同風味的酥酡妙味；而媽媽也與賣素食的攤販熟絡起來，並且買進大量食譜，只希望吃素的我仍能得到足夠的營養；姐姐們則是常會輪流被調兵遣將，去買爸媽在電視、報紙或網路上所看到眾人所推薦的素食精品給我大快朵頤。

他們對我的用心，卻沒得到我同等的回饋。已過了青少年的叛逆期，卻不知為何又變得古怪起來。嫌冰箱裡葷素食物交錯置放，散發出陣陣怪味，硬要爸爸另外買一個小冰箱，供我專用；吃年夜飯時，不顧大過年，一家人應該圓圓滿滿，卻固執地另起爐灶，守著我的素食火鍋，不願與吃葷的他們同桌；後來連鍋碗瓢盆都嫌不夠乾淨，看到媽媽一遍又一遍搓洗著，雖然自責怎能對待如此疼愛我的媽媽，可是不願認錯的硬脾氣，讓我繼續用惡劣的口氣催促著：「還是不乾淨！還是不乾淨！您想害我吃到葷的嗎？」爸媽愛女心切，為成就我的「修行」，仍是不忍苛責，但姐姐卻已是忍無可忍了，她憤怒地往桌上一拍，一副要與我談判的架勢：「學佛有什麼了不起！大家都要讓妳、都要看妳臉色嗎？這樣也不必學佛了！我沒學佛都比妳懂做人的道理！我不准妳再這樣蹧踏爸媽了……」

我說不出任何一句話來反駁，只是哭得很用力很用力，哭到幾乎喘不過氣而抽慉著。媽媽嚇壞了，趕緊打圓場：「好了！好了！沒那麼嚴重，怎麼會吵成這樣？」從小就是家中霸王的我，在這場戰爭中，終究又是勝利了，姐姐最後還是乖乖聽從爸媽的命令，去買了一套又是供我專用的炊具、餐具。只是，贏得勝利的我，並沒有任何快感。事實上，我傷得很深，我帶著受傷的心去問法師：「我只是覺得學佛很好，希望他們都可以學佛啊！怎麼知道會變成這樣？」「既然最終目的是希望家人也學佛，就要用他們可以接受的方式啊！妳這樣不是成了反效果嗎？而且會讓他們覺得學佛為何學得如此怪？也會讓他們因此對佛教有所誤解，這樣妳要擔負斷人法身慧命的因果喔！」「有這麼嚴重嗎？」「嚇唬妳一下！不過，會不會如此嚴重很難說。明慧啊！妳要記住：妳是吃素，又不是吃鍋子。況且，吃素是吃心，要吃出慈悲心，這才是吃素的真義啊！」那天，我開始悟到了些什麼，開始修正學佛路線，以彌補與家人的那一道傷痕。我知道，大家都很高興他們熟悉的女兒及小妹又回來了。從那時開始，不管我在求道的過程中遇到了什麼，他們就一直是我的護法，不曾改變！

19

差點成了「殺人犯」

大一下的期末考，因為想爭取時間做最後衝刺，五點多便開車啟程前往學校。一大清早，大部分的人都還沉睡夢鄉，筆直的高速公路就好像為我一人而開，不斷地加足馬力，心中想著這最後一堂考完，明日就開始放暑假了！正在編織美夢時，說時遲那時快，一輛箱型車未打燈就急駛入我的車道。飽受驚嚇的我，煞車不及，方向盤竟也完全不聽使喚，車子就如陀螺般地旋轉了起來，心想：這下小命休已！經過像似好長好長的時間，自以為已到了另一國度，慢慢睜開眼睛，準備接受這殘酷的事實，沒想到看見的仍是高速公路，聽見警車聲由遠而近，才意識到原來自己還活著！奮力地從翻轉變形的車子爬出，員警叔叔試探性地問：「駕駛人是不是已經……」當我回答：「我就是駕駛人！」時，起先他那不可置信的表情還讓我心生疑惑，待看到被撞得東倒西歪的護欄、宛若廢鐵的車體、拖延十餘公尺的煞車痕跡，終於了解為何是這樣的反應！接著又問：「有駕照嗎？」我知道我那乳臭未乾的模樣，鐵定讓警察叔叔認為我是無照駕駛！

在做筆錄同時，警車上的廣播兀自放送著：「今早高速公路南下路段二十五公里處發生一起嚴重車禍……」從來沒想過自己會成為路況台的主角！而就在此時，家人已火速趕到，沒有責罵、沒有怨懟，有的只是無限的疼惜。他們先確定闖了大禍的我沒有任何內外傷，然後才放下重擔似地喘口氣說：「真是菩薩保佑，妳這孩子就是心腸好、就是慈悲，發生這麼大的車禍才會沒事！幸好對方也只是皮肉傷……菩薩保佑啊！」雖然對方暴跳如雷，不斷叫囂，揚言告到底，但爸媽只是不停安慰我：「沒事！沒事！」然後叫了一輛計程車送我至學校完成期末考。

心神恍惚寫完試卷，一心企盼的暑假已無絲毫吸引力。不停地自責，覺得無顏見江東父老，在鬧區晃蕩至晚間十一點才躡手躡腳回家。沒想到竟看到爸、媽、姐姐們在暗夜中守候，一看到我，馬上將我緊緊抱住：「嚇著了吧！沒事了！一切有我們！」強忍的眼淚終於潰堤！到現在，一直沒問他們到底站了多久。

不知道不停闖禍的我，為什麼能得到他們一次又一次的原諒與眷顧。回想剛上大學的某日，驕縱任性的我因飽受等公車、塞車四小時之苦，一回到家便委屈地對著父母嚎啕大哭起來。爸爸不忍心我再受半點折磨，於是哄著說：「別哭了！爸爸買車給妳好不好，這樣就不會這麼辛苦了……」我一聽到此，馬上破涕為笑，翌日即刻選購了一輛嶄新拉風的跑車。

那一天起，父母的夢魘于焉開始！為了怕技術不熟練產生「悲劇」，父母一得閒便陪著我「上山下海」，舉凡大街小巷、蜿蜒山路、濱海公路、高速公路等都留下愛車的痕跡。爸爸詳加解說各種車況、路況因應方法；更甚者，為了提升在台北大都會開車生存的能力，還特別砍了竹子至郊外山區自製S型車道、劃停車位，要我不斷練習前進後退、倒車入庫、路邊停車等。父母的用心，我卻毫不領情，有一次爸爸又在叨叨念念注意事項，氣得我將車停在路邊，棄車大喊：「我再也不要開車了！」

終於通過父母的試煉可獨自駕馭愛車，我就像籠中飛出的鳥般，風馳電掣享受速度的快感，當一輛輛的車被我遠遠拋在身後時，還會在心中暗笑「沒路用！」，對父母一次次諄諄提醒「到目的地，要打個電話回來啊！」也充耳不聞。就是這樣的任性讓我今天嘗到苦果，我再次以此驚天動地的車禍回報他們對我的愛！不孝的我！

對方不停大敲竹槓，像是無底洞般，永遠無法滿足！「妳這個『肇事者』，不要想逃避，要為自己的行為負責……」每天十餘通像不定時炸彈的電話，嚇得從未經歷大風大浪的我幾近崩潰。而那一陣子，「肇事者」就成了我的名字。一個悶熱到令人窒息的午後，我們再次踩到地雷，郵差伯伯送來一封令人不寒而慄的存證信函，對方告我「過失殺人」！「怎麼會？不是只有輕微擦傷嗎？」信函隨著大家的驚慌緩緩飄落地面。「該不會是有內傷沒檢查出來，突然暴斃了……」家人心中假設著各種可能，我則腦中一片空白，果真是如此，我的美好未來怎麼辦？所幸，一向機靈的姐姐馬上打了個電話給對方，聽到「喂」的一聲，姐馬上按下停話鍵，然後露出狡黠的笑容對大家宣布：「放心吧！他活得好好的，剛才就是他自己接的電話，還中氣十足呢！」這年頭世道可真是不好，竟然有人如此詛咒自己。

不過，雖知是對方蓄意讓我們日子難過，出庭還是免不了。依約前往地方法院，櫃檯的員警頭也不抬地問了句：「什麼事？」我怯生生地將存證信函往前遞上，他先是斜眼瞄了我一眼，後來約莫是看到那觸目驚心的「過失殺人」四個字，猛地抬頭又看了我一眼。這下，換成他的眼裡閃過絲絲恐懼，「哈哈！」他一定沒想到如此年輕，看來又是彬彬有禮的人，竟會犯下滔天大罪。一時之間，感覺好像兩旁的人畢恭畢敬讓出一條大道供我通行，連走路都有風耶！難怪有人立志要當黑道大哥，大概就是被這種唯我獨尊的氣派給沖昏頭了吧！不過，我又讓父母蒙羞了，員警叔叔看到殺人犯（我）的爸媽，不禁搖了搖頭，而眼神透露的就是養子不教父之過的慨嘆。不知跟爸媽結的是什麼緣？他們總是說，感覺好像欠我很多！到了庭上，看到對方好端端站著，心中總算是踏實了！

我知道

那一年的暑假，非但賠上了計畫多時的歐洲之旅，更在多次膽顫心驚的出庭應訊中度過，令十八歲的我幾乎難以承受這龐然的壓力。

我的父親，在別人面前是堂堂的董事長，但在對方面前卻卑躬屈膝地盡賠不是，我不了解爸爸為何如此，於是向他抗議：「這種人根本不用對他客氣！」爸爸說：「我們先將頭低下，凡事就好說話！」我知道，爸爸為了我，什麼事都會願意做的。最後，也許我們的誠意感動了對方，在暑假即將結束的那個禮拜，終於達成了和解。雖然爸爸付了巨額的賠償及對方索取的天價，不過，經過三個月的日夜煎熬，事情到底是解決了！

後來，出了家，我也學會要低頭、要轉身，為了佛教、為了常住、為了大眾，我也什麼事都會願意做的！西洋哲諺說：「世界只有五尺高，人有六尺長。」以六尺之軀，在五尺高的世界裡生存，必須低頭，必須要轉身！轉身讓大家都有轉寰的空間，不僅為自己，也為別人留一點餘地。韓信不也是能從「胯下之辱」轉身，所以才有「築壇拜將」之功嗎？

20

住持開示 轉迷為悟

這一次的死裡逃生，才真覺得「無常」離我如此近！以前總認為老病死及不幸，離正值青春年華的我如此遙遠。甚至，當「無常」發生在別人身上時，還會去安慰別人要放下、要看開。有倫就曾跟我吐槽：「妳喔！事情發生在自己身上就說是『無常』，發生在別人身上就都是『常』了！」這件事對我的打擊著實大，非但聽到「無常」就會打哆嗦，更吃了秤砣鐵了心，打定主意以後再也不開車。

所謂好事不出門，壞事傳千里，我成了「殺人犯」的事，被傳得沸沸揚揚，住持法師竟然親自出馬對我曉以大義。「妳知道學佛的用處是什麼嗎？」「就是要能轉迷為悟、要能轉境，而不為境界所轉。」「嗯！背得不錯，但是否做得到，就要看每一個人自我修持的功力了。學佛雖不能讓所有的無常不發生，但是佛法能讓妳有智慧、有勇氣去面對。事件依然存在，但因為妳的心、妳的想法改變了，就能讓妳順利度過，縮短痛苦的時間。還有，正因為無常，所以好的會變壞，壞也可以變好。有無常，就有希望；有無常，就有未來；有無常，就可以改過；有無常，就可以進步。無常，實在美好！老子不也說：『禍兮，福之所倚；福兮，禍之所伏』嗎？」住持法師這一番鏗鏘有聲的言論，令我心裡不禁暗暗叫好！他繼續諄諄道來：「平常學佛，不知道自己功力如何，趁遇到考驗，正可試試佛法是否已內化在妳心？否則佛法還是佛法，妳還是妳！正所謂的藉境練心！聽說妳因此不敢開車？」「哦！是誰那麼大嘴巴？連這都跟住持法師說，怕他事情不夠多嗎？」心裡想著想著，不覺懊惱起來。

「明慧，妳聽過一句話嗎？只要迎向陽光，則黑暗的影子就自然會拋在妳身後。這樣就沒有勇氣再開車，如何面對未來的大風大浪？最近寺裡剛好缺一個會開車的義工，妳願不願意課餘之暇來發心？」我點點頭答應了。一是因為住持法師的威嚴，讓我不敢說不；另外，我可以體會到他的用心良苦。誰都知道寺裡想當義工的人，可以排上好幾公里，怎麼可能有缺？而且我的紀錄如此不良，誰會要我？我知道，他只是為了要給我個助緣！更令我感動的是——我只是個會惹麻煩的無名小卒，一寺大住持竟會為了我，親自出馬。我雖是大家口中的新新人類，但感恩心還是有的，心中自然而然浮現「滴水之恩、湧泉以報」八個大字！對，有機會我一定要好好回報住持法師的大恩，也要報答父母無怨無悔的付出！

我知道

那一年暑假，我成了個「殺人犯」，雖然被冠上汙名，但一夕之間，我突然長大了！

體會到父母的苦心、手足間的支持及大家的關愛……因為他們無私的付出，使我覺知到自己的幼稚任性，也明瞭做人處世的道理，真應了那句俗諺「塞翁失馬，焉知非福！」

21

以智慧法語解開心結

人有誠心，佛有感應，機會很快到來。暑假期間，寺裡號召義工回到總本山服務，機不可失，我立刻報名！大家七嘴八舌討論要到哪一個單位幫忙，沒想到幾乎所有的成員有志一同要到「萬壽園」，屬於「弱勢」的我，只有噤聲服從大多數人之意見，但心裡卻是掙扎萬分。從小到大，對死亡充滿了恐懼，而父母也如大樹蔭般地庇護我，讓我與有關「死亡」的種種隔離。親朋好友的告別式從未參加過，而自己就算偶爾在上下學途中遇有喪家，眼睛機靈的我，必定馬上繞路而行，即使為此必須多走上一小時的路，也不以為忤。直至雙十之齡，竟從未與死亡有過正面接觸。

到了萬壽園，領到的第一份差事是在行行列列擺放整齊的龕位中打掃。看到大家紛紛前往指定區域，只有我仍不知所措留在原地，負責的法師特別前來關心。知道我心中難解之結後，特別為我心理輔導：「妳為他們掃地、拖地，讓他們棲身之處化為淨土，他們感激都來不及，怎會加害於妳，若妳還是害怕，就誦念阿彌陀佛聖號，然後回向給他們……」就這樣，說也奇怪，心竟然就這樣平靜下來，而後在擦拭每一個龕位的同時，還能無所畏懼地與他們問候聊天。後來，法師贈送一本探討生死學的書給我，那一本書讓我對死亡有正確的態度，近二十年糾纏我心之結，就在智慧法語中解開了！

暑假期間，寺裡的活動讓我這精力充沛的年輕人，也有自由揮灑之舞台，讓我驚歎原來學佛也可以如此活潑、快樂，一掃以往對佛教就是「伴青燈古佛，了此殘生」的錯誤認知。我如魚得水地悠遊在大專青年夏令營、青年會、兒童夏令營等活動中，身分亦學員亦義工。因為在參與各項活動過程中，看到大家就如菩薩般，努力行三好——做好事、說好話、存好心；總是不吝付出四給——給人歡喜、給人希望、給人信心、給人方便，散發著光和熱！而多少個夜晚，當法師伺候我們這群不知天高地厚的年輕人之後，仍挑燈夜戰，繼續未完成的工作，凡此令人讚歎的利他精神，都令我訝異在功利主義掛帥的社會中，竟會有這一群默默付出的人。

我知道

因為學佛，生命好似開了另一扇窗，讓我得以看到窗外無垠的藍天，在法師及義工的帶領之下，我——變了，不再是個只知「由你玩四年」的大學生，而是開始懂得感恩、懂得付出奉獻、懂得助人為快樂之本的熱血青年。

以前的我，像個井底之蛙；現在的我，就好像一隻展開雙翅的大鳥，準備迎向天際，完成我心中懷抱的鴻鵠之志。

22

出家？出國？

離畢業的日子一天天的接近，校園裡四處洋溢著歡欣氣息，應屆畢業生穿上學士服後，有如「黑袍加身」，個個看起來都充滿了書卷氣，大家忙著在校園裡用相機、手機補捉大學四年最後的時光。對啊！畢業應是令人開心的，英文的畢業典禮稱之為 Commencement，它還有另一個意義——即「開始」，意味著雖然大學學業已結束，但在社會的學習，卻才剛要開始。可是，我卻不知下一步將從哪裡開始？隨著時間愈逼近，心情愈亂。這可能是我出生以來，最重要的一個決定了。我一直照著爸媽及所有人期望的路走，若是沒有變化的話，畢業典禮一結束，我應該就要飛越太平洋，到陽光加州，繼續攻讀 MBA。為了能一圓留學夢，我做了好多努力，大二、大三暑假都穿梭在補習街內，為的就是要在 TOEFL 及 GMAT 上考取高分以申請好學校，現在就差那麼一步，我就可進入全美排名前二十的名校就讀了，這不是我一直認定的唯一道路嗎？可是，我退縮了，我裹足不前，美國向我召喚著，可我騙不了自己，我的心已遺留在山上。

本來想的是一個自以為兩全其美的辦法——那就是學成歸國後再上山。法師們不為我下任何決定，只說：「只有妳自己最了解自己，只有妳自己知道要什麼？所以要由妳自己來決定！過去丹霞天然禪師原本是一位學儒的讀書人，就在他前往長安欲參加科舉考試的途中，卻遇到一位禪者對他說：『科舉是選官，選官怎能比得上選佛呢？』」眾法師就留下一個公案讓我自己參！也曾聽不少師兄、師姐提及一旦錯過因緣，就永遠失之交臂的例子，此次不把握，將來還會有如此的好因好緣嗎？我再次陷入夜夜輾轉難眠的困境。出家？出國？到底要去哪裡？想到頭痛欲裂，索性不睡了，從床上一躍而起將一大張紙，用筆從中畫成二半，一邊寫著「出家」，一邊寫著「出國」。靜下心細細思量，將出家及出國的優缺點一一列出，當出家的優點幾乎已占據所有版面時，答案是什麼？已清晰浮現！

懷著忐忑的心，欲向爸媽表達自己的想法。心中設想無數個可能，愈想愈舉步維艱。「不管了！不管了！就實話實說吧！不管他們罵我欠考慮、太衝動、搞不清楚狀況等都要忍下來，因為我想上山！」出乎意料的，我想過無數可能，就是沒想到爸聽了我連珠炮似地為什麼要上山？為什麼放棄出國的原因後，先吐了一口大氣（大概聽我說話聽到很累吧！），然後緩緩地說：「我活了大半輩子，深深覺得人一生『快樂』最重要，如果妳覺得這個決定會讓妳比較快樂，妳就去吧！爸媽不想攔著妳，因為不希望現在我們替妳決定妳的人生，將來招妳埋怨。不過，妳已經長大了，要為自己的決定負責。記住，後悔的事不要做，做了就不要後悔！」

23 再相見 已是剃髮出家人

爸、媽，真的感謝您們成就我做的決定，也謝謝您們仍一如既往，繼續作我的護法，一路護送我上山！為怕路途遙遠又若遇上塞車，耽誤報到時間，清晨不到四點我們就上路。路況出奇的好，上山後，因離報到時間還早，佛學院老師特別招呼我們至朝山會館休息。那是有著二張大床的房間，爸爸因早起又長途開車，很快地就和著衣，挨著其中一張呼呼大睡。而我想到等會報到後，就要一人留在山上，眼淚不聽使喚奪眶而出，為掩飾如此難解的情緒，我趕快招呼媽也睡下。母女連心，我不敢抬頭看媽媽，因我知道她也哭了。躺下後，為了怕被彼此發現，我們很有默契地各自倒向一邊。我的雙唇緊緊地抿住，抑制著不讓自己哭出聲音。

爸、媽，原諒我！原諒我騙您們只是要上山讀佛學院，其實，我早打定主意要出家。今日一別，再見我時，應該已是剃髮的出家人了。我應當要歡歡喜喜才是，因為沒有人逼我，這是我自己選擇的道路！我哭，不是因為我不歡喜，而是要割捨掉這份親情，對我是如此困難！我當然也可以選擇永遠留在您們身邊，當您們的乖女兒，可是學佛後，我知道一般的甘旨奉養父母，使父母免於飢寒，只是小孝；功成名就光宗耀祖，使父母光彩愉悅，是為中孝；惟有引導父母趨向正信，遠離煩惱惡道，了生脫死，使宗親得度，永斷三途輾轉之苦，才是上上大孝。我就是真的好愛好愛您們，所以希望用此方式表達我的一片孝心。

也聽說老鷹是世界上壽命最長的鳥類，一生的年齡可達七十歲，但要活那麼長，在四十歲時，就必須做出困難卻重要的決定。當老鷹四十歲時，爪子開始老化，無法有效地抓住獵物；喙變得又長又彎，幾乎碰到胸膛；羽毛長得又濃又厚，使飛翔十分吃力。這時牠只有兩種選擇：一是必須很努力地飛到山頂，經過一百五十天漫長的操練——等死！或是經過一個十分痛苦的更新過程，在懸崖上築巢，停留在那裡，不得飛翔。首先用它的喙擊打岩石，直到完全脫落，然後用新長出的喙把指甲一根一根的拔出來，當新的指甲長出來後，便把羽毛一根一根的拔掉。五個月以後，新的羽毛長出來了，老鷹開始飛翔，重新再過三十年的歲月！要重新找到新生命，必須經過痛苦的考驗，必須「置之死地而後生」！

媽媽的肩頭在顫動著，想到以後，就沒有機會與媽媽同榻共眠了。我轉過身慢慢貼近她的背，把頭深深埋進、依偎著，媽媽也轉過身輕柔地把我圈住，這樣的情景彷彿回到往昔每每我受挫時，她也是如此這般把我摟著，用手輕撫著我的頭，好像在說著：「放心吧！

有媽媽在！一切都會過去……」思及此，我再度把媽媽緊緊抱住，眼淚於是潰堤！

我知道

就像浴火鳳凰必須經過火的淬煉才能重生一般，雖然是艱辛的過程，但這樣的考驗才能真正試煉出生命的價值與意義，為了要展翅高飛，我也一定要通過這段過程的考驗。爸、媽，女兒不會讓您倆失望，我這隻毛毛蟲，總有一天會羽化成蝶！

24

自己選擇的人生

送他們下山時，突然下起傾盆大雨，好久沒有下那麼大的雨了！我感謝這場大雨，因為四處噴濺的雨及雨聲，為我成串成行的淚水及哽咽的音聲做了最好的掩護。用力揮手與爸媽道別，直到車已被大雨及黑夜淹沒，這才轉過身，獨自走在來時路。雨下不停，我的淚水也不停，像是要把整天壓抑的情緒全部釋放。但到了佛學院門口，我拚命把眼淚拭乾，因為從現在起，我要面對的是自己選擇的人生！

到佛學院不到一個月，一個突如其來的消息讓整個院區沸騰了起來——月底要舉行剃度典禮了。我的心像洗三溫暖般，一則以喜、一則以憂，喜的是朝思暮想的願望即將要實現；憂的是學院老師說要通過種種審核，其中最重要的是取得父母的同意書。其他的門檻我都不怕，唯獨這同意書，我真的不知如何向家人啟齒。放棄出國，雖然爸媽力挺，但已讓姐姐們怒斥我行事欠穩重，像小孩子般任性，這應該已是他們最大的忍耐限度了。現在才來不到一個月，就要出家，他們一定會以為我瘋了。我也不斷問自己：「是真的想出家？還是一時衝動？」但我知道無論如何都得回家面對這一關，因為，我真的……真的……好想出家。

在機場打了通電話給爸爸：「爸！五十分鐘後到機場接我喔！我現在要登機了……」廣播已傳來陣陣催促聲，不容我再多說什麼，掛了電話，直奔停機坪。下了機，爸爸已經在車上守候：「怎麼那麼好，才剛去沒多久，就可以回家？」我一路無言直至到家，還是爸先打破沉默：「是為了出家吧！」我杏眼圓睜，嚇得只能發出「啊——」的一聲，我沒有露出任何蛛絲馬跡，爸如何得知？「奇怪嗎？其實沒什麼好奇怪的，從小只要妳一個動作、一個眼神，我就知道妳要做什麼？想什麼？因為我是妳老爸啊！」我瞪大眼望著爸，不知他此番話的用意？「妳要出家，我們會尊重妳的選擇，但不捨是一定的。不過，我是一家之主，我說了算！妳媽媽也會贊同，只是需要一點時間來接受這件事，等會不用管我，多陪陪妳媽。妳媽呀！一聽到妳要回來，馬上在最短時間內跑遍東西南北市，採買各式美味食材，準備今天，好好為妳補一補。」爸爸雖然故做輕鬆說出這段話，但誠如他說懂我，其實我也懂他，他的眼眶早已泛紅，強忍著男兒淚！

客廳到廚房短短幾步的距離，走來卻是如此遙遠，如何跟媽啟齒？我的顧慮是多餘的，根本不用開口，看到媽斗大的眼淚一滴又一滴掉入鍋內，與她為女兒精心烹煮的佳餚和在一起。我知道她已明白我的抉擇了。靜靜佇立在媽身後，該如何勸慰？該說些什麼？我不知道？只有伸開雙臂，用盡全身力量，將媽緊緊圈住，然後頭依偎在媽背上，傾聽著她的心跳與抽噎聲。「媽，謝謝您的成就，我會努力做好一位出家人，好好弘法利生……」我在心中如是發願。

晚間，爸爸通知有要事宣布，全家必須全員到齊！大家圍成一個圈圈，看著他在出家同意書上，一筆一畫慢慢刻著他的名字，那一刻每個人都五味雜陳，但爸爸一家之主的威嚴，就算大家有什麼意見，也只是噤聲。接著大家輪流上陣叮嚀：「妳脾氣那麼差，出了家千萬要改啊！」「我們最擔心的就是妳的嬌縱任性，出家後不可再這樣，要樹立好形象。」大家七嘴八舌的，我只是不斷點頭，知道這是愛之深責之切，何況他們噙著淚，如此懇切地交代。最後由爸媽下結語：「出家不比在家，遇到任何事情都要想到退一步海闊天空；若是氣仍難消，就把我們當成妳的出氣筒！出家後要擔負如來家業，妳儘管去弘法利生，家裡的事不用操心，爸媽身體好的很，就算有什麼事姐姐們也都會擔待，千萬記得，要作個有為有守的出家人！」

我知道

到現在，我仍謹記在心父母的叮囑：「要作個有為有守的出家人！」因為，那是當初家人對我的期許，也是自己對自己的承諾！而後來，常住的栽培、師父及師兄長的提攜、信眾的護持等成就了我！所謂「佛觀一粒米，大如須彌山；若人不了道，披毛戴角還」！一粒米就積集了多少因緣成就？我受之他人如此多，若不精進修道，信施如何能消！

4 遇見佛陀

佛菩薩希望我成為一位真的能擔負如來家業，

能夠世世行菩薩道的出家人；

也因為我相信佛菩薩知道我能挺得過來，

所以，選了我！

4

01

當一撮一撮頭髮掉落時

剃度典禮那天，恰巧是月圓人更圓的中秋佳節，返鄉人潮擠爆各種交通工具，大姐用盡各種關係也只搶得數張機票，但在這重要的一刻，沒有人想缺席。只見爸對大家說：「你們去山上為她祝福，我留在家，我們父女心意相通，她會感受到的，不一定非去不可！」其實我知道，爸比誰都想來參加他最小女兒的剃度典禮。從小到大，他總一直不停重複那老掉牙的往事：「妳就是注定作我的女兒啦！妳出生幾個月時，妳媽看妳在睡覺，想說出去買個東西應該沒關係。沒想到精力旺盛的妳亂踢被，踢到把整張臉都蓋住無法呼吸。那時候，在公司的我突然胸口好悶，覺得無論如何都要回家一趟。在門外就聽到妳的呻吟聲，但門又鎖著，最後只有徒手將玻璃窗打破，進門後看見妳全身都已成黑紫色了。若不是注定要繼續作父女，妳早就一命嗚呼了！」所以誰都知道他對我的疼愛無人能比。正因如此，也許他待在家是好的，好面子的他，若在人前流下英雄淚，應該是尷尬的場面吧！

出家典禮前一天，先行剃髮，當一撮一撮頭髮掉落地面時，心情早已激動到無以復加。不斷默念佛號，腦中浮現一個個我想要感謝的人，真的感謝大眾的成就，我才能有此刻。

不過看來，出家要適應、要學習的還很多！就像下午師兄們教導我們如何穿長衫、短褂及羅漢襪，花了那麼久的時間，我們還是穿得亂七八糟，但這只是最基本的喔！

隨著鐘鼓齊鳴聲，所有新出家的學僧一步步邁向大雄寶殿。這條路，在之前每天早晚課誦時不知走了幾回，但從沒像今天每邁出一步，都覺如此沉重。「黃金白玉非為貴，唯有袈裟披肩難」，從現在起，我將要走出自己選擇的人生、將要走出與大數人不同的人生。一片人海，隊伍旁擠滿了新出家者的親屬及觀禮者。突然，聽到有人呼喊我的名字，循聲望去，在層層人群的間隙中我看到了媽媽，她是如此殷切地叫著我的名字，而兩行淚從她臉上緩緩落下，這是她第一次看到我的出家相貌：「媽！現在您看到的是外表全新的我，您放心，我會繼續讓您看到身與心都全新的我。」今日我剃度出家，我重生了，法名「妙益」。

我所依止剃度的星雲大師開示道：

出家有四種不同：一、身心俱出家：於諸欲境，心無眷戀的比丘。二、身在家心出家：受用五欲，心不耽染的居士。三、身出家心不出家：身著僧裝，心猶戀俗的僧樣。四、身心俱不出家：受用五欲，深生耽染的俗人。勉勵所有新出家者要做到身心俱出家，並開示：一、出家是遠離汙染心，得清淨心。二、出家是遠離貪瞋心，得慈悲心。三、出家是遠離邪知心，入正見心。四、出家是遠離凡俗心，得道念心。五、出家是遠離懈怠心，得精進心。六、出家是遠離妄想心，得正念心。七、出家是遠離差別心，得平等心。八、出家是遠離計較心，得自在心。九、出家是遠離奸狎心，得忠義心。十、出家是遠離孤獨心，得群我心。十二、出家是遠離三界心，得解脫心。所以要大家一定要好好守護自己的心，最後師父帶領所有弟子，向慈悲偉大的佛陀祈願，請求佛陀慈悲加被，讓我們在大冶洪爐裡，鍛鍊堅強的意志，成就菩提道心的願力；讓我們隨著晨鐘暮鼓，精進於五堂功課，孕育莊嚴祥和的氣質；讓我們伴著雲板號令，勤勞於各種作務，獲得千錘百鍊的成長。願出家的僧眾們不放棄人間的責任，願所有的入道者不忘記眾生的福祉。

所有新出家者褪去一身繁華，用清涼甘露水及懺悔法水，滌清滿腹的塵勞並洗淨身口意三業，多了出家後身擔佛陀家業的使命感及「但願眾生得離苦，不為自己求安樂」的大願心。那聲聲堅若磐石的「能持」、「依教奉行」音聲及串串感動感恩的淚水，便是最佳見證！

典禮後，師父請此次剃度出家的弟子分享感動，我家那麼大的陣仗，馬上雀屏中選被請上台。我先說：「今天我終於出家了，內心感到很歡喜，日前回俗家拿家長同意書時，父親對我說：『如果父母不答應的話，妳是不能出家的，但現在時代不同了，我們尊重妳的選擇，出嫁是一條路，出家也是另一種選擇。妳以後要好好弘法利生，家中的一切不要擔心。』父親的感覺是出嫁的女兒是別人的，只有出家的女兒永遠是自己的。」

姐姐說：「我很為妹妹高興她選擇了這條路，因為我們平常人到現在還是茫茫渺渺，未來的路怎麼走也沒有目標，但妹妹方向已明確，我覺得比我們俗家人還好。」

接下來媽媽說：「女兒選擇出家這一條路，家中的人都以歡喜心來祝賀……」媽媽哭到說不出話來，看到此情此景，我也跟著一起哭。場面一發不可收拾。師父說：「盡情哭吧！這是歡喜的眼淚！」有了這句「聖旨」，不管台下數千觀禮的信眾，我們哭得更大聲了。

能在全家人的祝福下出家，不克參加的大學同學也透過電視轉播共同見證這份喜悅，這表示他們對我的選擇，百分百的肯定！其中更有一位同學恰巧也在同日舉行結婚典禮，她託家人捎來祝賀信函：「今天是一個特別的日子，妳『出家』，而我『出嫁』，妳選擇了一條特別的道路，但所有的同學都歡喜讚歎妳的選擇，祝福妳！」師兄弟及信眾們，也同聲讚歎我出家的好因緣，畢竟能像裴休宰相般送子出家，是多麼不易。爸媽會將最鍾愛的小女兒託付給山上，應該是看到我學佛後的轉變，看到學佛後的我是如此自在、法喜充滿。

我知道，他們是真正放心了！

我知道

剃度當日晚上睡覺時，頭碰到枕頭，好奇怪的感覺，我馬上跳起！以往有軟軟的頭髮隔著，現在是頭皮直接接觸，不由得就摸了摸頭。

就在此時，佛陀在《佛遺教經》對出家沙門的訓示：「汝等比丘，當自摩頭，已捨飾好，著壞色衣，執持應器，以乞自活，自見如是。」這一段話湧上心頭，佛陀就是強調作為一個沙門釋子必須嚴持淨戒，不能失去出家人應有的本色。心中暗暗提醒自己，真的要常常摸摸頭，告誡自己身分非同往昔，要好好作個出家人。

02 求受三壇大戒

就像是男孩當完兵以後才會像個大人，受完三壇大戒以後，也才能稱得上是「真正的出家人」。傳授三壇大戒的開端是在西元一〇一〇年（宋祥符三年），允堪律師在開封慈孝寺設立大乘戒壇，使原先只受具足戒（比丘〈尼〉戒）者，再登壇受出家菩薩戒，以符合大乘菩薩戒法的精神，此為後世三壇大戒傳戒的開始。

三壇大戒是中國佛教特有的受戒儀式，由三師七證主持。「三壇」，就是初壇、二壇、三壇。初壇求受十條沙彌（尼）戒。受戒期間，主要是教授儀禮、規矩，讓戒子了解如何作好一位出家人。二壇是求受比丘二百五十條戒、比丘尼三百四十八條戒法，主要是教授如何修行善法，講說持戒的功德等等。三壇是受菩薩戒，真正發菩提心的比丘、比丘尼，應受菩薩戒。菩薩戒是饒益有情戒，就是要發菩提心，利樂有情，負起「上求佛道，下化眾生」的責任。三壇大戒圓滿，就是一個合格的出家人了，戒常住會發給戒子戒牒，證明已具有出家僧籍。

傳戒的意義是當年釋迦牟尼佛要圓寂時，弟子徬徨無依，請示說：「佛陀圓寂以後，我們應以誰為師？」佛說：「應以戒為師。」因此，傳戒也就等於是傳佛陀的教示。有一次佛陀正要說法時，魔王帶領著魔子魔孫和他鬥法。魔王說：「釋迦牟尼，我要派人用木棍刀叉擾亂你的教團。」佛陀回答：「你用木棍刀叉傷害我們的身體，動搖不了大眾對法的堅固信念。」魔王又說：「我到處散播你的謠言，使你名譽受損，讓人們遠離你。」佛陀微笑說：「批評毀謗的語言傷害不了一個聖者，聖者就像廓然的虛空，那些汙衊的言語，就像對天射箭，還墮於地。」不論魔王使盡任何傷害的手段，佛陀都以微笑答之。魔王最後陰險地說：「那麼，我叫我的魔子魔孫來出家，作你的徒弟、穿你的衣服、吃你的飯、做違背律法敗壞佛教的事。」佛陀聽到魔王得意的狂笑，黯然的流下眼淚，喃喃自語：「獅子身上蟲，反食獅子肉。」佛法就是要依靠戒律來護法，如果出家人不守戒，就如同那位外道一樣，以「獅子身上蟲，自食獅子身上肉。」

每次要登壇時，都要舉行懺摩儀式，為的就是要以最清淨的身口意乞求戒法，尤其在登第二壇時，尼部要從是日晚上一直拜到次日天明。聽到戒兄們如是說時，心中不由得緊張起來，自己的體力堪受得了嗎？而且聽說中間連淨房都不能去，我不禁懷疑，若真的忍不住時又該如何？戒兄的回答令我更詫異：「那就尿在褲子裡啊！」不知他說的是不是真的，但我因此知道要成為一個真正的出家人是如此不簡單，要難忍能忍、難行能行。

二壇懺摩前四個小時，我就滴水不進，因為我怕萬一那尷尬的事若真的發生，就不妙了。隨著引磬聲拜——起——拜——起——拜——起——拜——起——拜……，有著嚴重貧血的我，在第二個小時，已然頭昏腦脹，周邊的景物好似不停地旋轉，眼球痛到好像要突出來，離天明還至少要八個小時，我該如何熬過這漫漫長夜。後來看到旁邊高齡六十五歲的戒子，為了要求受清淨戒法，卻是拜得如此堅定，我想我比其年輕了四十幾歲，又怎能如此不堪？後來每一拜時看著大雄寶殿內三寶佛莊嚴的容顏，心也漸漸地定了下來。

接下來第三壇的燃戒疤（火燒菩薩頭）登場，戒子們一個挨著一個雙手合十跪在拜墊上，讓引禮師在光可鑑人（這天頭要反剃）的頭皮上，用尺及色筆做三個等距離的點記號，此舉是為了要我們有莊嚴的戒疤！「做記號」後，把三個小香塔置於其上，然後引香點燃。從點燃到真正燒到頭皮的那一刻，既緊張、害怕又興奮，緊張的是不知還要多久才會燒到；害怕的是痛；興奮的是終於等到這一天！突然頭部的神經全部緊縮，那種痛，痛徹心扉，引禮師趕緊大聲提醒：「提起正念，大聲念佛！」抽噎聲與佛號聲交錯著。這「火燒菩薩頭」真不是蓋的，雖然火早已熄，但頭感覺就好像真的頂著一團火，大雄寶殿出口處早已貼心地放置西瓜皮，讓我們「滅火」。那西瓜肉呢？當然是戒子們吃下肚。痛持續著，所有戒子仍在大雄寶殿東西長廊經行數小時之久。當心靜下來專注念著觀世音菩薩時，身心頓覺清涼，加上涼風習習，可謂通體暢快，好一番不同的體驗。不過，有的戒子因患糖尿病等特殊情況不便燃戒疤者，不必勉強。因為燃戒疤是一種表相，更重要的是內心要發願並實踐，與道與法相契。

03

他的話，字字敲中心坎

提到三壇大戒，有件事也應該順道一提以示懺悔。曾經有一位在寺裡發心的年輕小姐，個性婉約，發心負責，人人稱讚（除了我以外）！不知道為什麼我看她就是不順眼，見到她，我就滿腹怨氣。她的關心我不屑一顧、她的精進我嗤之以鼻、她的慰語我視為惺惺作態，甚至於她說話溫吞，吃飯慢條斯理，都成為我「欲加之罪，何患無辭」的「罪狀」之一。一日，她出乎意料地吐露決定出家的消息，在寺裡其他人的歡喜祝賀聲中，我仍不發一語。認為何必「降格以求」討好她？

直到有一天，記得是他剛受完三壇大戒後的某一天，遠遠瞥見他，雖然從未見到他現出家相的樣子，但我可以肯定就是他！許多信眾、法師蜂擁而上恭賀他，我卻盤算著趁著混亂快速躲過，免得尷尬。萬萬沒想到，他竟突破重圍朝我走來，看到我的錯愕與手足無措，他先打破沉默問：「你的身體好嗎？」。我隨口應了一聲：「沒看到嗎！還沒死！」心裡仍是抗拒他的好意，他的眼眶倏地溼潤了，哽咽地說：「你如此年輕，要好好珍惜自己啊！你知道有多少人關心你嗎？聽戒兄們說受三壇大戒功德最為殊勝，所以在每次登壇受戒時，都祈求佛菩薩加被你身體健康、諸事吉祥，本來也不想讓你知道的，可是你……」

那一刻，他的話語如五雷轟頂，字字敲中我的心坎，從來不知道自己的心這麼醜陋，竟以如此汙穢不堪的心去揣度他人。那一夜，我匍匐在佛菩薩聖像前至誠懺悔，直到淚水、汗水沾滿了衣襟，心中那份愧疚不安才稍稍止歇。如今想起此事仍覺羞赧。

04

重度昏迷，囈語觀世音菩薩！

佛菩薩對我的魔考從來沒少過！當所有新戒都還沉浸在受完戒的喜悅中時，另一個生命中的大考驗卻已在不遠處等著我。記得受戒圓滿出堂時，家人特地上山來祝賀我成為一個真正的出家人了。看到曬成健康膚色、肌肉也變得結實的我，他們開心地說：「以前病懨懨的，現在多麼陽光……」我則擺出大力水手卜派的招牌動作，得意地說：「看吧！我不再是『弱雞』囉！現在我一人一次可抬起二張長條桌！」言猶在耳，不到一個禮拜，我卻發現身體好像有什麼不對勁。本來對我輕而易舉的三十階階梯，現在卻是舉步維艱，每走一步就氣喘如牛；過堂時，菜明明是鹹的，吃起來卻變成「苦」不堪言；甜點該是甜的，吃起來卻如朝天椒般讓我唇齒發麻；即使體重在一星期內急速下降十公斤，又伴隨著嚴重的噁心、嘔吐及呼吸困難等，好勝的我，仍自以為有通天本領，認為是這陣子太累而已。完全沒有警覺到身體已因酮酸中毒，生命危在旦夕。

「初步診斷，是癌症末期……」這是我昏迷前，從醫師口中聽到的最後一句話。當時只覺得第一對不起佛教、常住、師父及大眾，因為尚未為大家做些什麼，就當個自了漢，要先走一步；另外則對我的父母、我的家人，感到深深抱歉，永遠只有讓他們操心。好不容易做了唯一對的事——出家，想盡大孝，卻事與願違。心中除了這兩個抱歉，別無他想，因此心是平靜的，真的如《心經》所述：「心無罣礙，無罣礙故，無有恐怖，遠離顛倒夢想……」若是世緣已了，真要走就走吧！接下來發生什麼，我渾然不覺。

醫師說：「再慢半小時，連救都沒得救了！怎麼會拖到現在！」事出突然，師兄弟們看到我不對勁，當機立斷馬上帶我來醫院。醫師說要馬上急救，並在同一時間開出了病危通知，師兄弟們趕緊通知常住與家人。因鄰近所有醫院的加護病房一位難求，師父及常住用盡各種方法，好不容易為我爭取到一個床位。家人接到這電話後如晴天霹靂：「怎麼會？上禮拜不是都還好好的……」爸媽驚嚇到只能重複著話語。全家再一次一起來看我，但與上一次參加剃度典禮的歡喜與感動截然不同，有的只有傷心、無言與不可置信。重度昏迷了七天六夜，外界發生什麼事，我不知道，僅依稀記得全身如踩在雲端，飄渺不著邊際，穿過漫漫無盡通道。突如其來的痛楚直搗心肺，每一毛孔如被針扎，令我無法抵擋。如無間地獄般，痛到昏死過去，又因痛而被驚醒，無止盡的痛，絲毫沒有喘息空間，令我已然放棄求生意志。此時的我被魔所考倒，連維持正念皆是奢求。

然而，這時候，所有關心我的人，卻不放棄任何一線希望，各自用他們深信的方法，為我祝禱。以為只在電視上演的戲碼，竟活生生發生在我的生命中，醫師說：「我們已盡全力，能否存活就看造化了……」加護病房外誦經聲日夜不輟，企盼奇蹟降臨在我身上！是的！眾志成城，金石為開，觀音菩薩竟現身在我夢中，灑下點點甘露，熱惱之身心頓覺清涼，原本義無反顧一心求「死」的我，幡然省悟：諸佛菩薩都不捨棄你，你為什麼要捨棄你自己！一日之所需，百工斯為備，自忖對社稷國家、對家人，尚無涓滴之功，竟為一己之私，斷然想撒手塵寰。自以為揮一揮衣袖，不帶走一片雲彩，但何其忍心讓白髮人送黑髮人？「觀世音菩薩！」「觀世音菩薩！」在昏迷中囈語著，大家見到如此情況，心都糾結著，「這該不會是迴光返照吧？」想問的每個人，卻終究讓這個疑問停留在嘴邊。

用罄所有力氣與死神搏鬥後，悠悠醒轉，見到圍繞四周，引頸盼望喜極而泣的眾人，我心想：諸佛菩薩啊，謝謝您們傾力相助，否則我真成了罪人了！

醒來後，須面對的是另一個長期對抗的挑戰。醫師問我準備好面對接下來的一切了嗎？我想，出家，既為人天師範，若不能面對，又如何面對信眾？於是點了點頭，醫師像個法官般宣告判決，而我則像是那不得不接受的階下囚。

4
05

我能挺過來

醫師清了清喉嚨說道：「你得到的是胰島素依賴型糖尿病（第一型糖尿病），它通常發生在兒童或青少年身上，僅占所有糖尿病的百分之五以下，在成年人中發生相當罕見，對生活的影響遠比常見的非胰島素依賴型糖尿病（第二型糖尿病）要大，照顧起來也須比第二型更謹慎小心。而此類型糖尿病所導致的酮酸中毒，更是有致命危險及併發症。目前查不出來你為什麼會得到此病，加上也沒有家族遺傳，可能是這陣子太勞累，不明病毒侵入，而剛好這病毒排列方式與胰臟β細胞相同，同性相斥，所以β細胞完全壞死，無法分泌胰島素。若醫學無進一步的發展，必須終其一生注射胰島素以維繫生命，而且比一般人高出多倍機率發生心血管疾病、失明、腎病及神經的問題，但只要懂得好好照顧自己，這些併發症的可能性都會降至最低。」

隨著醫師的宣判，我的心直接盪至谷底。「為什麼？為什麼？感冒和許許多多的病都有好起來的時候，為什麼偏偏我得的是這種永遠都好不了的病！」雖然嘴上強辯能面對，但內心卻也經歷如癌症病人知道病情後的六個階段——震驚、否認、憤怒、憂鬱、討價還價，最後不得不接受。

身上的酮酸毒素須幾個月才會褪去，我吃足了苦頭！原本有著鴻鵠之志、準備展翅高飛的我，還沒開始，就已折翼！我是如此年輕，卻如此沒有尊嚴的在身上被插滿各種管子，僅僅用薄被蓋著，大小便溺全須假手他人！我只想要拿杯水來喝，可是手費了九牛二虎之力，好不容易摸到杯子邊緣，卻連握杯子的力氣都沒有。我只是想跟正常人一樣行走，奈何腳如千斤重，上下都須輪椅輔助。醫師說因酮酸中毒，腦細胞嚴重損傷，以前最自豪過目不忘，現在卻什麼都想不起也記不住。我問自己：過去到底做了多少罪孽深重的事，為何這輩子要承受這樣的苦？我懷疑：從來沒中過樂透的我，為什麼這次如此幸運，在那麼多人之中，命運之神偏偏選中了我。

我知道

後來，我終於知道：為什麼在那麼多人之中，命運之神偏偏選中了我！

因為，佛菩薩希望我能改掉傲慢、任性、虛浮、以自我為中心的習氣；因為，佛菩薩希望助我一臂之力，讓我成為更好的人；因為，佛菩薩希望我成為一個真的能擔負如來家業，能夠世世行菩薩道的出家人；也因為，我相信佛菩薩知道我能挺得過來，所以，選了我！而我，在知道後，真的覺得自己確實是幸運的！

妙益啊，我們是病友！

面對這一場突如其來的大病，雖然最終在生死交關中，打贏了這場戰爭，但是身心所受之煎熬及未來所要面對無止盡的治療，讓我對「將來」失去了信心與衝勁！任何人的勸慰與關心，都被我以嚴厲的言語反擊！送我到醫院的師兄們，在領教無數次的閉門羹後，仍是愈挫愈勇！有一次，心裡的武裝終於瓦解，在他們面前嚎啕大哭起來，我問：「為什麼我一而再、再而三地刁難你們，你們仍然不放棄我！」他們的回答讓我在震驚之餘，有著更多的慚愧：「因為你是我們救起來的！隨著救護車送你到醫院，看著你孱弱的身軀不停地掙扎，而當醫師宣布是癌症末期時，我們的心情沒有比你好過。你昏迷的七天六夜裡，醫師宣布所有急救的措施都已罔效，只能憑各自造化時，所有的師兄弟盡其所能，晝夜六時一心祈求佛陀加被。當你甦醒時，我們好像也跟你並肩作戰，獲得最終勝利！生命如此可貴，尤其好不容易才重拾生命，我們不能讓你這樣殘害自己。」

此時，病房的電話響起，「妙益，你好嗎？」，是師父！是我最敬愛的師父！師父特別來電關心，作為弟子，怎能讓師父擔憂！「師父，我……我……我很好！」「我很掛念你，一直想去醫院探望，但我的腿跌斷了，要坐輪椅，大家都不讓我去……」「師父，您的腿跌斷了！您千萬要好好保重，您來電關心，弟子已萬分感動……」接到師父的電話；聽到師父溫暖的聲音；感受到師父的關愛，心裡如同吃了定心丸。而當我又發現家人每次來看我，都先在病房外流完淚，然後裝作若無其事地逗我開心後，我更下定了決心：就因為有那麼多關愛我的人，我一定要讓他們放心，而讓他們放心的方法，就是一定要站起來！從那時起，我告訴自己：「從今日起，要擦乾眼淚，不可再為自己的病掉下任何一滴淚！」

還記得一次師父笑稱：「妙益啊！我們是病友！」一般人提到與「病」的相關字眼，總是避之唯恐不及，但那日我聽到「病友」二字，竟開心地笑了起來，因為雖然慈悲、智慧、願力……我都與師父相去甚遠，但終於有一點與師父相似了。雖然此等「開心」，實在是異於常人，但我的心裡卻是如如實實善觀此特殊因緣。因為能與師父有相同病症，就更可體會在身體欠安之情況下，師父所做到的，竟不僅只是如其所說的「人生三百歲」，甚至於要多出更多更多，這樣的願心與願力，令我不禁肅然起敬！於是，在心中發下弘願，要向師父好好學習，要好好參參「修行人要帶三分病」之理，同時更要效法不為疾病所苦，不為疾病打倒之精神毅力！

在情況稍微好轉，四肢也在勤做復健，開始恢復力氣時，醫師告知若身心準備好時告訴他一聲，他會請護士教我打針等。「就是現在！」沒想到我會如此乾脆果決，醫護人員聽到後，還都愣了半晌。早面對、晚面對，都得面對！我開始過著與針、藥、酒精棉為伍的日子。初時因不熟練，打針的位置拿捏不好，常是血沾染一大片衣裳。護士又告知：為獲得穩定的胰島素吸收和作用，在同一個注射區內注射次數不要太頻繁，每次的注射點應與上次的注射點保持三根指頭的距離，如此才能確保胰島素能穩定吸收。可是一天四次的注射，要做到這樣的要求實在很困難，也因同一區域注射太頻繁，引起皮下組織的傷害，導致紅、痛、腫塊等反應。手指頭也因一天數次採血驗血糖而變得粗糙，指紋都不易辨識，但我仍告訴自己：「這只是過渡期，熟能生巧，只要再多加練習，一切都能避免！」

我知道

後來，我更告訴自己：每個人都有不同的生活方式，而你就是要如此過生活，不要跟別人比較！就把打針吃藥，當成是吃飯、睡覺，是你生活的一部分，如此則又何須愁苦。況且，此病終身醫療成本相當高昂，還好有健保，還好有那麼多你認識、不認識的人幫忙分擔這一切，所以該打從心底感恩所有。我知道，能在不可能的情況下活過來，一定是有使命的，這多出來的生命，我要好好為佛教、為眾生奉獻！

07

散播歡樂的天使

接下來的日子，遇到一個宛如天使般的小女孩，她的無言說法，再再讓我更有力量面對自己的人生。「阿彌陀佛師父，我們一起去池塘餵鵝寶寶吃東西，好不好？」七歲的Alisha為低氣壓籠罩的胰島素加護病房帶來了朝氣與希望！胰島素加護病房住的多是一生中可能因酮酸中毒，而頻繁進出醫院的第一型糖尿病患者，也就是一般俗稱的「糖寶寶」！Alisha有著一頭褐色捲捲的頭髮，小天使般的面容及清脆如響鈴般的笑聲，誰也想不到她必須忍受一天注射四次胰島素及四次監測血糖的折磨。Alisha的母親是台灣人，父親為美國人，在她僅十個月大時，就注定一輩子打針吃藥的命運。從發現Alisha有糖尿病，須注射胰島素開始，父母就沒有一天離開過她的身邊，更無法一覺到天明。除了要替她打胰島素外，半夜還得替她監測血糖，若有低血糖現象，得趕緊把她叫醒，補充果汁、餅乾等物，否則Alisha很可能就這樣一睡不醒了！

此次特地安排住院，除了調整胰島素劑量，更重要的任務是父母希望Alisha自己能學會打針、學會如何保護自己！雖然Alisha的父母從小就灌輸哥哥、姐姐要照顧妹妹、幫助妹妹的觀念，但人事無常，誰能擔保哥哥、姐姐真能陪伴她一輩子！

「我七歲，我有糖尿病，我是糖寶寶！如果我不好好控制血糖，我的 eyes 會看不到、我的 heart 會停止跳動、我的腳要切掉、我的 kidney 會不好，要洗腎……」在住院的附帶衛教課程中，護士每講一項併發症，就令我們不得不倒抽一口冷氣，心也隨之不停地往下掉，而 Alisha 卻能如此勇敢地面對這不可能改變的事實。見我們一群人臉色慘白，沉默不語，還趕緊為我們打氣，對護士小姐說：「護士阿姨，只要我們好好控制血糖，就不用怕，對不對？大家要好好加油喔！」語畢，令所有人都面有愧色，自嘆弗如！她是我們之中年齡最小的啊！

「大哥哥，你不要難過，你會很快好起來的，我來唱歌給你聽。」小平在正值青春叛逆期的國一階段，不幸罹患此病，既無法像同儕般跑跳自如（因為須時時注意血糖的變化），中午用餐間，當其他同學一拿到便當，馬上狼吞虎嚥大啖之際，他卻因為怕遭受他人異樣的眼光，必須躲在廁所裡，偷偷地打胰島素後三十分鐘才可用餐！有一次針筒不小心從書包裡溜了出來，愛作弄人的同學馬上大喊：「小平吸毒！小平吸毒！」面對種種的挫敗，他放棄自己，對未來失去希望，以拒絕打針做為無言的抗議，讓血糖不斷飆高，渾然不知此舉是拿生命開玩笑，可能在短短幾天之內就要與這個世界說 Bye !Bye ! 幾次的酮酸中毒，進出醫院如同家常便飯，一次須住上好幾個月，他便以此做為不用上學的手段，拒絕與人溝通。當大家千方百計向他示好，卻一再吃閉門羹宣布舉白旗投降時，唯有 Alisha 愈挫愈勇，無所不用其極。有時大哥哥已憤怒交加，只差沒有將她掃地出門，她仍舊故作不識相狀，唱歌、跳舞、講笑話，最後小平終於向她展露燦爛的微笑！

在美國學校，中午的午餐或同學的生日 party，大家肆無忌憚、大快朵頤吃著蛋糕及各式各樣甜點時，Alisha 卻只能在一旁吞口水，這對小孩是多麼的殘忍，看在父母的眼裡，又是多麼的不捨！但是 Alisha 卻告訴媽媽：「我知道這是上帝特別照顧 Alisha 的禮物，祂讓我從小就吃健康的食物，遠離 junk food。」

每到量血糖的時間，她就帶著血糖機，跳到我的床上問我：「阿彌陀佛師父，我們來比賽誰的血糖比較標準好不好？」然後熟練地用採血針刺她小小嫩嫩卻布滿針孔的小指頭，用力擠出血後再滴到試紙上，對著血糖機雙手合十：「求求你、求求你，不要太高！」如此小的年紀便承受此無形的壓力，令人鼻酸！

幾天後，護士小姐問 Alisha：「準備好學打針了嗎？」她自信滿滿地說：「早就準備好了！

等我學會打針，爸媽就不用這麼辛苦了！」看著護士一步一步教她連大人都會一頭霧水的步驟：先消毒瓶口，然後打入等同劑量的空氣至長效胰島素瓶裡，接著打入等同劑量的空氣至短效胰島素瓶裡，再分別從二瓶中抽出醫師建議的劑量，接著消毒欲打針的部位……最後當她掀開肚子要將針刺入的剎那，大家皆屏住氣息，轉過頭不忍看這一幕，可是她卻高興的大喊：「我會打針了！我會打針了！」與一旁眼淚汨汨流下的我們成為鮮明的對比！

我知道

七歲的Alisha，無時無刻不散播歡樂給大家！因為她，讓原本以為不幸得到這難纏的病，而覺彩色世界一夕轉為黑暗，甚而怨天尤人、呼天搶地的我們，對此病都有了新的體認，也都擁有了勇氣與此病同體與共生！

感謝諸佛菩薩賜予我們這一位散播歡樂的天使，也期許自己也能成為到處播灑歡笑與快樂的人間菩薩行者！

08

我也要參加器官捐贈

病況漸漸好轉，已完全脫離險境後，我那貪吃愛睡的小姐姐，也來醫院陪了我幾天。每次睡醒就見她一邊吃東西、一邊看漫畫捧腹大笑，好像來渡假！有時半夜醒來需要人協助去淨房，叫了數聲，她都還如死豬般動也不動。待我笨手笨腳移動的聲音，將她吵醒，她還無辜地問道：「師父，你怎麼不叫我？」天知道我為什麼不叫她！食慾不好，醫院提供的伙食也難以下嚥，可是姐可以吃下她的那一份，再把我幾乎動也未動的餐點也解決掉。更誇張的是，有一天在床上躺了好長一段時間，腰痠背痛，於是就商請姐扶我到沙發坐下。沒想到她卻說：其實她很想睡。言下之意是我占了她的寶座！於是我提議：要不妳就躺床上吧！她竟也就這樣躺下了。過了沒多久，新來的護士要替病人量體溫、血壓等，她抓了姐的手就量了起來，我趕緊制止：「護士小姐，我才是病人啦！」「哪有讓病人坐沙發，自己躺在病床的？」這下，我姐真是糗大了！

有一次興沖沖地跟主治醫師說我也要參加器官捐贈，他們反問我：「法師，你身體哪一部分可以捐？」

「是這樣沒錯啦！可是你們這樣說也太直、太傷人了吧！」

「話還沒說完啦！可是你有二個地方特別好，是別人比不上的！」
「哪裡？」「就是你的『頭腦』跟你的『心』啊！」
哇！這醫師還真是佛心來的，給人歡喜、希望及信心！也許吧！因為色身比別人遭受、忍受多太多的苦痛，所以總是告訴自己凡事往好處想。因為我的生命應該是無法跟別人一樣長的，所以我必須更把握每一分每一秒，並且想得更遠；也許是生病的人總比別人細心，所以更能體察到眾生的需要；也許因為不想也不能將寶貴時間浪費在無謂的事情上，所以能持續精進。

我知道

直到現在，我仍深信：「病」——是諸佛菩薩給我最特別的禮物！

如果我堅硬的心能變得柔軟些；如果我的慈悲心能夠多一些；如果我的韌性多一點，我都要感謝這位老師！如果我的銳氣能收斂些；如果我的任性能少一點；如果我的氣燄能減一些，我還是要感謝這位老師！佛陀說：學道的比丘要帶三分病，能夠知道「有病方知身是苦」，就容易體會世事無常，就會知道要發心、向道，誠乃不虛！

因「病」，所以更能幫助為病所苦的人

我更發現因自己「病」，所以更能幫助為病所苦的人。淑英師姐在道場發心了數十年，幾乎天天從早課就來報到，中間除了回家準備午餐給同修吃，所有時間都奉獻給道場，我們都戲稱她的職業就是「修行」！她一直甘之如飴這種當義工的日子，直到一天，軍中來電告知她正在當兵的獨子因腦瘤而昏迷，她平靜的生活因此起了陣陣波濤。自此，她再也沒有看過兒子清醒的模樣，她成天哭，哭到一隻眼睛在不到二個月的時間就瞎了。每個人都勸她要看開點，要為兒子保重，否則到時連自己也垮了，那兒子又該當如何？她滿懷怨恨地對所有法師、佛友，甚至諸佛菩薩咆哮：「你們沒資格來勸我，得病的不是你們兒子，你們沒有辦法體會我的心情、我的感受！我在佛門發心那麼多年，一直全心全意為大眾、為佛教服務，可是，你們看，我現在得到的是什麼下場？以後你們再也不要勸我，也不要管我，我再也不相信佛菩薩了，祂們幫不了我……」

我請大家都退到一旁，然後緩緩地走向淑英師姐。「走開！你們全都走開！」她歇斯底里地哭喊著，但我仍是筆直地走到她面前：「妳說大家沒資格來勸妳，那麼在生死邊緣遊走多次的我，不知有沒有這樣的資格？」她的尖叫聲停了下來：「師父！您？怎麼可能！」「怎麼不可能！經歷多次死亡的我，現在卻可以過得這麼好，妳就應該相信妳兒子也可以，要對他有信心！」在她卸下武裝後，我娓娓道來從排拒、面對、走過，後來超越的歷程，她聽到最後，竟至抱著我痛哭！哭過了，也想通了！也重新有了面對的力量。後來，她的兒子往生，但是她卻沒有怨天尤天，反而說要化小愛為大愛，到現在還是看到她忙碌穿梭道場的身影！

我知道

這樣的經歷，是我最如實的宗教體驗，也因此，一件微不足道之事，都能讓我雀躍不已，感恩在心頭。

從生死關頭走過，我感謝諸佛菩薩多給予的每一天、每一分、每一秒，因此，我緊緊抓住身邊的每一個「幸福」（包括在公園內享受陽光照拂、包括伴著梵音入睡、包括靜靜地誦上一部經、包括在佛前虔誠禮拜與佛菩薩接心……）。但是，大多數的人，非但讓「幸福」從手中溜走，還抱怨幸運之神從未降臨。若能真正品味生活，就會體驗到苦盡甘來之滋味。雖然現在可能處於最黑暗的時刻，但是最黑暗的時刻也就是最光明的時刻（因為事情已無法更糟了）！而且，相信在跨越重重藩籬之後，必定會感謝有過這一段，讓自己得以茁壯成長；相信當您年近古稀，您會覺得此段經驗最值得回味！

4

10

千金小姐成萬金和尚

許多健康的人不知道疾病的苦處，所以並不珍惜自己的健康。「病」，正可以給自己一些示警，給自己一些體驗，疾病的本身就是人生的一帖良藥。佛教對於疾病，希望病患要能從「身不苦」，做到「心不苦」，要靠自己的信心和意志力，重要的是，心理要健康。病苦來時要能不驚不怖：能夠如《般若心經》所說：「照見五蘊皆空」，自能度一切苦厄，自能不驚不怖，自能遠離顛倒夢想，自能解脫自在。

大病初癒後，常住把我們分發到轄下的分別院實習。而不知是不是獨厚我，我被派到以「調教」出名的J法師底下學習。看到我把「調教」二字特別框起來，就應該可以想像他的嚴格與我那可預知的悲慘命運。戰戰兢兢地向他報到，他的第一句話就給我下馬威：「聽說你以前是千金小姐，我就要讓你變成萬金和尚！」所以從到任第一天起，他就一直找我的碴。好不容易煮好早齋，才剛收拾好，準備稍事歇息一下，他就馬上站在我的面前：「你現在有什麼事？」我傻傻地據實以告：「現在？沒事啊！」「好，剛剛經過淨房，看到裡面很髒，現在去掃乾淨！」「住持！我才休息不到一分鐘耶！你隨隨便便用嘴巴講一句『掃淨房』是很容易，可那總共有十八間呢！等掃完了不就正好又要準備午齋了！」心裡忍不住抱怨著，但礙於他的高壓政策，只好乖乖就範。我發現，他根本看我不順眼，不然，為什麼都那麼恰巧，只要我想偷個懶，他就會馬上出現在我左右。

剛出家才幾個月的我，甫來這，就遇上了寺裡年度最大的農曆七月盂蘭盆法會。因為我連基本的木魚、鐺、引磬、鉿等法器都不知如何拿、如何敲打？所以早在事前工作分配時，就說好只負責櫃檯登記功德即可。第一天的第一支香開始，所有司法器的師兄弟都已在佛前站定，爐香讚的「爐……」腔都還沒拉完，住持就板著臉命令道：「你現在馬上搭衣去接替鐺子的位置！」「可是法會已經開始了，我這樣突然上去很怪，而且……我根本不會敲！」「你就『見字開』！」「什麼是見字開？」這種「行話」，初出家的我怎麼聽得懂！我趕緊為自己找台階下，「拜託啦！住持！下次啦！」「會敲打法器本來就是一個出家人的本分事，人家看到你，就是一個法師，就是要會引領大眾唱誦，誰知道你才剛出家！叫你去就去！」

我就在眾人詫異的眼神中走向了佛前。被換下來的師兄弟莫名其妙（我還以為他是身體不舒服，才硬要我上，結果竟不是！住持實在是……），本想不知道怎麼敲，就藏拙，人站著裝腔作勢一番就好，鐺槌都不要碰到鐺子，這樣就萬無一失了。如此這般不到十秒，維那師瞥過來瞪了我一眼，我被他銳利的眼光嚇得趕緊敲了幾下，這一敲不得了，他又挑剔著：「不會敲還敲那麼大聲！寧動千江水，不擾道人心，你知不知道？」就繼續唱誦了。可是他的「恐嚇」讓我敲也不是，不敲也不是，拿著鐺鎚的手顫抖著在鐺上挪過來挪過去，冷汗直冒，冒到短褂、海青甚至最外層的九衣都溼透了，腦筋一片空白。終於捱到第一卷完畢，等待我的是更嚴厲的指責，大家怒斥我怎可如此漫不經心，法器可是龍天耳目啊！這樣對眾生、對信徒如何交代。

據說佛陀十大弟子中多聞第一的阿難尊者，在佛入滅三天後欲到王舍城參加第一次佛經結集。其時頭陀第一的大迦葉尊者被推為首席，他選了四百九十九個大阿羅漢，因阿難還未證果，被排斥在外。這給阿難很大的刺激，他當夜發憤修行，於中夜即證阿羅漢果，得以參加。我在這樣的壓力之下，竟然在七天法會中將所有的法器學會了，真是所謂有壓力才有成長，所謂「逼」所成慧是也。

出家前大家都說我好命，全家人都寵我，只要讀書就好，其他事都有人打點，我也一直享受這樣的好命而洋洋得意。可是，當這樣的好命到了佛門，可就不是那麼一回事了，我這生活上的侏儒完全現形。我突然領悟到《金剛經》所說：「如來所說法，皆不可取、不可說、非法、非非法。」是佛法的有時候不是佛法，不是佛法的有時候卻是佛法，所謂法無定法。所以，有時候好並不一定就是好，壞也並不一定壞。就像含著金湯匙、銀湯匙出生的人令人羨慕，但可能因為一切得來太容易，不懂珍惜，最後落得一事無成，轉眼成空；不如有人出身貧困，卻能力爭上游，最後終於成就一番事業。

以前自認的好命，讓我吃足了苦頭。輪到典座時，因什麼都不會，只有被派去洗菜。「洗菜應該不難吧！」為怕有農藥殘留，我拚命地將菜葉搓洗著，「哎喲！師父啊！菜都要被你洗熟了啦！你也太省了，連瓦斯費都要省！」阿卿師姐一向如此大嗓門，我的手尷尬地落在半空。洗菜不及格，馬上被降為削水果的。看著成堆的芒果，我問：「用什麼削？」「用水果刀啊！」「可是，我不會用呀！」師姐無奈地拿來削皮器給我，「師父，那你用這個吧！」「可是，好像沒有人用這個削芒果耶！」「那你會用別的嗎？」「不會！」「那就對啦！別無選擇！」奇怪，今天大家都吃錯藥啦！火氣那麼大！佛門中有句話說：大寮（廚房）中好修行！爐子的火熊熊燃燒著，我們心中的無明火是否也隨之起舞呢？如果我再以這種心備辦大眾飲食，則酥酡妙味也會成穿腸毒藥。靜下心來想想，其實好像是我的加入，亂了所有人的陣腳，才會如此吧！懺悔！懺悔！

去晒衣場收衣服時，發現衣服上沾粘著條狀的東西，我問旁邊的師兄：「是不是有小鳥跑來這裡便溺啊？」「不會吧！」後來，他看了我的衣服後大驚失色：「妙益啊！你到底會不會洗衣服啊！肥皂絲都還在上面！」原來那一條一條的，就是肥皂絲！我趕緊把他的大嘴巴摀住，免得他繼續張揚。後來，我趁四下無人時，把乾掉的肥皂絲摳掉，盥洗完還是換上了，因為我忙到連再洗一次的時間都沒有。

其實，我跟住持之間展開的是一場拉距戰，雖然他老愛找我麻煩，但我這天兵住眾，也讓他很頭疼！他總是要擔心我的無知會破壞常住物品，他常叮囑：「妙益，要愛護常住物，如護眼中珠！」可是無論他多麼小心翼翼，所謂人有失足、馬有失蹄，我總在他稍稍放鬆的那短暫時刻，就又闖下大禍。

真正掌廚的第一天，信心滿滿地想大展身手。拿著長長的打火槍準備點燃大爐灶的火，點了老半天，一直點不著，沒意識到愈來愈濃烈的瓦斯味，還逕自不停地扳著槍，突地「轟」地一聲，我下意識地趕緊倒退了數步，跌坐在地，右邊的眉毛燒到只剩一半，空氣中還兀自飄著燒焦味。所幸，今天剛好剃頭，不然就又要上演一齣「火燒菩薩頭」的戲碼了。住持聞訊趕來，免不了又是一陣嘮叨：「真是成事不足，敗事有餘！」，最後他親自示範不知無數遍，然後撂下一句「再有下次試試看！」的狠話，就走人了。

不過，接下來數天，我又釀出把密封的食物罐拿至微波爐微波引起爆炸，以及將玻璃茶壺直接拿到爐上加熱而碎裂的蠢事，住持大概怕他壯志未酬身先死，趕緊把我調到知客組。那日整理客房時，發現外面陽光普照，就想把窗簾拉開讓陽光也能透進來，讓自己有個好心情。可是左拉右拉，簾子就是動不了，「大概是力道不夠吧！」於是奮力一拉，整大片窗簾竟應聲全掉落在地，本想趕緊「文過飾非」，可是命運總是如此捉弄人，陰魂不散的住持又鐵青著臉出現了：「妙——妙——益！你——又——闖——了——什——麼——禍——了！」他咬牙切齒地從齒間迸出這幾個字，也許已經氣得全身發抖了吧，所以每個字都顫動著，不得已的宿命，把我們兩個冤家綁得愈來愈緊！

為了調教我，他亦步亦趨。「去把洗好的被單拿來套上！」拿回來後，我站在原地一籌莫展樣。「站在那裡做什麼？趕快動作啊！……不會吧！你不要告訴我你不會！」「嗯！我就真的不會啊！」「仔細看我怎麼做，先把被單及棉被的四個角找出來，然後角對角對好後再攤平，這樣就容易多了！」棉被全部套好、疊好後，木質地板上掉落了許多棉絮，住持吩咐把地板擦乾淨才能用午齋。我拿了抹布就隨性地以中間為原點往外擴散地擦，本來已打算離開的他看到這情景，只有無奈地繼續指導：「你這樣亂無章法地擦，要擦到何時？而且擦過的地方又被你踩髒，這樣擦得乾淨嗎？有沒有看過日本人怎麼擦地板的？應該由裡順勢往外，一排一排地擦！這樣不須重複擦，而且擦完後剛好到門口，這樣也不會踩髒！」雖然覺得他說得挺有道理，可是心裡還是無來由地排斥！當我仍不停抱怨住持的嚴苛時，一位年長的師兄淡淡地說了句：「住持最近真奇怪，這些事根本輪不到他操心啊！他竟還自己來……」當時年輕氣盛的我，並沒有聽出弦外之音，仍是憤懣地說：「根本不奇怪，他會有這些舉動，只有一個合理的解釋——就是想整我！」

週六晚共修法會那天，忙到七點十五分，還尚未用藥石，眼看再十五分就要上殿了，而且還被開牌當維那，所以加快腳步至齋堂，準備扒幾口飯墊墊肚子。飯菜都還沒入口，就有人大呼：「妙益法師，請接三線電話，住持找！」「又是什麼貴事？」心裡叨念著，信步走向話機：「妙益嗎？我可能沒有辦法趕回去開示，你準備一下，等會就代替我上場！」這下，飯也別吃了，五十分鐘的開示，我要準備多久，住持你知道嗎？而現在只剩下十分鐘！事不宜遲，立刻飛奔至辦公室，翻了幾本書，從中找了一個比較有把握的題目，唯一能做的，就是將內容影印下來塞進口袋裡。因鼓聲已然催促著要上殿，而我連瞄一眼的時間都沒有。那一場的共修我忙翻了，要舉腔、要敲法器、要大聲誦念，更難堪的是，手還要夾帶小抄，趁著拜願、繞佛時，能看多少算多少。法會結束後，所有師兄弟排班離去，獨留下要開示的我。很心虛，因為根本沒準備，可是如果連自己的信心都垮了，那又怎能撐這五十分鐘呢？於是，向自己精神喊話：「妙益，加油！你可以的！」後，我微笑地對所有信眾說：「各位護法信徒，大家吉祥，今天……」而這時，眼睛掃向最後一排，竟看到住持好整以暇站在那裡，正對著我露出一絲詭異的微笑呢！「住持！你……你……你明明就趕得及回來！」

開示完後，見到住持早已氣定神閒地坐在辦公室內等著我。「妙益，今天表現的很不錯喔！」「哼！假惺惺的住持！我才不稀罕你的讚美！」眼看也不看、頭抬也不抬地想快速走過，不想理他！我不知吃了什麼熊心豹子膽，只因那被愚弄的怒氣無法消，所以第一次在住持面前以行動表示我的不滿。「妙益啊！有什麼好生氣的，我可不是隨隨便便請人開示喔！今天你的台風、選的內容、表達方式，都證明我沒看錯，很有潛力，未來的明日之星喔！」心裡尚在嘀咕著：「再被你這樣折磨下去，恐怕一下子就夭折了，哪還有明日啊！」結果住持竟還跟其他師兄弟說：「你們看，妙益還像個小孩子呢！」在我仍火冒三丈時，住持冷不防地再給我一記當頭棒喝：「但，還是要嘮叨一句：『說得好，也要做得到。否則你的善說，反而會成為你最大的致命傷，因為大家會說：『只會說，做不到，有什麼用！』」這鏗鏘有力的一席話，讓我的怒火頓時熄滅。說得好啊！

吃完午飯想去跑香，可是住持又要我去他的辦公室。「妙益，雖然你已經會敲打各種法器，但頂多只有六十分而已。從今天起，除了大眾的早晚課誦外，還要找時間做自己的早晚課，練法器也練唱誦！」「可是晚上我都要外出布教啊！」「所以你要會規劃時間，做完晚課再出去！」「哦……好！」我現在就算不滿意也只有默默接受，也不再跟住持在口頭上討價還價了，因為只要他決定了的事，就勢在必行，多說只有找罵挨。

每天各二次的早晚課誦實施了一星期後，我開始招架不住。公事都已來不及處理，把課誦時間挪用一下，應該沒關係吧，反正我又不是故意偷懶，於是自己改成一、三、五照辦，二、四、六及週日則放大假，正得意如此做沒被人發現時，住持又把我叫了去：「妙益，上次交代你的事，有沒有如實做啊？」本想打個方便妄語，可是從小沒修說謊的學分，那囁嚅的樣子，馬上就露了餡。「妙益，修行貴在恆長心與腳踏實地，兩天捕魚、三天晒網，如何成就？達六十分並不難，但要從六十分到八十分，或是八十分到九十分，那將是一個更困難的學習過程，若再讓我發現陽奉陰違，自己看著辦！」自己看著辦？這是什麼意思？上意難以揣測，我也不敢再揣測。

我真懷疑若不是有人告密，就是住持可能在我身上裝了監視器，不然為什麼凡事都難逃其法眼。這一天，做完一天的佛事回來已是藥石時間，馬上又要趕著外出布教，連吃飯都是草草包個便當在車上解決，哪還抽得出時間做「自己的晚課」！今天佛事比較特別，清晨四點半就出門，花了一整天的時間才圓滿，身心俱疲！想到等會布教完再開車回去，絕對已近十一點，還要做晚課……Oh—No—不敢再想下去，否則連等會布教的力氣也都沒有了。

回到寺裡，其他人紛做鳥獸散回寮休息，只有我還要抱著拜墊、木魚、引磬、經本布置晚課的壇場，繼續「精進」。我覺得自己繃得好緊，過去佛陀的弟子「二十億耳」，出家後向佛陀請示如何修行？佛陀問他過去在家從事什麼事業？他說擔任琴師的工作。佛陀問：「彈琴時，如果弦太緊，結果會如何？」答：「會斷！」佛陀又問：「弦太鬆了，會如何？」答：「不響」。佛陀說：「修行也是這樣，把自己繃得太緊，容易折損；讓自己太鬆了，會消極懈怠；求其適中，則弦音流暢。」我不知這種緊張的日子，還能撐多久，明日我一定要故意跟住持重提此公案，請他對我手下留情。

三拜之後，開始「篤篤篤」規律地敲起木魚。不過，一向敏感的我，愈誦愈毛骨悚然，感覺好像有人在背後瞧著我。但問題是師兄弟早都睡了，還會有誰？啊！不會吧！這「誰」該不會不是人，而是其他眾生？雖然仍故作鎮定，但心不免慌亂！木魚速度不由自主地愈來愈快。告訴自己：要提起正念，如果真是他界的眾生，那表示他們必定有需要這份誦經功德，而他們也一定認為我夠慈悲，所以才會來找我，應該珍惜這份因緣才是。好奇心讓我不斷想回頭看個究竟，但是一邊誦經一邊回頭，好像不管對佛陀或眾生都太不敬了吧！突然心生一計：待會拜願時，趁拜下去時再看個明白吧！

「南無大慈大悲 救苦救難 觀世音菩薩」——就是這時候，趕快看！但我看到的卻是住持靜靜地站在樑柱後面。不會吧！在這夜深人靜時？而且已站了四十分鐘？一下子，我全明白了。原來這就是他對我如此瞭若指掌的原因！他就是一直這樣默默地關心我、看著我成長！突然，師兄那句意味深長「住持最近真奇怪，這些事根本輪不到他操心啊！他竟還自己來……」的話，倏忽竄進腦門裡。住持教我煮飯、套被單、擦地、開示的種種，一一浮上心頭，頓悟的我，感動已充塞胸懷，若不是真心提攜後學，他好好的日子為何不過？要如此辛苦！課誦至尾聲，唱三皈依時，住持才悄悄離去。在齋堂中，常看到貼著「莫嫌佛門茶飯淡，僧情不比俗情濃」的字句，有人會覺得出家人冷淡無情，但是當你真正明瞭其中的道情法愛後，你會體會到其實法情已更超越一般的世俗之情了。雖然不若世俗情感般濃烈，但它卻如此的耐人尋味、如此雋永！

從此，我對面惡心善的住持完全信服。他也感到奇怪，為什麼小鬼難纏的我，突然轉性！嘿嘿！我當然不能跟他說：「我發現您的秘密了。」當我將心中充滿成見的水倒掉而改裝清淨的法水，對別人教導的善法歡喜接受，自己及他人都可感受到我的進步。當然，我仍繼續從住持身上挖到許多的法寶，而這些「法寶」，讓我到今天仍受用無窮。譬如：當我草率地拂拭大殿供桌上的灰塵時，他告訴我擔任香燈工作，就如同擔任佛陀的侍者，是很尊貴的事。侍者當得好，不僅諸佛菩薩歡喜，來寺禮佛的信眾，看到清淨莊嚴的大殿，同樣心生歡喜。在做財務報表時，有一次不知怎麼搞的，差了十八元，帳怎樣就是對不起來，查了一個禮拜也查不出所以然，我已不耐煩，跑去找住持：「才十八元，我自己墊好了！」「這不是墊不墊的問題，若是墊就可以解決，我墊就好了，何須用到你的錢。妙益，要記住，做帳清楚，做人才能清楚，即使只差一塊錢，也都要查得明明白白！」

他也親自帶領我整理寺裡的大倉庫，從盤點、分類到重新歸位，花了我們一個星期的時間終於大功告成，他再次叮囑：「不要小看這整理的動作，能夠將物品歸類，也就能夠將人歸類，做任何事也就能井井有條。」在大寮，住持連切菜要如何切、切多大塊也一一指導，我問：「吃到肚裡不都一樣，為何如此講究？」「大寮是磨練身心，更是與十方大眾結緣的最好修行地方，歷代祖師大德有很多都是由大寮出身的。典座貴在有供養心，細微處亦要留意，若切得太大塊，則不好入口，凡事要恰如其分！」他訓練我在一小時內煮出五菜一湯，也教會了我如何在客人上桌時，達到所有菜都是熱騰騰、冒煙的秘訣！

無法忘記父母第一次來寺探視，嘗到我這個在家從未洗手作羹湯的小女兒，一手包辦一桌子酥酡妙味的神情，那種感動、那種得意啊！難以置信如此的美味出自我手，還頻頻向同桌的住持及所有師兄弟們求證「這真的全是妙益法師煮的嗎？」之後，在住持保證為了要好好款待二老，所有的齋菜，從選材、採買、洗切及烹煮都未假手他人後，他們才接受這比天方夜譚還神奇的事實。

我知道

雖然這些區區小事在他人眼中根本不足以掛齒，但這對別人僅僅的一小步，對從小驕縱、任性，茶來伸手、飯來張口的我來說，卻是好大的一步！

因為這其中象徵的意義，遠比會套被單、會擦地及有能力煮出美味素菜大的多。我能做到此，代表的更是心性的轉變與提升！否則以前哪有這等耐心在棉被堆、爐火中出出入入；更沒有這樣的無揀擇心，不計較事情的大小輕重，只要為度眾，皆能全力以赴，一直以為最多只能拿筆的我及家人們，終於見識到我這雙手還能典座、能掃廁所、能抬重物……，而我這個「千金小姐」，真的在住持悉心調教之下，大家也說我好像慢慢有「萬金和尚」的樣子了。

11

珍惜佛菩薩多給我的每一天

一次，住持受邀至佛學院上課，也特別領我前往。本來應是他授課的時段，竟又在我準備盤起腿洗耳恭聽時，卻聽到他從口中迸出：「今日我不講，我特別請妙益法師以他自身體驗，為大家上一堂如實的生命教育課程。」聽後一驚，差點從椅子上跌落的我，心想：不妙！住持又來這套了！剛才一個半小時的車程，為何不事先告知，我好準備啊！住持啊！您真是太看得起我了！既已被點名，怎好「敬酒不吃吃罰酒」，雖然我已出家，絕對嚴持不喝酒之戒律，但這已無關我喝不喝酒之問題，無論如何，都得硬著頭皮「上」啦！

從教室最後一排桌椅走上講台短短幾步路之時間，我已快速在腦中構思等會要分享的起承轉合。而住持還神采飛揚地幫我拉抬氣勢，「妙益法師從一個菠菜、芥藍不分的生手，到現在不用一小時，能煮出一大桌素菜，更高竿的是，一邊煮還能讀《大智度論》……」咦！我這習慣他怎知？每每在等湯滾、等菜熟之時間，我都會把握片刻時間讀書，這禮拜剛好讀的正是《大智度論》，我們這住持，真讓人不得不服了他啊！雖然住持所說有許多是溢美之辭，但我知道他是為增加我的信心才如此說。這不過數秒之時間，腦筋已轉了幾百轉！

到了講台前站定後，清了清喉嚨，望一望住持，他回以微微的一頓首，彷彿告訴我：「好好講吧！我會在旁看著你。」惶恐的心終於止歇。

「從生死關頭走過，我珍惜諸佛菩薩多給予我的每一天……」這強而有力的開場白，立即讓在座所有人聚精會神，接著我娓娓述說我最如實的宗教體驗。在講述過程，看到他們時而捧腹大笑，時而淚眼婆娑，好似隨著每一字每一句，也經歷了那許多磕磕絆絆，從中得到滋養的力量。而其實自己又何嘗不是透過這樣「說」的過程，再次省視，看到自己一步步的成長。最後，住持問所有佛學院的學生：「你們看，他像是個病人嗎？」當大家以震耳欲聾之音聲回答「一點都不像！」時，雖然我奮力地握緊拳頭以壓抑那波動的情緒，但終究還是落淚了！因為這代表的是大家對我的肯定！

我知道

記得醫師對我說過：「像你這樣特殊病症的人，有為數不少一輩子在病榻上度過，因為免疫力不好，感染、併發症不斷。但您是一位法師，是心靈的導師，我相信您會與別人不一樣，而您因有佛菩薩的加被，一切會更不同。希望日後我們還能常請您回院，不是詛咒您生病，而是希望您能以過來人身分，給大家多點開導、多點啟示、多點力量！」從那時起，我決定要勇敢面對我的人生！因為——要別人不把你當個病人，自己要先不像個病人。

我真的很感謝眾人及住持給予我的肯定，雖然只是幾句話，但那代表自己克服了難纏的病魔與心魔，是我努力了許久許久，方能贏得這樣的讚許啊！

這段期間，對我而言是非常重要的養成期，就好像是從一塊不成形的黏土開始自我雕塑般。要塑造自己，的確是要有無限的耐心，並能經得起時間的焠煉，如此才能有外在的威儀以及內在的德行。我要將自己塑造成什麼樣子？有很多雕塑家所塑造的雕像，有的外形很美，內涵不足。現在的人自我雕塑，也是如此，外表看起來有模有樣，而內涵的道德修養、智慧靈巧都有不足之處。希望自己能將自己塑造成有為有守的出家人。進入佛門求法，既然把「色身交給常住，性命付予龍天」，就要蠲除自己的成見，讓師長、善知識來教導、來雕塑……如此學問道德才能增進，慈心願力才能增長，有朝一日，也才能荷擔如來家業。

「從前種種譬如昨日死，以後種種譬如今日生。」一路走來，有許多貴人相助，讓我得以有機會把錯誤的觀念、陋習改正，把內心的無明煩惱去除，化心浮氣躁為慈悲祥和，導暴戾無理為柔順有禮。

5 人間菩薩

每天發生不同的事，遇到不同的人，進而用佛法去幫助許多的苦難眾生，
當他們受到佛法的滋潤，讓痛苦少一點，希望多一點，
就是最欣慰、最感動的時刻！

5 01

深刻的生命教育

天猶未亮，大地一片靜悄悄，電話聲突兀地響起。「師父，很抱歉那麼早打擾您們，我……唉……我……嗚……」聲音一度哽咽，無法繼續講下去。張居士家庭幸福美滿、事業有成、女兒乖巧，我實在想不出來有什麼事，讓他如此無助，聲音聽來如此絕望。「張居士，有什麼事，慢慢講……」「師父，我的小女兒誼華……自殺了……」那麼活潑令人疼愛的女孩子，怎麼會……。「昨天晚上十二點多，警察打電話來說女兒上吊自殺，要我去認屍，我根本不敢相信，也不敢讓太太知道。一路跌跌撞撞地在山路走著，看到誼華的那一剎那，我真的……我真的……根本差點就認不出來了，想趕快把她放下來，讓她不要再受苦。可是……員警說法醫還沒驗屍前都不可以動……我就只能陪在女兒身邊和她對望著……你知道嗎？山上那麼冷，風那麼大，野狗不停地狂吠……我離她那麼近，可是我這個作爸爸的，什麼都不能為她做……」接著又是聽了令人心碎的啜泣聲。「您現在在哪裡，我們等會過去會合。」「師父，真的很抱歉，那麼麻煩您們……」「您不要罣礙，您的事就是我們的事！」沒有任何蛛絲馬跡知道她為什麼自殺？只見張居士叨叨絮絮地念著：「我這個女兒從小就想法奇特，跟別家的小孩子比起來就是不一樣！上禮拜她出了捷運站，一時興起，竟然就趴在地上玩起模擬槍戰，回家時她很興奮地告訴我這件事，我還把她訓了一頓！現在想想，我從來沒有尊重過她的想法，只一味地強迫她照我們的意思，作個我們自以為正常的人……現在說什麼也沒有用了，我真的後悔，自己不會教這種特殊的小孩，怎就沒想到請別人教呢？」

女兒的自殺，擾亂了全家的生活步調，愛女心切的爸爸，一閉上眼就會想起半夜見到小女兒的那一幕。萬念俱灰的他，每每看到路上的車水馬龍，就很想衝過去，跟隨女兒的腳步走。媽媽則是到處求神問卜，希望還能見女兒一面，跟她說說話。大女兒變得沉默寡言，不敢待在自己的房間內，只是不停地摺紙蓮花給妹妹。家裡二十四小時燈火通明，因為每一個成員都不敢，也不願再面對黑暗。對於全家賴以依靠的張居士，我們也只能安慰他：「女兒不會希望您這樣傷心的，何況您是家中的支柱，若倒了下去，太太、大女兒又該怎麼辦？」

後來，寺裡師兄師姐三不五時刻意地走訪與打電話關心，讓他們慌亂的心漸漸安定了下來。為了要累積更多的功德給小女兒，全家人一有空就一起誦《地藏經》回向，他們說是小女兒度了一家。張居士看遍了北海岸的納骨塔，只因女兒誼華愛海的藍、愛海的聲音。

這一次，他堅持要為女兒找一個她喜歡的地方。因為，就這最後一次，他要順著她，不再把自己的好惡加諸在女兒身上了。

送來訃聞的那天，剛好是佛青的聚會，我請大家以宏亮熱情的聲音歡迎張爸爸、張媽媽。而這些青年也真懂事，馬上就跟二人說：「張爸、張媽，我們都是您們的小孩喔！」再加上有其他師兄姐的支持，讓他們感受到雖然少了一個女兒，卻多了那麼多家人在旁守護！

告別式當天，誼華的同學及朋友來了數百人，讓我們驚訝她人緣之好。我們也特別為誼華及其所有同學、好友開示了以下這一段話：「蜉蝣朝生夕死，人生百年難再，但生命不在於長短，而是在於生命創造的內容。今天看到那麼多的人主動前來向誼華說再見，就知道她一定像一位小天使般，帶給大家很多快樂與回憶……」說到此，同學們已泣不成聲，紛紛抱頭痛哭。這該是在他們生命中，相當震撼的一刻吧！

告別式後，同學們請我跟他們分享更多有關生死的課題。我告訴他們：「雖然大家對誼華相當不捨，但生命不是一時、一世的，它是可以無限的，誼華現在已有其他的使命，繼續她下一期的生命，我們應給予祝福。而在這世間還有任務的你們，也要扮演好自己的角色，雖然人間本充滿缺陷而不圓滿，但我們若能尊重包容、互助互愛、共用共榮，都能讓人生變得更好、更圓滿。像現在張爸爸、張媽媽多了你們那麼多可愛的孩子，而你們也多了張爸爸、張媽媽來愛護你們、提攜你們……」說到此，百餘位青年已然將張爸爸、張媽媽團團圍住，相擁而泣，這真是一場深刻的生命教育課程。

02

苦難是向上的力量

一對約莫是大學生的年輕人，哭紅了眼睛走進寺裡，請求一定要幫幫他們：「師父，爸爸失蹤了一個禮拜，我們請警察協尋，可是到現在還是一直都沒消息，媽媽擔心到都病倒了。我們從來也沒遇過這樣的事，真的不知道該怎麼辦？」看他們一臉驚慌失措，完全亂了章法，先請他們到客堂坐下，喝杯熱茶，了解情況後，再陪著二位到佛前誦經，讓心先平靜下來，並請求佛菩薩加被。二天後，這對兄妹偕母親前來，看到他們，以為是爸爸已平安返家，沒想到，帶來的卻是更令人震驚的消息。話說那日從寺院返家路上，可能真是父子連心吧，二人路經一輛廢棄在路旁的小轎車時，就有著強烈的感應，覺得爸爸就在車裡面。後來在員警的幫助下打開了後車箱，爸爸被電線纏繞至死已數日。如此殘酷的事情，從涉世未深的年輕人口中說出來，真讓人於心不忍，但他們卻堅定地說：「雖然我們不知道爸爸為什麼會這樣走，可是謝謝您們幫我們找到爸爸，以後媽媽只有我們了，我們會努力將媽媽照顧好。」一多麼懂事又令人心疼的年輕人。後來寺裡幫其父親處理佛事，兄妹幾日之間迅速成長，將家的擔子一肩挑起，誰說苦難不是向上提升的一大力量！

03

佛事歷練 平常心看待生死

佛事是度眾的方式之一，是可度死又度生，生亡兩利的。一場如法的功德佛事，不但亡者受益，就連生者也會因此有了得度的因緣。一般人遇到親人往生時，總是驚慌失措，完全亂了陣腳，這時候法師的從旁引導與慰藉，能讓家屬就如同吃了定心丸，慢慢平靜下來，然後好好送親人最後一程。

自己也在無數的佛事中，看遍生死無常，也見到許多黃泉路上多少年之實例，對自己不啻是一種警惕，同時也是一種向上提升的力量。古詩有云：「眼見他人死，我心急如火，不是急他人，看看輪到我。」我則是為他人急，也急自己。每一次的佛事，都告訴自己必須戰戰兢兢，在細節上務求善美，觀想他們都如同我的家人，畢竟這都是每個人唯一的一次，也是最後的一次啊！

各地佛事之文化千奇百怪，形式也千差萬別。或有熱鬧、或有寂寥，曾遇過斥資百萬購買棺木，還申請路段沿街遊行者；也有的僅以紙棺裹身，連個送終的人都沒有。有的亡者及家屬平時結緣甚廣，到告別式當天，一呼百應，認識的、不認識的蓮友來了十幾輛遊覽車；

也有福德不具者，無論如何請託，大家不是另有要事，就是臨時出狀況，場面冷冷清清；甚至於想請一位法師為亡者主持告別儀式都不可得，平日是否有培植福德因緣，此時似乎就做了一印證。

「緣」之一字，意義甚深。結緣就是播種，不播種，怎麼能有收成？結緣愈多，就好似銀行的存款愈多；銀行的存款多了，還怕事業沒有成就嗎？世間上的一切事能成就，都必須要靠「因緣」，因緣不具，強求亦不可得；因緣具足，則諸事無不辦，水到渠成。世界上有的人富可敵國，但是沒有人緣，到處被人嫌怪；有的人貧無立錐之地，反而到處受人歡迎，這就看他平常是否與人「結緣」。所以結緣就是來日患難與共的準備，「結緣」，實在是最有價值的投資。

做佛事除了經驗之外，最重要的是必須具足慈悲心！第一次主持火葬儀式，是甫出家後的第一個星期。當我們站在其中一焚化爐前，正專心一致地誦著經，隔壁那一爐已焚燒完全的骨灰卻已然推出來。本來因為是第一次參與佛事，心已誠惶誠恐，怕因程序不熟悉，讓整場佛事不如法。這下子，眼角突然看到這一幕，不由得又一驚：風這麼大，萬一吹到我身上來怎麼辦？愈是如此心念不正，風愈大，而且直撲我而來，我的九衣已然成為骨灰的另一歸宿。雖然手仍敲著木魚，可是滿腦子想的都是怎麼辦？怎麼辦？此時，看到當維那的年長師兄卻是紋風不動，反而更加一把勁，大聲地誦念著阿彌陀佛聖號，他的定力讓我汗顏，我的慈悲心往哪去了？當下一切都不重要了，風繼續吹，骨灰繼續飛揚，我則繼續念著我的阿彌陀佛，祈願將此功德回向他們能往生極樂淨土、蓮花化生。

另外，也有亡者入殮時，死不瞑目，家屬要求我們為其說法開示，幫忙為亡者闔上眼。雖然表面上故作鎮定，心裡又開始慌亂：「說法開示沒有問題，可是為亡者闔眼……這就……以前跟年長的師兄做佛事時，凡事都有師兄頂著，可是此次同來的師兄比我還資淺，看他連表面鎮定都無法維持，只有靠自己了。」思緒還在隨處飛舞，家屬們的眼睛紛紛殷殷懇切地投向我，「師父常告訴我們有慈悲心就能克服一切……好吧！我……來了！」其實，原來也沒有那麼可怕，當心存慈悲，將手慢慢往亡者之臉部移動時，一切好像就是那麼順理成章，好似我很熟稔各個步驟。看到亡者終於闔上眼那安詳的臉龐，心中覺得真的好踏實，還有滿滿助人的快樂！慈悲心真能克服一切！

我知道

面對死亡要做好準備，佛事的歷練，讓我對生死更能以平常心看待。

當然，在看盡種種不同的捨報因緣——有的本來還神采飛揚，與我們高談闊論經營之道，然後就那一、二、三秒鐘的工夫，看到他從意氣風發至頭垂至胸前走了；也有即將成為大學新鮮人的青年，正因打籃球時不慎被球打到腹部而疼痛不已感到奇怪，就在新生健檢時被告知已是肝癌末期，這個對大學充滿憧憬的年輕人，終究沒能夠進入大學殿堂，聽任何一堂課。這些都更提醒自己，在生時就要為往生的那一刻做好各種準備，修行功夫要扎實，在那緊要關頭，千萬不能失去正念，更要能放下！

04

把木魚敲飛了

真正出了家，才又更深入體驗到那大多數人無法想像到的一面，而且是即使好多年後再回想起來，還會發出會心一笑。光以法器敲打及唱誦這出家人的本分事來說，我就不知惹出多少經典笑話。

一天，疲憊至極的我，臨時被告知晚上還要去布教所帶領共修，而且是維那（在法會、佛事中領眾唱誦者）加開示。已累到極點的我，只好跟師兄們耍賴，請他們幫我，我就敲木魚就好。有情有義的他們，一口就答應了。法會進行中，因為對經文很熟悉，所以都是眼睛微閉地敲著。正彷佛已進入念佛三昧時，突然聽到一聲物品掉落地面翻滾的音聲，我張開眼看了一下，只見手上只剩下木魚槌，而木魚已不見蹤影，心裡一驚：該不會……剛好抬頭看到前面二排信徒驚慌失措的表情，暗叫不妙，我竟然進入「睡覺三昧」了！還好，馬上提起正念：如果我也同樣亂了陣腳，法會秩序一定大亂，無法進行，這種過失我可擔當不起。於是，泰然自若地走到第一排拜墊前，把木魚撿了起來，然後回座拜墊上繼續敲著。本欲喊出聲的信徒，頓時把所有的聲音再吞了回去。因為我的鎮定，終於免去了一場騷動！

回家的路上，師兄弟笑到腰都挺不直了！

原本以為這次就已夠糗了，但真是一山還有一山高，所謂「天外有天，人外有人」。不少師兄弟也都是天兵天將，一點也不輸我哩！不過，怎麼說，罪魁禍首都是我。話說一天，天兵天將三人組又到一布教所弘法。當維那的我，也不知那一天是不是吃得太飽，敲大磬時，竟然把磬敲到差點掉下來，這大概就是後來一連串悲劇開始的前兆。接著大木魚的槌竟然飛了出去，少了木魚聲的法會，突然安靜了下來，所以雖然知道絕對不搭調，我還是趕快示意敲木魚的師兄快點拿起小木魚槌繼續，還真是無三不成禮，平靜了不到三十秒，打鈴鼓的師兄敲著敲著，整個鈴鼓架撲倒在地上，大概是組合的時候沒有將螺絲鎖緊吧！唉！壞！壞！壞！連三壞！我這維那，只有硬著頭皮維持法會的進行。

返寺後，三人在佛前跪香，懺悔種種的不如法，所謂「寧動千江水，不動道人心。」今日三人此等「行徑」，不知讓多少道人起心動念，因而擾亂了大眾修行，真是罪過啊！佛門裡又有句告誡的話言：「大眾慧命，在汝一人，汝若不顧，罪歸汝身」，意在提醒負責司法器的人，是要領眾修行的，若沒能把法器敲對、敲好，讓大眾修行功課不圓滿，是要擔負因果的。

我知道

在這之後，對於法會之前的準備工作及各種唱誦、法器敲打各是多少板、多少眼，都特別小心，因為這是不能待到上台才練習的啊！

有時我們說某人「一板一眼」，總帶點貶抑之意，但在唱誦時，就得「一板一眼」，前面一個拍子為「板」，後面一個拍子是「眼」，假如板眼不確實的話，豈不荒腔走板，又如何能以佛教唱誦度眾呢？

05

太陽心融化冰冷臉

俗話說：「遠親不如近鄰」，為了敦親睦鄰，每每大型法會或佛菩薩聖誕後，都會將供果、壽桃等，一戶戶送至我們的好鄰居府上。也許真是近廟欺神，也許是現在的社會讓大家已習慣冷漠，剛開始的「結緣」，讓我望之卻步。被住持指派當 UPS 快遞員時，開心地去按第一家的門鈴，「我們不是信佛的啦！」；第二家，雙手把弄了我帶去的東西，然後問：「多少錢？」；第三家，把我從頭打量到腳，再從腳打量到頭，然後一句話都沒說，把門關了起來；第四家收了東西，硬是塞了貳佰塊給我。現在我知道做 sales 的不容易了，我這「無料（免費）」的，都已經連吃了好幾家閉門羹，更何況他們都是「有料」的呢！

但是天生的反骨性格，讓我絕不因此而放棄，反而是愈挫愈勇。就因為眾生難調難伏，若是將來能一一降服他們的我慢心，不是更有成就感嗎？於是，告訴自己：不要在意他們的態度，不能因為他們如此，就還以臉色。所謂再厚的冰塊，太陽出來也會融化；再生硬的飯菜，熊熊的火光也會煮熟。一定要用我們無與倫比的熱度把冷冰冰的他們全部融化。所以，後來不用住持指派，我都主動於初一、十五及大型法會後，便扛起一袋供品沿各樓層發送。在電梯相遇，即使他們不是抬頭看天花板，就是低頭看地板，總之就是不正眼看我，但我還是熱情地跟每一個人打招呼。

後來，每逢初一、十五，不用我送去，他們自動會來拜佛，並索取結緣品。在電梯中遇到我提重物或需要幫忙的地方，一定義不容辭地伸出援手。在一次的讀書會中，給我吃第一碗閉門羹的鄰居問我：「法師，我覺得很奇怪，當初你第一次來敲門時，我幾乎是把你趕出去的，為什麼當我關門的剎那，你竟然還是微笑的？」「第一、因為我微笑送你東西，都被轟出來了，若還苦著一張臉，那還得了。第二、你是我拜訪的第一家，若才第一家，我就被打敗了，哪還能有以後啊！所以一定要給自己加油打氣，一定要笑啊！」

我知道

在海外弘法，與鄰居廣結善緣，非常重要，更絕對是金科玉律！

在柏林時，對面的老先生總是不厭其煩地教我在德國很重要的事——垃圾分類；從外地回寺，他一定馬上從家中飛奔來幫我提行李。在荷蘭，年度最大的活動——近五千人參與的戶外佛誕慶典，所有近三百份義工的餐盒、義賣的炒飯、炒麵，甚至於其中近五百份的抽獎獎品等，全都由道場周邊的餐館、商家免費提供，數十年都是如此。而其實我們所做都是一點點，如：有時送些供品、供果及素齋結緣，但點滴因緣卻匯聚成一股弘法的力量，可說是另類的「一文施捨萬文收了！」

06

小唐寶寶 釋放貼心溫暖

佛門普門大開，為度一切眾，施設了許多方便法門。善童學園也是一例。調皮搗蛋、喧嘩吵鬧一向是小朋友的正字標誌，可是在眾多學員中，惠珊就顯得相當特別，不單只是她比別人安靜聽話、善解人意，而是她還是個唐氏症患者，俗稱「唐寶寶」。一般人對唐氏症患者的刻板印象，皆是智能發展遲緩、注意力不集中等，但我卻在他們身上，找到了已被功利主義主導，凡事講求快速的社會所忘失的許多東西。

也許與我有緣吧！惠珊每次來寺向佛菩薩銷假後，第一個 say hello 的一定是我。她一直都非常體貼，其他小朋友在玩的過程中跌倒受傷，一定會趕快過去關心慰問，即使她常常幫不上什麼忙，但總是如此釋放她的溫暖，對我當然也是如此。當生活中遇到一些人、一些事，讓我臉色不由自主鐵青、僵硬時，惠珊都會適時地過來握我的手，在手背拍一拍好似加油打氣，然後再投以一個燦爛的微笑，她就是有辦法讓我的心情平復。

也因為如此，總會對她多一點特別的照顧。有講座時，會拉著她在末排挨著我坐下，希望她也能多聞薰習。有一次，她乖乖聽講，不吵不鬧，表現得非常好，我偷偷塞了二顆糖果給她以示獎勵，在得到許可後，她心滿意足地把糖果吞下肚。但接下來卻開始躁動不安，我難免有些失望：小孩子果然如此難調難伏嗎？卻見她一臉天真地問：「師父，垃圾桶在哪裡？」原來她是急於想去丟垃圾。其他很多小朋友常是順手亂丟，沒想到她對自我的要求是如此之高。接下來看到的，除了驚訝，更多的是慚愧與羞赧！惠珊丟完垃圾後，不像其他正常的小朋友，甚至於大人，常把門摔的乒乓作響，反而是用兩隻小手輕輕托著門把，直到門與牆剩下一條細細的小縫後才小心翼翼地放手，為的就是怕驚動到專心聽講的大家！這樣的體貼、細心與教養，又有幾個人比得上！

那一年的佛誕節，道場擴大在外舉行浴佛法會暨園遊會等慶祝活動，我們一大清早便到會場穿梭總檢，好不容易到了十二點多，待法會結束及園遊會開鑼後終於坐下喘一口氣。這時只見惠珊在媽媽的引領下快速向我走來。「師父啊！終於找到您了。惠珊一大早就要我帶她去買花供佛，還另外買了一束，說是一定要送您。太陽那麼大，她怕花枯掉，從早到現在，一直跟人要水不斷灑在花上。為了顧這一束花，一整個上午要她吃點東西都不肯。師父啊！您就趕快收下吧！」對花嚴重過敏，所以我一向是敬而遠之，可是今天這束花，不管我是否會因之噴嚏不斷、眼淚流不停，都一定要收下，因為這束花來自於如此珍貴的真誠與真心。

我知道

《增一阿含經》：「王子年雖小，長大能行令；小火雖未熾，星火可燎原。神龍雖現小，降雨隨時宜；沙彌雖年幼，度人成法王。」

這是佛門常說的四小不可輕，但何止這「四小」，就是一滴水、一個孩童都不能輕視。不知有多少的佛光小菩薩都帶給我最如實的感動──有的才六歲、七歲，連母語德語、荷蘭語等都還沒學好，就跟父母說要開始學中文，因為看到我每次為安排翻譯人員傷腦筋，他們豪氣地說：「師父，別擔心！交給我！我學好後幫忙翻譯，幫忙佛教本土化！」八歲的小男孩知道常住要募款建寺，但身上沒錢，最喜歡畫畫的他，立即畫了十幾張「大作」，說要提供義賣。雖然最後都由最知道如何欣賞他畫作的媽媽買了去，但這些都讓我見識到佛門菩提幼苗的未來性、重要性。惟願自己要用佛法好好澆灌，希望他們未來都能茁壯成長、開花結果，成為佛門龍象！

07

佛法滋潤人間菩薩

白髮皤皤的老嫗，涕泗縱橫訴說著那心底最深最深的痛！三十餘年的茹苦含辛，正待享點清福，甫得到博士學位的獨子，卻慘死車輪底下，從此銷聲匿跡！兒啊……兒啊……母親一聲聲懇切誠摯的呼喚，卻再也喚不回什麼……

已屆四十不惑之齡的他，原本叱吒風雲、意氣風發，這時卻只能抬頭仰望蒼天，無語……經濟的雲譎波詭，令他身敗名裂。屋漏偏逢連夜雨，大家的不諒解，最後竟至妻離子散。苦啊！苦啊！男兒有淚不輕彈，心事向誰訴？

香煙裊裊中，矗立著她那明眸皓齒之遺照，什麼樣的不解之結，讓值此荳蔻年華佳人，就此香消玉殞？燦爛光華的生命如此逝去！這個大問號，無人能解！白髮人送黑髮人，慟啊！慟啊！只有啜泣聲，迴盪在空冷的屋裡，續續停停……

頭髮一天天掉落……身體一天天衰弱……剩下多少天的日子？醫師說只能聽天由命！堅

毅的生命小鬥士，卻從不向命運低頭，沒有七歲的懵懂無知，沒有七歲的調皮搗蛋，代之的卻是令人心疼的善解人意！化療時他說不怕，打針時他說不痛，強忍苦楚，只為不忍父母蹙一下眉掉一滴淚……血癌像是魔鬼，將他的生命一點一點地啃蝕掉，哀啊！哀啊！我們竟永遠沒有機會看他長大……

眾生的苦難，何時能了啊！多少人在邊緣上掙扎！多少人在絕望中哭泣！業海茫茫，何處是吾家？看哪！佛是醫王，法是良藥，僧是看護，快來吧！快皈投三寶座下！三寶──是暗夜明燈，是苦海慈航，是眾生導師！能照亮迷途眾生，帶領大家度過啼哭的長夜，通過無常的試煉，從生死此岸度至解脫彼岸！那裡，無諸恐怖，無諸憂惱，無諸悲苦；您將有蛹羽化成蝴蝶之欣喜；您將有空山圓月之明淨！

一位八十餘歲的老菩薩，每次都需轉乘二班公車來寺做義工，看到她瘦弱的身軀，加上不太穩健的腳步，總是擔心她在上下公車時不小心跌倒，畢竟這種事時有所聞，而且老人家怎經得起一摔！知道她的經濟情況優渥，便找時間勸勸她：「老菩薩！下次來寺，妳可以坐計程車，不然火車也可以啊！好過坐公車上上下下，這樣我們才不會擔心啦！」「師父，你不知道啦！我坐公車不用錢，坐其他的都要花錢，所以我選擇坐公車，這樣就可以把省下的錢都來作功德啊……」這種犧牲自我，利益他人的宗教情操，令我不由得為這些信眾們起立致敬，而他們這樣一點一滴攢來、捐助道場的功德款，我們又怎能不好好運用，去行弘法利生之事呢？

每天發生不同的事，遇到不同的人，進而用佛法去幫助許多的苦難眾生，當他們受到佛法的滋潤，讓痛苦少一點，希望多一點，就是最欣慰、最感動的時刻！

我知道

菩薩不只是高高地端坐在佛龕上，在人間也有一個個的菩薩。

因奶奶早逝，連見她一面之緣都沒有的我，每每看到祖孫倆一起來寺禮佛，總是好生羨慕，因此很自然的，對於寺裡的「老菩薩」們，都把她們視為自己的奶奶。而常自謙沒讀什麼書，又什麼都幫不上忙的她們，卻恰恰一次次帶給我最深最深的感動與力量！

一九八九年星雲大師第一次到歐洲弘法，巴黎黃老菩薩和一群老菩薩一起跪下來，虔誠懇切地向大師請求在巴黎建寺，大師問：「未來是否願意護持建寺呢？」大家異口同聲表示「願意！」自此之後，她們信守承諾，二十餘年如一日，從六十歲做到八十幾歲，不間斷地以包粽子、做包子義賣來支持建寺。

巴黎很浪「漫」，建寺困難重重，也經歷相當漫長的過程。老菩薩們總擔心地問：「法師，我們年紀這麼大了，擔心看不到寺院完成，到底什麼時候可建好啊？」就在建寺圓滿，舉行灑淨啟用典禮當日，黃老菩薩見證了苦苦等候二十餘年，好不容易等到的這一刻，滿心歡喜，心願已了！當天晚上為同修煮晚飯後，突感不適，隨即坐下來念三聲「南無觀世音菩薩」，在正念分明中往生淨土，儀容安詳，臉色莊嚴。這若非人間菩薩，又是什麼呢？

出家，讓我更看到了世間百態與體悟人間實相。過去，生活圈總是離不開自己的親朋好友與同學，大家的背景、程度、思想及生活環境不致於差距太大。每每看到報紙上的社會新聞事件，都直呼不可思議：「怎會有這樣的事？」到了佛門，所接觸到的信眾及各界人士百種、千種，甚至萬種，來寺的原因千差萬別，思惟方式也南轅北轍，我才知道還真有這樣的人、事及這麼特別的想法！

6 海外弘法

師父星雲大師常諄諄叮嚀要在當地弘法須「本土化」，對於不同的國家、文化，須互相尊重，容許不同的存在。

01

赴美弘法 做自己的貴人

在國內經過穩紮穩打的訓練之後，基本功已漸扎實，距離海外弘法的目標也一步步接近。但那最後一段距離，卻還是困難重重。大家擔心我的身體如何在他鄉異地生活？若臨時有狀況，應該如何？面對其他阻礙，我可以想辦法以三寸不爛之舌盡力說服，但面對大家發自肺腑的關心，我卻步了。為了不讓大家擔心，只有捨棄多年夢想，轉換跑道。

就在整裝待發前往新單位就任前，接到了師父的電話，請我去法堂見他。見到師父，首先向他告假，表示即將啟程至新單位。沒想到師父的一句話，讓情況急轉彎——「妙益啊！你可以去美國了！」「什麼！真的？假的？」「大家都反對你出國，因為怕你的身體不堪負荷，但我告訴他們，我贊成你去！」「我真的可以出國弘法了！」圓夢的激動，讓我頻頻向師父拱手作揖，感謝給予助緣，讓我得以滿願。「師父——您一直都是我生命中最重要的貴人啊！」但師父卻揮揮手說道：「這哪是我幫你？要謝就謝你自己，因為你『做己』貴人，一點都不像個病人，所以大家會幫你，人必自助而後人助！」

坐在往洛杉磯的飛機上，望著窗外如棉花糖般輕輕漂浮的白雲，思緒也隨之飄至數年前，本應搭上同一目的地班機至美留學的情景。因緣真是奇妙，那時毅然決然選擇了出家，雖沒去成，但還是與美國有緣，繞了幾個圈，畢竟還是來了。

在西方國家，看到雄偉矗立在山丘，有著琉璃瓦頂、挑角飛簷及朱紅廊柱的中國傳統寺院，心中湧起一陣又一陣的感動。當初師父及長老師兄要在西方國度，建立一座對西方人來說，是外來宗教的佛教寺院道場，應是難上加難吧！篳路藍縷、櫛風沐雨一路走來，歷經數百次公聽會及協調會，才獲准興建，建築過程中一波三折，真可說是一塊磚頭，一滴血；一片屋瓦，一滴淚……其中艱辛必定有許多不足為外人道之處！而無緣參與開山建寺卻坐享其成的我們，若是連守成都做不到，該是無顏見江東父老吧！思及此，覺得肩上擔子加重了不少，這次調派美國，真是任重而道遠！

我知道

感謝師父的身教言教，能至海外弘法，當然是師父的功勞；一向無我的師父，卻還是把功勞歸給了徒弟，這對我不啻又是一堂深刻的生命課程。後來能一路從美國洛杉磯、關島、南灣，接著又橫跨至歐洲的荷蘭阿姆斯特丹、瑞士日內瓦、琉森、奧地利維也納及德國柏林等地弘法，開展海外雖艱辛卻是精彩萬分的弘法事業，師父的諄諄教誨：「做己貴人」、「自己不要把自己當成病人」等……一路陪伴著我，讓我克服一個又一個的考驗！

02

師父，你不要臉※◎#*

初來乍到，所有事物都要重新學習、重新適應，包括文化、食物、弘法方式等，還好英文這門課程，以前下過功夫，否則一定是雪上加霜、慘不忍睹！而在這段摸索過程中，也鬧了不少笑話。話說剛開始不適應南加州乾燥的氣候，常常動不動就流鼻血，一位在美國東部的朋友知道了，特地用 UPS 寄來 Humidifier（佈溼器），希望對我的症狀有所改善！幾天後來電確定我是否收到，並告知使用方法。

聽她興高采烈地說：「這個是最好的！您一定要用，不可以晾在一旁，否則就是『殺生』喔！」嘉琪，是我大學時的好友，最會現學現賣了！才記得上星期她打電話來時，說她人在紐約大肆採購，知道她一向喜新厭舊，不會好好愛惜各項物品，於是聽她得意洋洋對「戰利品」如數家珍時，我的職業病又犯，就著電話跨州弘法，為她好好開示了一番：「記得上次請妳特別飛來洛杉磯受五戒嗎？其中有一項為不殺生戒，一般人總認為最不會犯的就是這條。但廣義地來說，『情與無情，同圓種智』，哪怕是一莖花草、一枝筆、一張桌椅、一塊地毯，任何物品也有生命，應善盡維護其功能、延長其壽用、創造其價值，這是佛教對不殺生的廣義詮釋。不單是有生命的，物品任意破壞、棄置，不知保養整修亦屬殺生。日常生活中，一張紙、一枝筆、一輛汽車、一棟房子，如果你不好好愛惜，減短了使用年限，也是殺生……」沒想到現在她反而引用我的話，將了我一軍！這下，我也只能答道：「好！好！一定！一定！我一定好好『利用』這台機器！」我保證後，她又繼續說：「師父，你不要臉※◎＃＊」在這短暫停留的時刻，腦袋似乎凍結了，閃過好幾個疑問：「奇怪，她為什麼突然罵我不要臉？剛才不是還講得好好的嗎？怎麼會罵一個出家人不要臉，我做錯了什麼？既然覺得我不要臉，為什麼又要大費周章、千里迢迢送這麼個大禮給我呢？」心裡正百思不得其解時，沒想到她咳了幾聲，然後繼續好整以暇地說：「師父，您不要臉……去靠近那個蒸汽孔……」待電話掛斷，我都還驚魂未定呢！

03

中西大不同 弘法妙智慧

有次法會休息時間，一位師姐緊張地問我：「西（師）父啊，抗（找）不到，抗（找）不到，抗（找）不到牌位啊！」我趕緊用我的破廣東話問：「叫嘛耶名啊？」她嘰嘰咕咕講了一大堆，我有聽沒有懂，再用自以為是的『廣東話』回問，沒想到她竟如丈二金剛摸不著頭腦，這下我連僅剩的一點信心都被打垮了，只好用英文問她：「Could you speak English？」看她一臉漠然，就知道連最後一線生機也沒有了，這下子，她急，我比她更急！左顧右盼，只希望會說廣東話的師兄出現解圍。突然，她似乎看到熟人，走向前用台語向朋友說道：「師父講啥，我攏聽無！」我一聽，心中大喊一聲：「Oh！My Buddha！」然後走向前，一臉無辜地告訴她：「您不卡早講！我嘛會講台語啦！」在海外弘法，雙語早已不敷使用了！為了求生存，還是加緊學習第三、第四、第五……語言吧！

師父常說：「要做義工中的義工。」時常將此話謹記在心，奉為對待信徒、義工的圭臬。一日中午，聽到吃飯板聲，即刻放下手邊工作，快步走到 Information Center（遊客服務中心），請值班師姐先去用餐。一直等到一點，都不見師姐回來。心想：可能遇到熟人，談話誤了時間。心裡正著急著尚有許多文案未完成，若她一去不復返，那該如何是好？

還好諸佛菩薩保佑，有一位師姐正好走過來問：「師父，您吃飯了嗎？」「還沒呢！」邊回答邊收拾手邊資料，理所當然以為找到救星，可以離開了！沒想到那位師姐竟揮揮手，說：「還沒啊！那我先去吃飯囉，Bye！Bye！」留下一臉錯愕的我！中西還真是不同！

洛杉磯擁有「天使之城」美譽，為美國第二大城，是一個氣候良好、適合人類居住的城市。湛藍的天空、充沛的陽光、清新的空氣、金黃的沙灘，以及常年適宜的溫度吸引了眾多的移民，這也造成了洛杉磯聞名的「多元化」現象。多元化的種族特色，添加了許多不同的異國風味，也看到許許多多來自世界不同角落的各色人種及體會到不同的文化。

大洛杉磯地區幅員廣大，有時只是受邀去布教，來回可能就要百餘哩。一次，路程遙遠加上高速公路發生車禍，大家困在車陣中動彈不得，只好就近趕快下交流道解決「大事」。甫踏入女眾淨房（廁所），就聽見一位小女生以不可置信的口吻對媽媽說：「Boys should not be here！（男孩子不該出現在此）」我們一群法師則頑皮地回應：「We are girls！（我們是女的）」嚇得那位尚無法分辨男女的小女孩一愣一愣的。總之，當東方遇上西方，總能激盪出不同的火花。

我知道

弘法度眾要應機與藥，如佛經所載：觀世音菩薩有三十二應化身，應以何身得度者，即現何身而為說法。

但是如何視對方的身分、專業等不同，找到適合的法藥對應，可就必須有大智慧了，畢竟「法無高下，應機者妙」。

一路從台灣、美國，然後到一不小心就會「出國」的歐洲，如此這般的衝擊與考驗就更大、更多！一跨越不同國界，所要面對的可能就是天壤之別。曾經以為弘法方式就是要包羅萬象，如此才能吸引信眾，在台灣、在美國、在荷蘭、在比利時等國，此原則幾乎都適用。但當我調至德國，為讓每一堂德文禪修課充滿新鮮感，於是計畫每堂課都使用不同的禪修方法帶領。沒想到這樣的自以為是，讓我在第一堂禪修課結束後就踢到鐵板！下課後學員與我溝通：「法師，以後您要改變方法，可不可以先讓我們知道？我們十幾年來，上課時間、程序都一樣，從未改變，我們都很習慣，也很歡喜這樣。您今天突然改變，讓我們都不樂本座了……」

本以為會得到學員的讚賞，沒想到的卻是這樣的尷尬情境。難怪有許多嫁給德國人的華人信徒，都紛紛跟我抱怨：「我們每年度假都去同一地方，因為德國人只要認定一地是好的，就不願改變，我抗議多年無果，也就只能接受了。」

原來，讓我們覺得「匪夷所思」的，對他們卻是「理所當然」！這讓我學習到更要傾聽、更要換位思考、更要包容，這門功課，現還在歐洲弘法的我，仍繼續修習著！

04

解法語小師父成「大師」

有一次至大雄寶殿幫忙解大佛法語（這法語可是跟一般籤詩不同，它不會為某件事情的吉凶禍福下判斷給「答案」，而是藉由佛菩薩智慧之光的展現，為來者指引一條光明的大道。），因是連續假日，來山遊客比平常多出許多倍，看到櫃檯前已人滿為患，想趕緊幫忙疏散人潮，於是好心地湊上前去幫忙。但圍觀的群眾一看到比起其他法師，顯得相當稚嫩的我，馬上以不屑的口吻問道：「小師父，你行嗎？」「行不行？試試看就知道！」我不甘示弱地回答。

第一位遞上來的是「麝因香重身先死，蠶因絲多命早亡；世界從來多缺陷，幻軀哪得免無常。」他說要問工作。我先跟他解釋法語的字面意義——有一種名為「麝香鹿」的動物，身軀天生就很香，獵人為了取麝香，就到山中四處捕捉麝香鹿；春蠶結絲成繭，人們為了取絲販錢，不惜奪取牠的性命。大千世界缺陷多，尤其無常最可怕，任誰有通天本領，只要大限一到，也一樣不能免除無常。

接著，我告訴他；「一個人即使擁有極優越的條件，也未必能免除世間的災難。世界是一半一半的，好的一半，壞的也一半；白天一半，晚上也一半；世間沒有絕對的。俗話說：打死會拳的，淹死會水的。你武功很高，往往死在武功上；你會游泳，但一時疏忽而慘遭滅頂的也不少。有的人希望錢財多，人因財死也不乏其例；有的人要求名位高，往往爬得高跌得重。

所以，人要看開一點，缺陷自有缺陷美，缺陷有它缺陷的好處，凡事不容易十全十美。像愛迪生耳朵雖聾了，卻能集中智慧從事發明。不要為缺陷太煩惱，缺陷往往是另一種福報，只要把身軀當成幻影，我們也不會害怕無常了。」

他聽了之後，激動地幾乎要抓住我的雙手，而且馬上改口說道：「『大師』！我沒說您怎麼都知道？我的主管對我一直有瑜亮情結，我也曾想過步調緩一點，免得功高震主，但偏偏我這個人又是完美主義者，不能容許一絲絲的缺憾，所以與上司關係愈形惡化，上班就有如在地獄之中。今日聽『大師』（內心 OS：豈敢！豈敢！其實我只是把我家師父常講的話轉述給你聽罷了。）一席話，有如毛塞頓開，立刻海闊天空！『大師』……『大師』……我日後定會學習缺陷也是一種美的道理……『大師』……」怕他大師大師個沒完，我趕緊把第二位的法語接過，赫然發現隊伍已綿延三、四十公尺長了。

05

法師握手 神父合十

師父星雲大師常諄諄叮嚀要在當地弘法，就要「本土化」！對於不同的國家、文化，大家要互相尊重，要容許不同的存在，就如東方琉璃淨土有琉璃淨土的特色，西方極樂世界有極樂世界的殊勝，能夠「異中求同，同中存異」，世界才會多采多姿。

又說：當初佛教從印度傳到東土，印度比丘到中國來都只是從事翻譯經典的工作，建寺廟的責任則讓給中國比丘去做，所以才有現在的中國佛教。假如當時印度的迦葉摩騰、竺法蘭等人都不回印度，而移民到中國來建寺弘法，哪裡會有現在中國佛教的特色呢？甚至當初達摩祖師東來，將大法傳給慧可只為了本土化。所以，師父對於「本土化」，指導了四項原則：

一、語言本土化：為了儘速融入該區的生活環境，語言是重要的溝通工具。比方到了美國，就使用美語，語言要本土化，才能獲得當地的認同。

二、風俗本土化：每一個地方的風俗民情不一樣，到了一個新環境，可以帶入自己國家的習俗，但更重要的是先接受當地的風土民情。在不同的地方，有不同的節慶活動或紀念日，應當隨喜參與，融入大眾中。

三、習慣本土化：每個國家的禮節、習慣不一樣，舉凡生活、飲食、工作、招呼方式上，都有所差異。習慣要依循當地本土化，才能與人相融和。

四、教育本土化：來到一個新的地方，不能不了解它的歷史文化；要能深入了解不同環境的文化背景，則必須尊重當地的教育。

我謹記在心，一直努力向前邁進，做為弘法利生的目標。每年寺裡在新的一年開始的元旦，都會舉行「世界和平祈福法會」，包括天主教、基督教、回教、印度教、南北傳佛教、摩門教等宗教領袖齊聚一堂，共為世界和平而努力，多麼令人感動的時刻！雖然世界和平還是個遙遠夢想，但和平就從宗教界開始做起吧！每一宗教代表依其傳統，為世界和平或誦經回向、或禱告、或讚頌，共為此目標祈福祝禱，接著請來分別代表近五十個國家的小朋友，以天真童稚的嗓音唱出別具意義的「Small World」，希望每個人都能深入體會同體共生之意，最後以施放和平鴿及和平氣球圓滿盛會。當氣球冉冉上升時，人人仰望那五彩繽紛，在心中許願：希望世界和平早日到來！

結束後，大家很開心地彼此介紹並道賀活動成功。我想到要「本土化」，打招呼也要本土化啊！於是準備就以握手的方式展開談話吧！沒想到手伸出去卻落了個空，原來那神父竟雙手合十對我說：「阿彌陀佛」，一看情形不對，於是我改回佛教方式，沒想到神父手也伸了出來準備握手，又再度落空，就這樣來來回回數次，「喬」不定！最後我們相視而笑，因為這是多麼美好的「尊重與包容」體驗。

這些天主教神父曾經說：「如果您們生長在西方，可能會當神父；如果我們生長在東方，也可能會作和尚。」所以，多年彼此的往來合作與默契，神父們外出時會背著我們贈送的僧袋，他們還說很想嘗試穿羅漢鞋。我想，若這世界上的每個人都有這種開闊的胸襟，則世界和平將不會太遠！

我知道

所謂「本土化」，是友好的、是融和的，不是排斥的，不是否決的。所以我們也都會參加美國國慶日遊行，在遊行時，手上揮舞小型星條旗、身著星條旗T恤、口中高喊：「We Love America, U.S.A.」，以實際行動，融入當地主流社會活動，夾道圍觀熱鬧的美國民眾也以「I Love Buddha.」回應，好一幅歡喜與融和、同體與共生的和諧畫面！

06

實事求是　科學度化西方人

在西方國度要弘揚佛法，確實比想像中還要困難。就如那廣為中國人所傳頌佛陀降誕的事蹟，也許佛教在中國生根已久，大家都具備高度宗教情操，所以對於「神蹟」從不曾置疑。可是同樣的場景搬到西方，可就完全不是那麼一回事了。第一次，向美國的小學生（只是小學生喔！若再大一點真不敢想像！）講說這個故事時，就已受到不小震撼。當我根本不假思索地說出這個熟到不能再熟悉的故事——悉達多太子，也就是後來的釋迦牟尼佛，在藍毘尼園無憂樹下，從母親摩耶夫人右脅下誕生……（正要講下去，看到一張張可愛的小臉，睜著不可置信的眼睛向我眨了又眨，然後幾乎全都舉了手……）「Any questions？（有任何問題嗎）」全部的孩子聒噪地搶著發表意見：「師父，沒有人會從那裡出生的啦！」「師父，如果真是那樣，那佛陀是 monster（怪物）囉？只有 monster 才會跟我們不一樣……」我心想：完了！完了！竟然把佛教教主佛陀說成是怪物，這下我真是罪過罪過！佛菩薩啊！原諒我吧！我也不知事情怎會演變至此！

混亂一陣後，我只好避重就輕，草草帶過，後來又講到：「那時候陽光普照，花卉爭妍，九龍吐水，金盆沐浴，一切都在慶賀太子誕生於人間。太子誕生不久，就能行走七步，每走一步，就是一朵蓮花，並且一手指天一手指地，說道：『天上天下，唯我獨尊。』」這一段還沒講完，小朋友又開始鼓譟起來。健忘的我，竟然那麼快就忘記前面那慘痛的教訓，不小心又講到「神蹟」了。「師父，哪有人一出生就會走路的？」「師父，那九龍吐水，小孩子不會嗆到嗎？」自找苦吃的我，日後再也不敢造次，對於實事求是，凡是講求證據、邏輯的西方人士，得用另一番科學的方法好好地度化了。

我知道

在歐美弘法的時間已逾二十年。

在海外的弘法，尤其是歐洲，一不小心就「出國」，語言、文化、思維等隨之是南轅北轍，同時在歐洲此天主教、基督教信仰已根深柢固數千年的國度要宣揚佛教，再再都考驗著弘法者之功力與能耐。如果不能知道「人要的」是什麼？不能讓凡事實事求是的歐美人士對佛法信服，則相信每次的弘法，都可能鎩羽而歸！

如何因應時代、環境及文化等改變，以現代人能懂、能接受的方式，重新詮釋佛法，重新估定價值，迫在眉睫！如何開啟在歐洲弘法得力的「密碼」？是目前在歐洲弘法的我們所念茲在茲的！企盼未來弘法利生能更如魚得水。

07

「我是佛」，國際交流展自信

我們也經常參與宗教交流的會議（Interfaith）及各級學校布教。記得一次受邀到大學教授佛學課程，印象深刻難忘。若是與之前一樣到各級學校介紹佛教，我也不會如此緊張，但這次是各宗教代表全都齊集在一起，如此一來較勁意味濃厚。「Where is your abbot？」全都蓄著長長鬍子的其他宗教代表，看到嘴上無毛的我，紛紛問起住持在哪裡？當我告訴他們「我就是寺院負責人」時，現場不知跌破了多少眼鏡！其中有人還說：「You are too young to be an abbess！（你當住持似乎太年輕了）」看大家微露不屑的神情，我緊握雙拳，向自己精神喊話：師父及常住這麼成就我們，讓我們年紀輕輕即給予這麼多學習及磨練的機會，我絕不可以丟了佛教、常住、師父，還有自己的臉！

輪到我時，大禮堂內千餘位教授及學生都聚焦地望著，雖然我比大家年輕、比大家都矮小，可是從座位起身的那一刻起，我就抬頭挺胸、威風凜凜，展現了「我是佛」的自信！當全場唯一東方面孔、唯一女眾，又是唯一以非母語的英文介紹有數千年歷史的佛教時，自然引起最多的關注。我告訴自己：「毋須害怕，今天你非為自己而來，而是為將佛法西傳而來，如此之發心，必得諸佛菩薩及龍天護法擁護，更何況你早已有了萬全準備！」心一定，整場講說就如同行雲流水、毫無滯礙，從聽眾原本懶洋洋地背靠椅墊，到後來眼睛閃著亮光、身體不由自主地往前傾，想要聽得更清楚時，我知道：已成功抓住了他們的心、成功地介紹了佛教！結束後如雷掌聲不斷，我知道：已經不辱使命！

會後，除了許多人對我比出 Thumbs Up（一級棒）的手勢外，有一位教授特別來告訴我：「Master, thank you for your speech ! You are not just super ,you are superb !（法師，謝謝你的講演！你不只是『超級』，而是『超超級』！）」當然，這絕不是我有什麼非凡的本事，而是我有佛菩薩的護祐；有常住的栽培與支持；有同參道友的互相成就與提攜；有信眾淨財及智慧的奉獻等大眾互相成就，才能有如此圓滿的結果。

我知道

即便在歐美如此重視人權之處，都還是常感受到男女之不平等；也因此，當出席各宗教對談及國際會議場合，甚至去聯合國參加相關活動時，常因是唯一女性代表而備受關注！每每向與會人士介紹星雲大師致力於提升女眾之地位，甚至更落實「四眾共有，僧信平等」等，都讓大家頻頻讚歎家師的無我與遠見！

師父曾說：初到台灣時，見到比丘尼總是在煮飯倒茶，在家女居士只負責打掃清潔，當時就覺得很奇怪，為什麼他們都只能從事幕後的工作？師父堅持不懈地實踐佛陀的平等教義，訓練出家、在家女性投入各種佛教事業。許多人都笑話師父是「婦女工作隊的隊長」，他也不以為意。而過去叢林男眾在前，女眾在後；男眾在中間，女眾在旁邊，已經是司空見慣。師父提倡無論上殿、過堂，男眾在東單，女眾在西單，東西各分一半，不必分前後，不是就平等了嗎？師父更別具巧思，有別於傳統的，在佛陀紀念館的菩提廣場兩邊，供奉的十八尊羅漢中立有三尊女性羅漢，就是為了紀念、表彰優秀的比丘尼！

曾經有記者問：「大師，您身邊女眾弟子似乎比男眾弟子多？」師父幽默地回應說：「我看不到男人，也看不到女人，我只看到出家人，看到佛陀的真理。」《金剛經》云：「無我相、無人相、無眾生相、無壽者相。」感謝師父落實平等，不著相，讓比丘尼得以站上國際舞台，不僅弘法利生，更為佛教發聲！

08

病入膏「盲」？執「誤」不悟！

在美國待久的人，尤其住在眾多華人地區者，常會發現一種弔詭現象，那就是中文不斷退步，英文也沒跟進，我也算是親身經歷了。話說一天，一位信徒咳個不停，另一位路過的師姐看到此情形，特別上前關心，只見前者自我解嘲：「沒辦法，已咳一個多月囉！大概是病入膏『盲』吧！若是這樣，正好就去極樂淨土見阿彌陀佛去。」「不會啦！你會很快康復的，不致於到病入膏『盲』這麼嚴重的！」本以為他們故意發音錯誤，可是愈聽愈不對勁，他們真的以為就是病入膏『盲』耶。對文字有潔癖的我，馬上上前好心提醒：「病入膏肓，『肓』，應該念 huāng 吧！」「法師，是病入膏『盲（máng）』沒錯啊！」還彼此互相點點頭表示絕對的肯定。他們仗著人多勢眾（但也就只有多一人），硬是將黑的說成白的！

我雖還繼續展現我的「博學（至少來美不到一年，忘得沒他們多！）」，點出「膏」是指心下脂肪；「肓」是膈上薄膜，膏肓相傳是身體內力所不及的地方，他們卻還一副不置可否樣，最後還是我去找了一本《國語辭典》，在白紙黑字的公信力之下，他們才終於信服。這除了提醒自己在語言上務必再多下點工夫，以免貽笑大方外，更再次領略到「我執」

的可怕！若是擇善固執倒也罷了，但卻常是「以邪為正」、「以錯為對」、「積非成是」，執著無理、執著無明，不願接受正法，不願接受他人意見，損失最大的還是自己吧！這不由得讓我憶起春秋戰國時代，有一位生性固執的男子欲駕著馬車往北方去，途中巧遇多年老友。

朋友問他：「你要往哪裡去？」

男子回答：「我要去楚國。」

朋友一臉狐疑：「楚國是在南方，你往北方走，是背道而馳啊！」

男子辯駁：「沒關係！我的馬非常優秀。」

朋友無法理解，又問：「即使是一匹良駒，但方向錯誤，還是沒有辦法到達目的地啊！」

男子還是非常不以為然地說道：「你不用費心啦！我有足夠的旅費。」

朋友說：「你就算有再多的旅費，但是路的方向畢竟是不對的，你怎麼能到得了楚國呢？」

朋友雖然再三告誡，男子仍然堅持己見，說道：「不打緊！我還有一個善於馭馬的好車夫。」

總之，任憑朋友如何分析解說，男子依舊執著自己的理由！「死不認錯！」這就是人的愚癡，人的執著！

我知道

執著的人，不能接受真理，甚至執著自己錯誤的知見，因此碰到任何事物，往往不究其好壞，只要與自己所知者相違，就會立刻產生對立與無明。

感謝此事件，它更提醒我們絕不能當「執委」——執著委員是也！

6 09

感恩 感恩 生命更寬廣

常住特別在感恩節舉行「佛光成年禮」，所有與會者感動萬分。看著這些參加成年禮，即將揮別青澀年少，邁向燦爛年華的青少年，接受諸佛菩薩、父母及大眾的祝福而互道感謝，相擁而泣，我的思緒也如同進入時光隧道——成長過程的點點滴滴，酸甜苦辣一起湧現，小學、中學、大學、初出家時與父母喜極而泣至抱頭痛哭……各種情景歷歷在目，隨著「感恩的心」歌聲，父母們娓娓道來養兒育女五味雜陳的心路歷程，我們未來的主人翁向父母致上最深最真的感謝——這些話語令內心波濤洶湧、百感交集，在這感恩之季節，心中有太多太多的感謝！

浩瀚無垠的世界裡，我的存在如同滄海一粟，如此微不足道，可是今天我之所以成為我，該是多少人的成就！從小到大紕漏百出，總是讓父母亦步亦趨地為我善後，幾次的生死關頭，雖然終究大難不死，卻足以讓他們憶起便冷汗直冒。好不容易拉拔長大，卻以一句「我要出家」讓他們錯愕不已，但本著對女兒的疼愛，仍強忍淚水二話不說簽了同意書，圓了他們的女兒盤踞心中多年的出家夢。出家未久一場幾乎奪走我生命的大病，讓家人嚇得魂飛魄散、哭得柔腸寸斷，但他們仍未質疑我的出家路，反而再三叮嚀：「日後要好好照顧色身，如此才有資糧弘法利生，為眾生做更多的事！」感謝他們對我的暴躁易怒、我的任性、我的出言不遜皆百般容忍，只是不斷諄諄告誡：「我們當你的出氣筒沒關係，但務必要對信徒好，對師兄弟和氣……」今日我能在各種逆境中屢蹈屢起，有樂觀進取的精神，感謝家人一路的支持，做我強而有力的後盾，讓我得以信心滿滿接受各項試煉！

何其有幸在星雲大師座下披剃出家，讓我千錘百鍊，然後得以淬煉成鋼。感謝師父深切的護念咐囑，見面總是不忘問道：「最近身體好不好？要好好照顧自己啊！」而愚笨的徒弟如我，總是因感動的無以復加，竟說不出像樣的話來，僅能大聲地回答：「好！」。每當情緒最最低落時，師父的話語總是適時地如甘霖灑下，滋潤我受創心靈！今日有此殊勝因緣來到海外，皆因師父的鼎力相助，感謝師父上人力排眾議，讓我得以一償宿願，凡此都令我感恩在心頭，不知何以為報！

感謝師兄弟相互提攜，真誠照顧，即便您們認為不足掛齒的一句：「還適應吧！」「要早點休息！」「要顧好身體！」……加上您們的傾囊相授、不吝指教……皆令我覺得這世界多麼溫馨！

太多要感謝的人——感謝醫生的妙手回春、視病猶親；感謝護士無微不至的悉心照料；感謝師長的傳道、授業、解惑；感謝信徒的護法；感謝朋友的關心鼓勵，我擁有的太多太多……。

我願發揮我綿薄之力，希望這個世界有我、沒有我會有些許不同！從生死關頭走過，我珍惜諸佛菩薩多給予我的每一天，雖然我不能改變生命的長度，但我願盡力擴展它的寬度！

在此感恩的節日，我對自己如此期許著！

我知道

有不少人問過我：「你身體這樣，不難過嗎？不怨嗎？」想告訴大家的是：我也難過、也怨！但難過、怨的是若能有更好的色身，應該可以做更多有利於大眾的事！除此之外，我真的覺得幸福、知足、滿足！

感謝有大家，感謝一切因緣，讓我的心，即便處在歐洲嚴寒冬天，都是如此溫暖！每個人對我的關懷與照顧，也許就在那不經意間，師兄弟們總是不讓我吃剩菜，說是我身體弱，吃得又少，一定要吃最新鮮、最營養的，剩菜就他們包辦了；又或者當事人根本不記得有為我做過什麼——在歐洲雲水各處，師兄弟總會幫我拉行李，背背包，即便他們自己也有行囊；每次開會，師兄弟會帶來各國的健康食品與我結緣，希望我吃得頭好壯壯，就在那一投足一舉目之間，我如如實實地感受到人間處處有溫情，這是讓我不斷能向前的一大動力！這樣的歡喜與感動，讓我晚上睡覺時，都是不自覺地嘴角上揚開心入睡！謝謝所有人對我的關愛、照顧、提攜、鼓勵，我多麼有福報，擁有這麼多美好……生命縱使有缺陷，但我的心是圓滿而無憾的。

10

師父開「道」做就對了

常住計畫在離美洲總本山車程一個半小時以外的地方增設道場，最主要是那裡聚集了許多各領域菁英，所以希望藉由道場設立，接引更多高知識分子來學佛，將來共為弘揚人間佛教效力。

這次師父特別從台灣來，為的也正是此事。除了要與建築師會商，決定未來道場的整體架構、空間規劃等，還要與大家座談，除感謝發心出錢出力的義工們，還要集體創作、腦力激盪，共商未來道場發展方向。

這一天，只聽說師父及長老師兄一行，下午將至新道場視察，正在忙著籌備明日八關齋戒的我，突然也接獲來電：「妙益，師父想請你也一起去新道場，我們十分鐘後在山門集合出發。」以最快的速度將正在製作的文件存檔，背起僧袋，就直衝山門。在車上才有時間細想為什麼要我也一起去？不過我想應該是讓我見識見識，有個學習機會吧！若是真要我幫忙什麼，一定早說了，所以既來之則安之吧！

車行至新道場門口，已有大批的信眾拍著手、唱著歡迎歌迎接我們。反正我只是個小人物，所以總刻意走在隊伍最後，但前方的師兄卻跑來告訴我：師父要我走在他旁邊。「今天怎麼那麼奇怪？那根本不該是我的位置啊！」心裡不免狐疑，可是仍無暇細想。在人潮的簇擁下到達了會場，求法若渴的信眾已然守候多時，現場歡欣的氣氛就好像是辦喜事般。畢竟，好不容易終於盼到星雲大師的到來啊！

師父出馬果然不同凡響，一開示就贏得如雷貫耳的掌聲，接著師父說道：「很感謝大家長期以來的護持，知道此地信眾一直殷切企盼有法師駐錫弘法，為感謝大家，今天就滿大家的願！」聽及此，我也隨著師父的話語，在同去的師兄弟間搜尋著，推敲著不知誰將堪當此重任？「現在為大家介紹新任當家妙益法師……」聽到自己的名字，原本蓄勢待發準備為他人鼓掌的手，就此停格半空中。「怎麼可能？怎麼會是我？」「讓我們以熱烈掌聲歡迎妙益法師，並請他發表『就職宣言』！」腦子仍未回過神的我，從起身到至台前就定位，心情已不知洗了多少次三溫暖。雖然真的不知講什麼，卻也只有硬著頭皮說：「感謝師父、常住及大眾的厚愛，給予後學學習的機會，不過要擔當如此之重責大任，實乃誠惶誠恐、戰戰兢兢，希望大家與我一起攜手……」真的太震驚了，震驚到都搞不清楚自己在說什麼。這麼大的道場工程尚未完成，而我什麼都不懂，師父是不是講錯名字了？任我怎麼想，都無濟於事，因為木已成舟！

會議結束後，所有人都來向我道賀，其中護持最力的林居士問道：「妙益法師，您什麼時候得知要來這裡的？」「就跟您們同一時間，『剛才』呀！」「剛才！怎麼可能？」「怎麼不可能！」沒發現我的臉還一陣青一陣白嗎？不過，當我發現信眾沒想到佛教的「直下承擔」，就是如此直接！其震驚指數比我有過之而無不及時，心裡竟舒坦多了。師父說接著要與建築師開工程會議，所有的人馬上讓出一條康莊大道，讓我得以與師父及建築師共商大事。「妙益啊！等會要把我及建築師所說的，都如實記錄下來喔！」聽到要記錄，我的手開始在身上各處遊走，希望能找到任何一枝筆，可是出門時太匆忙，竟然連枝筆都沒帶上。師兄弟們很貼心，紙與筆立刻從旁遞至我面前。

建築設計圖占據了整張桌面，建築師滿口專業建築用語，對我就如同不知哪一國語言般地陌生。可是不希望上任後師父交代的第一件事就搞砸，所以就算聽不懂，還是將那些話記錄成我可辨認的字，準備結束後，再一一考證。那一天，我就留在新道場了。以前的雲水僧，有所謂的「一缽千家飯，孤僧萬里遊」，我真的還沒有那種灑脫自在。今天的「奇遇」，讓我在曲終人散之際，仍是不敢置信！擔憂等情緒交雜著，只有勉勵自己：「妙益，直下承擔！師父及常住都敢放心地把偌大的道場交給你了，你又有什麼不敢呢？」對，就是這句話！

我知道

經常有人請師父給他們「一句話」，以做為人生座右銘。每次遇到困難而杞人憂天、裹足不前時，師父總是給我一句：「做，就對了！」

這些短短的一句話，已陪伴我走過二十餘個年頭，每當自己可能正在面臨一個境界時，這些話總是會不自覺得浮出，給我力量，支持著我走過每個難關。而我也由「做」中，體會到凡事反求自己，則自己便能統攝自己和一切世間，達到「法界圓融」。

611

打掃道場 身教「大人物」

新道場附近是南加州數一數二的海邊高級住宅區，信徒的豪宅動輒數百萬美金以上，更令人歎為觀止的是他們的高學歷及職業，在這裡，最低的學歷是碩士，而且都是名校的碩士。百分之七十則擁有博士學位，他們有的在美國太空總署從事太空及天文研究；有的在大學擔任教授；其他諸如律師、醫師、會計師、工程師、建築師比比皆是。很嚇人？是不？想到只與他們孩子年齡一般大的我，要統理大眾，真是談何容易。繼而想起師父所說：「出家人可以什麼都沒有，但不能沒有慈悲。」對啊！若要比財富、比職權、比名聲，他們儘可在外面比，在佛門裡我們要比的是慈悲、是智慧、是修行……這樣一想，心就坦然了！只要有「道」，就不怕沒有信眾來護持！

雖然已抱著必勝的決心，但所謂「學能用人，亦能障人」，這些「師」字級的信眾因太固執自己所知悉的學問，所以易以成見、偏見看待世間事，學問反成了「所知障」。他們的專業在社會上都已立於不可動搖的地位，因此，他們也不容許他人質疑他們的判斷與決定。所以在一些道場行事有歧見時，與他們之間的磨合，也著實費了不少時間及心力。

道場上上下下加起來將近三千坪，還有二百個停車位，打掃起來是一大工程！在一次會議中，我提出大家可以分組的方式輪流打掃，如此既可以修福，又能讓道場維持常新。沒想到此話一出，馬上引起一些幹部極力反彈：「師父，我們家都是請人打掃的，而且大家都很忙，不可能來幫您的！」哇！好強烈的反應！我仍是不慍不火地回答：「我能明瞭大家的難處，不過，總得有其他方案替代，否則，如何能有清淨莊嚴的道場呢？還有，來道場發心，不只是幫我，而是幫您們自己，法師只是過客，隨時可能被調派其他道場，可是您們是要常住在這裡的呀！」「那就包給清潔公司好啦！」我無言以對。在這裡，生活水準如此之高，包給清潔公司，那該要花多少錢啊！而且面積如此之大！最重要的是，道場還在工程中，下一期的工程款都還沒著落，我怎麼可能把錢花在這明明可以自己來的事情上。同時，常住的規矩是每個道場都要自立自強，要能自力更生，若是沒有辦法存活下去，就應該檢討可能是度眾能力不佳，或是此地因緣不具，不適合設立道場……若有這些情事，常住就要考慮這個道場的存廢了。「不行，人定勝天！事在人為！絕不能成為終結者（terminator）！」我仍是不斷為自己喊話加油。

不過，沒關係，出了家，本就要把自己奉獻給佛教、為大眾服務，而不是坐著等人來服侍，古來的高僧大德，就是在勤勞作務中，把自己融和在佛法與大眾裡。譬如佛陀親自為弟子補縫衣服；百丈禪師樹立「一日不作，一日不食」的風格，為中國僧伽留下了楷模。若信眾不願打掃，我就自己來，範圍如此廣闊，就更加努力地掃！從此，信眾每每到道場，就看到法師跑上跑下、汗流浹背掃地、拖地、吸地毯、掃淨房的身影。看到此情此景而不伸出援手，應是「鐵石心腸」吧！

這些在家從來不曾打掃的少奶奶與老爺子們，也開始身體力行來莊嚴自己的淨土。大家認為最髒的淨房，他們全包了，算是破了他們人生的紀錄吧！莫怪說言教不如身教，誠乃不虛也。《金剛經》一開始，有一段佛陀日常生活的紀錄：「爾時，世尊食時，著衣持鉢，入舍衛大城乞食，於其城中次第乞已，還至本處。飯食訖，收衣鉢，洗足已，敷座而坐。」佛陀在日常生活中，自然流露，無言說法，弟子及後人都以佛陀作榜樣。而經過自己這番「身教」，一切似乎也慢慢步上軌道了。

我知道

明憨山德清大師有偈云：「寒梅帶雪嶺頭開，冉冉天花落講台；好遣上方香積國，為予一缽盡擎來。」

修道者「憂道不憂貧」，只要修行有所得，就不用怕沒有助緣；只要有道行，一切皆現成！解空第一的須菩提體悟到真空，所以每次參禪打坐時，天人都為他散花；維摩詰居士修行契入真理，甚至香積國的菩薩們都親送滿缽香飯供養！不必怕貧窮苦難，只怕沒有道行，只要培植好因好緣，當因緣具足，自然水到渠成——這是我如實的宗教體驗！

12

讀書會 成了博士的老師

每次在道場的開示，我總會留下一些「伏筆」，為的是讓大家對佛法生起興趣，並自發性地把答案找出來。漸漸地，簡短的開示已無法滿足信眾求法若渴的心，因此大家要求開辦讀書會。為怕流於虎頭蛇尾，所以請他們要負責所有工作，包括招生、行政、教務等。如此親身投入，對讀書會就有多一份的情感，自然會愛護它，讓讀書會茁壯成長。讀書會開始的第一天，我誠懇地告訴大家：「大家都是博士級的人物，在社會歷練也都比我豐富的多，今天來帶領讀書會，可說是在大刀面前弄斧，備感壓力，不過必定會努力將所學、所知、所悟與大家分享！」

言畢，會長代表發言：「我們這裡有醫師、律師、會計師、老師……什麼都不缺，就是缺法師！」會場響起陣陣掌聲，我知道，這裡的信眾，是真正接受我了！而我這博「士」，也就順理成章地成為這些博士的老師。僧璨大師說：「至道無難，唯嫌揀擇，但莫憎愛，洞然明白。」大家在佛法薰陶之下，慢慢了解到求法、聞法必須「如器受於水」，要遠離器覆、器漏、器汙三種失，才能契入佛道，獲得功德法財。意思是說，一個杯子，如果把它倒覆了，再好再多的水也裝不進去；如果杯子有了裂縫，水一倒進去，立刻就流失了；如果杯子裡有了穢物，再清淨的水也會被汙染。所以聽經聞法不能用輕心慢心，不能有成見、邪見，也不能有雜念妄想，若是如此，即使再好的知識，受用仍是有限，應該要以深心、莊重心、恭敬心、謙卑心、柔軟心、清淨心，才能得到佛法的受用。所知障一除，大家在讀書會中，就彷彿是諸上善人聚會一處，如魚得水，悠遊在法海之中。

13

當家，「當」成自己的「家」

新道場的成立，瑣瑣碎碎的事一大堆，考倒我這生活的低能兒。大家都說在美國，我算是個大異類，竟然有人可以像我這樣過活。為了懶得做繳費這個動作，所以連信用卡都可免；因為懶得去銀行開戶，所以在美國住那麼久的我，竟然沒有個人支票。但現在要面對的，恰恰是我最感不耐煩的柴米油鹽醬醋茶這些事，這些事看似小事，若不處理，偏偏就會造成最大的不便。為了拉一條新的電話線，打電話問電話公司何時可以派人過來？得到的答覆是上午八點至下午五點！「先生，你行行好！這樣不是等於白說嗎？」「沒辦法，我們工程部門給的時間就是這樣！」我可是只有一個人耶！給這樣大的範圍，連要出去辦個事都沒辦法，就怕一出門，他們就剛好那時間來，而根據莫非定律（Murphy's Law），世間事就常常是這樣的。

不敢擅離職守，一直等到晚上七點半，仍不見工程車的蹤影。再次打電話詢問，服務人員竟跟我說：「今天工程進度有點落後，太晚了，所以工程人員都下班了！」「啊？我一直在這癡癡地等耶！你們沒辦法來，也該通知一下呀！今天不來，什麼時候可以來？」「明天！」「時間呢？」「上午八點至下午五點！」又來了！我算是領教到他們做事的效率了。

我知道

佛門裡有一個職務稱作「當家」，在住持領導下總理一切寺務。

以前一直覺得這職稱還真是特殊，直到自己也成了當家，才終於明瞭背後蘊含的深義。當家、當家，就是要把寺院道場「當」成自己的「家」！唯有如此，水管爆裂了、沒飯菜了、缺這少那了……才會緊張的趕快去張羅、去備辦。所以「當家」後，看到的不再只是莊嚴的佛堂，而是哪一盞燈怎麼又不亮了；看到的不再只是美麗的庭園，而是哪一株樹是否感染病蟲害了；看到的不再只是冰箱內引人垂涎的食物，而是內部的溫度怎麼好像有異？直至此，才深深覺得自己真的是這個家的一份子，因為我把它「當」成「家」。

6 14

瞞不過心連心的家人

在異國他鄉弘法，家人千交代萬交代要好好照顧自己，總是怕他們擔心，所以每每都是報喜不報憂，反正遠水又怎能救得了近火。

事情發生在忙於七月梁皇寶懺法會、短期出家及五戒菩薩戒戒會等一連串活動的隔天，本打算天大的事也暫緩一天處理，拋開一切，要把這些時日大量消耗的體力、心力恢復過來。正走在回寮的路上，看到一小孩重心不穩、搖搖欲墜，本能地上前搭救，沒料到自己卻撲倒在地，雙腳受創。本以為區區小事，不足掛齒，沒想到後來竟至舉步維艱。照了X光，才知左膝蓋骨碎裂，必須整隻腳打上石膏至少六個禮拜，接下來的復健也須二個月，若不好好謹遵醫生指示，可能更是綿綿無盡期。當知此「噩耗」時，著實有欲哭無淚之感，接著又突然接到家人來電，關心地垂詢：「一切都好吧？昨晚夢到你坐在椅子上動也不動，問你話也不回答……」這一驚非同小可，但仍故作鎮靜答曰：「好！當然好！好得不得了！沒聽到我聲如洪鐘嗎？」慶幸還好相隔萬里之遙，否則他們看到我這副慘狀，不知會有多擔心呢！

但就在一個半月後，姐姐打電話告知：「再二個禮拜，全家想休息度個假，已訂好機票去你那了……」這讓我一時亂了陣腳。腳復原的情況比預期還慢，這該如何是好？主治醫師是洛杉磯的骨科權威，因為我的腳太不配合，他因此還開玩笑道：「法師，再不好的話，千萬不要跟別人說我是您的主治醫師，免得金字招牌被您砸了！」多麼大的罪狀啊！也許是這段話產生了效力，與復健師討論並勤做復健，終於在家人抵達前，勉強可不用靠拐杖支撐行走。家人一行六人浩浩蕩蕩前來，為防他們看出端倪，總是刻意走在眾人之後，並避免爬坡、爬樓梯等吃力的動作，他們停留的十天也就這樣有驚無險地安然度過。在目送他們上飛機後，終於鬆了一口氣，因為，終於可以不用再演戲了！

沒想到翌日接獲友人來電：「我實在忍不住了！一定要告訴您一個秘密，雖然我答應您的家人要守密！妙益法師，您沒懷疑為什麼全家人會在非假期的時間來看您嗎？其實他們就是知道您腳受傷，特別請假來看您的！但他們不敢問，只有在背地裡要求我說真相及復原情況。」

經她一提醒，許多蛛絲馬跡一一浮現。莫怪媽媽總在身後上下打量著我，有幾次還充滿淚光；莫怪姐姐們總是刻意放慢腳步，還會適時地拉我一把；莫怪當小外甥忘我地跳上我的雙膝時，他們全都張大嘴巴、異口同聲地喝叱阻止！

原來演戲的不只是我一個，我們全家也配合我這個導演，強忍心中的疑問、關愛，圓滿這齣戲碼！不知他們透過何種管道知道事情真相，又或者是彼此心連心……感謝他們不拆穿我的謊言、感謝他們排除萬難只為了看我是否安好……有太多的感謝！終於了解照顧自己不只是為了自己，也為了那許多關愛我的人！

我知道

斷腿事件後續發展，千萬別「無三不成禮」。

諸佛菩薩對我特別眷顧，但給我的考驗也從來沒少過。第二年，幾乎同一時間、同一地點，再次跌斷同一條腿。住持驚訝到說不出話來，只有一邊嘆息，一邊說：「妙益法師……這……這……」「住持，你真的不用再說了，連我自己對自己也要搖頭了」；另一師兄問：「你怎那麼fragile（易碎）！為了保護你不再受傷，下次出國時，我們在櫃檯多要幾張Fragile貼紙給你隨時備用好了。」還有人建議要為我及連續跌倒二次所在地舉行灑淨儀式，以免我及他人再次遭殃。

記得第一次跌倒時，從台灣至美國參訪的一位師兄剛好看到我拄著拐杖的慘狀，第二年同一時間，同樣也是他領團前來，當他再次看到同一景象時，嚇到雙手摀住口說：「不會吧！一年了，腿還沒好？」「師兄！不好意思！讓你受驚了，上次好了，這是第二次！」他喃喃自語道：「怎會有這種事！」後來，我最怕的則是「無三不成禮」這句話應驗！

6

15

三小時交接 飛去履新職

每次工作的轉換都是迅雷不及掩耳，有時甚至是跨洲的調派，但皆只有非常短暫的時間交接。當然，調職之前，都會民主地徵詢意願，而我們通常都會回以：「依教奉行！感謝常住給予學習機會！」一天，在作務時突然想到：新道場工程已近峻工階段，信眾們也以穩健的速度增加，階段性任務完成，該是要規劃下一步路該如何走了。會作如是想，主要是常住有個規矩：參與開山建寺的人，當寺已建設完成，就應該自動請辭，因為我們平時都諄諄提醒信眾要學習放下「我執」，而在開山過程中，因為對新道場盡心盡力付出，對道場及信眾都有著深厚的革命情感，為免自己也落入此窠臼，認為這是「我」建的道場、「我」度的信眾而放不下，所以有此規定。這對我們可說是一種保護，亦是一種提醒。

我喜歡調職，因為每一次的調動，就要學習去適應不同的風俗、不同的文化、不同的人，甚至於不同的語言。所謂滾石不生苔，我們就這樣被不斷地推向前，並從中得到滋養與成長。也正因為如此，對許多人事物的執著自然容易放下。而因為幾乎是三年一調，所以物品儘可能少，否則搬家就真成了極苦的差事，而對將離開的道場及信眾也能揮一揮衣袖，不帶走一片雲彩！只要曾經用心在當地付出過，足矣！

沒想到計畫趕不上變化，還沒來得及遞交調職表，就已接獲電話，希望我能應常住需要，再轉換個工作。當然先是尊重民意，詢問前往意願，我仍是說：「感謝常住給予學習機會，若認為我堪擔此任，定戮力以赴！」但因有幾次措手不及的經驗，隨即再問：「因為還要交接，不知有多少時間？」「你還有三小時！三小時後K法師會載你前往機場，機票也已在他那裡，因為剛好趁中國年有大型活動時幫你布達，讓大家馬上認識你，你也可藉活動熟悉當地重要各界人士及與信眾交流……」「三小時？」雖然我「家徒四壁」身無長物，但三小時說走就走，實在也有些強人所難啊！「那……那……我的行李……」「你先帶些隨身物品，待活動結束後，還可申請再回來慢慢整理啊！」心裡想：那就好！（但事實卻是因寺務繁忙，我再也沒機會回來打包，遺留的物品還是隔壁寮的師兄代為郵寄的！）這又是禪門的「直下承擔」！其實，不管答不答應，都得去！在佛門的訓練，讓我學會「接受」！

我知道

每一次的調職，我們都是悄悄地來，所以也悄悄地走，為的是不讓信徒過於動盪，同時也讓繼任者好做事，我們也一向恪遵此規定。

佛門裡有所謂的「善財五十三參」——善財童子在文殊菩薩教導下，歷盡波折險阻，走過千山萬水，參學五十三位善知識，包括比丘、比丘尼、長者、船師、童子、童女等，從參學中解決內心不明白的問題、釐清迷思，學習菩薩的慈心悲願與善巧方便。在我的雲水過程中，看到社會各種不同行業、各種不同學術、各種不同領域的人物；男女老少、中外皆有；有富可敵國者、有貧無立椎之地者；有德學兼備者、有滿口粗話者；有虔誠學佛者、有喝佛罵祖者；有出家的、有在家的……行行色色，從中與他們互相交流不同的生活經驗與體悟，這該算是現代的善財五十三參吧！

接下來，我又踏上另一階段的參學行程了。

16 關島，「關」在「島」上

關島，雖遺世而獨立於海角一隅，但又與遠東各大都市相距不遠。她的氣候如夏，島上如洗的晴空、蔚藍的海水、白色的沙灘、隨風搖曳的椰子樹，以及西班牙式的建築遺跡，將這片島嶼幻化成如詩般的風情畫。

這樣的關島，應該是令人期待、心生嚮往的，可是，我卻為她下了個註腳，那就是「關」在「島」上……何以致此？只因為一連串的被關經驗，令我不得不對關島產生愛恨交織的情結。先是接到常住派令從美國本土要調到關島，但卻只有不到三小時的時間交接及打包行李。帶著睜不開的雙眼趕搭一大早的班機經日本轉機到關島，二十餘小時的航程已夠令人疲憊不堪，雪上加霜的是，旅行社經辦人員的疏忽，竟沒為我訂素食，這一切的一切，都像是為此次的調派發出警訊！備受折磨的胃已提出嚴重抗議，咕嚕咕嚕聲不斷，只有不停告訴自己：「你實在吃得太飽了……」來自我催眠。但所謂無三不成禮，海關檢查時，簽證出了問題。咦！這不是還在美國的屬地嗎？為何需要簽證？一連串的問題還來不及釐清，移民官一句威嚴的命令——「馬上原機遣返」，令我腦子頓時一片空白，這時還真慶幸長途飛行的疲憊加上未進食，所以連裝也不用裝，當我虛弱地吐出：「我——真——的——沒——有——力——氣——再——坐——回——去——了——」時，移民官終於妥協，決定法外施恩，限我一個月內補辦所須文件即可。感激涕零的我至此方知：原來關島屬「特」區，所以連要進入也如此「特」別！

可是，災難沒有就此停止，雖知關島天災多，可是從未如此近身肉博過。上任的第七日，因是新職務須時間摸索，故忙到半夜一點還無法開大靜（睡覺），告訴自己要學習放下，明天……哦！不！應該是今天，一大早要早課，緊接著又是英文禪修、大悲懺，下午還有讀書會、義工講習會……哇！愈想愈可怕，還是趕快回寮歇息吧！

擠了牙膏，把牙刷放在齒間上下左右滑動著，腦子也隨著天馬行空起來：調到關島，一人得扛起所有責任，師兄弟送行時，戲稱：「島主，祝你弘法有成！」真不知該哭還該笑！現在佛教蓬勃發展，世界各地都渴望法師駐錫弘法，奈何出家的人數總是趕不上硬體的建設。以常住遍布五大洲的分別院來看，幸運地，一個國家可分到一位法師，但更多的是一個國家平均只搶到零點幾的人，所以得具備化身無數的本事，總謔稱他們是「地下總統」或「跨國企業家」。頭銜聽來赫赫，但其中的辛酸卻不足為外人道，被槍桿子抵著太陽穴、洗劫一空的事層出不窮，後來他們研究出一套自保之道：身上總裝著二個口袋的錢，一是保命用，因為大多數的歹徒是要錢不要命，錢去人就平安；另一則是回家的路費。還聽說有位師兄，被派至上有食人族的南太平洋島國，有一天，當地的頭頭來勢洶洶地帶著全族的人要求皈依，並一致擁戴他為新酋長，他差點就成了史上第一位「酋長法師」！本來還有點自憐自愛，想一想，比起這些地下總統、跨國企業家，或是酋長，我的境遇還不算差，就勇敢接受挑戰，安心做個島主吧！

拿起漱口杯，吞了幾口水，把滿嘴的泡沫都吐進水槽內，然後拈起毛巾，準備把殘留在嘴角的水珠擦拭乾淨。就在此時，突然口吐白沫，「奇怪，不是才漱口了嗎？這是什麼情形？」就在百思不得其解時，說時遲那時快，大地突然六變震動，「不會吧！九二一大地震餘悸猶存，怎麼在這裡又遇到這個威力也不容小覷的地震！原來剛才的口吐白沫，竟是警告，何時自己有了未卜先知的功能？也許這陣子精進修持有了點工夫……」在電光石火間，腦子竟然還能想到這許多事，莫怪佛教說「一念三千」。啪地一聲，寺裡寺外頓時漆黑一片，不費吹灰之力，就在枕邊摸到一把手電筒。忽然想到：前任住持說他在寺裡各明顯地方都會準備手電筒，還不時會去檢查電力是否充足。交接時因太多事情，所以也沒把這事放心上，此時此刻，還真是感謝他的細心。但是，另一方面，憂心卻又在心底悄悄升起，他為什麼都會如此做？該不會……。

餘震仍不停地撼動整棟建築物，忽然，警報器鈴聲大作，我又憶起信徒再再叮嚀因寺院四周無人煙，加上最近景氣不好，常有偷盜之事，所以最近才又加裝了好幾個機關。警鈴在原本萬籟俱寂的夜晚發出嘶吼，更顯得突兀刺耳，心被吵得慌，愈慌愈想不出控制機關的地方在哪？

手足無措的我，只好用土法煉鋼的方法，藉著手電筒的微弱燈光，巡視一個又一個的配電板。看到那錯綜複雜的線路，不禁開始後悔驕生慣養的我，總是不知人間疾苦，上回有位師兄好心要傳授簡單的水電維修，我還說：「拜託！我才用不著！」這下可真是自食惡果！每碰觸一個開關，因怕遭遇不測，我都雙手合十虔誠祈禱：「佛菩薩啊！請您賜給我神奇的力量吧！」巡遍寺院上下近二十個配電板，竟然在最後一個開關扳下時，淒厲的鈴聲才停歇。這讓我不得不佩服佛菩薩巧妙的安排與智慧，因為這一趟下來，讓桀驁不遜的我吃足了苦頭，也讓我了解了全寺電路配置。

忽然聽到潺潺流水聲，是下雨嗎？在微弱月光下，瞄到窗外地面並未打溼，「不妙，不會是水管爆裂了吧？」才解決個難題，災難又接踵而至，石綿天花板因支撐不了漏水的重量而崩塌，等到手忙腳亂將殘局略為收拾，天色已漸漸發白，而我則像個遊民般狼狽不堪。

接下來的艱困日子，本指望與信徒攜手度過，可是，就又那麼恰巧，就是那一天所有的中堅分子全都要去日本開會，只剩下人生地不熟的我獨撐大局。關島的酷熱，對照苦守心中寒窯的我，成了強烈對比，唯一值得驕傲的成就，大概就是我找到了僅須一瓶六百 C.C. 的礦泉水，就能解決二個禮拜一次剃頭大事的方法。人類，真是潛力無限。

好不容易才將七級大地震送走，關島另一名產「颱風」，又可能來狂叩好不容易才整頓好的寺院。地震已快讓我招架不住，這一吹應該更如同雪上加霜。可是信徒信誓旦旦地說：「安啦！颱風！關島人早就見怪不怪了！」但，不知怎地，就是忐忑不安。黑夜降臨，風雨愈來愈大，不敢偏安於寮房，以手肘作枕，沙發為床，就睡在辦公室內。突然一陣轟天巨響，重達幾十噸的鐘鼓樓竟被風搬移了數公尺，然後重創大門，接下來又是災難的開始。停電、漏水、淹水……再次搞得我灰頭土臉。過後數日，恢復送報時，方知這是關島史上第二強颱，沒想到接二連三的大事，都讓我「躬逢其盛」，而我這落難法師就此展開現代魯賓遜的日子。

關島的溼熱，加上沒水沒電，所有細菌及病毒伺機而動，悄悄進攻一個個體弱的人類。

連日為守護家園，吃不好、睡不好，理所當然成為覬覦的對象。短兵相接的結果，未受到妥善照顧的細胞馬上潰不成軍，兵敗如山倒，上吐下瀉，頭痛欲裂，信徒送我去島上唯一的公立醫院關島紀念醫院急救，情況已經夠悲慘了，沒想到他們接下來的真實語，更讓我欲哭無淚。「師父啊！雖然送您到醫院，可是別抱太大希望，通常急診進來的，很少用走的出去……」「你們的意思是用抬的……」「對啊！因為島上醫療不甚進步，加上原住民經濟也不佳，所以平均壽命只有五十來歲。」「那恕我冒昧請教，你們生病時也來這個醫院嗎？」「當然不！我們怎麼敢拿自己性命開玩笑！通常我們生病時有三種途徑，一是回台灣；二是回美國本土；三是送往夏威夷。」「哦！原來如此！」心中突然很小人地想到：你們不敢拿自己性命開玩笑，卻把我送到這裡來，那是拿我生命開玩笑囉！信徒講完，才驚覺失言，立即見風轉舵：「師父，放心啦！您吉人天相，又有佛菩薩庇佑，一定會逢凶化吉的啦！不過，您吐得如此嚴重，都已經有脫水現象，我們建議，如果機場重新開放，只要有班機，管它飛台灣、飛菲律賓、飛夏威夷還是洛杉磯，你就趕快離開關島，寺裡您毋須操心，我們會輪流值班直到您回來。」不知打哪來如富樓那為法忘軀的精神，我義正嚴辭地說道：「不！我絕對不會丟下你們及寺院而走！你們都還在這裡，我怎能棄大家而去，我要與大家一起並肩作戰、同體共生……」

講完之後，還真有點被自己嚇了一跳，這神似言情小說的對話，竟從我口中說了出來，雖然，這都是我的肺腑之言！不過，就像小說總能擄獲眾人的心，我的這番話，同樣奏效！信徒的眼眶汩汩流出眼淚：「師父，您們的宗教情操太令人感動，放心吧，我們會與您一起重建家園！」至此之後，英勇事蹟在小小的關島華人圈中口耳相傳著，而且不免再加油添醋一番，正所謂「帶東西給人會減少，帶話給人會增加」，真是時勢造「英雄」啊！後來，信眾的向心力更強了，免稅店的大老闆來幫忙搬桌椅，五星級 hotel 的經理搶著掃廁所等，果真是要成功就先得受苦受難！

但是，不爭氣的身體並沒有以立刻康復回報信眾的熱情，反而每況愈下，我又再次被關在島上了！因為進出關島各公私立醫院已成家常便飯，醫生們看到我的反應竟是：「You are here again？ Give me five！」而我只能無奈又無力地將手指略為向上抬一抬以示回應。一次，經過冗長等待，終於搶到一席急診室床位，可這位置卻是在人來人往的走道邊。斜對面的診間裡，送進一位拇指頭齊斷，血流如注的工人，醫生就在我的眼前一針針地逕自縫起來，淒厲的叫聲令我不寒而慄。在我正對面的那一間，情況更慘，傷者在多位醫生及護士簇擁下被推進去，連門也不關，躺著的我，無法得知傷患傷勢如何，只看到一坨又一坨吸飽了鮮血的紗布及棉花，不斷拋出，這情景嚇得所有急診室病人的臉一陣青一陣白。一時之間，不禁懷疑置身何處！後來，告訴自己既來之則安之，但護士們卻不讓我安穩，另一病患同樣被緊急送來，而我卻遭池魚之殃，「Ouch！That hurts！」因受強力推擠而岔開的點滴管線，令我痛到不由自主地喊了出來，而護士卻只冷冷撂下一句狠話：「誰叫你擋在這裡？」天知道我為什麼會在這裡？不是院裡的人把我「棄置」在此嗎？從入院開始，十二小時已然過去，可卻像是無窮盡的等待，除了點滴，沒有任何的治療，在差點放棄之時，才終於盼到醫生有空來看看我。

連續半個月的嘔吐、頭痛欲裂、眩暈、脫水……讓我如同墜入無間地獄。常是痛到氣若游絲，體力不支昏過去，卻又馬上因痛而醒覺。剛吐完，噁心的感覺隨即又浮現，反反覆覆，吐到膽汁亦釋出，真是「苦」不堪言！這一次，所有的折磨，如我所預料的接踵而至，連躺著都變成一件吃力的事，跑遍所有大小醫院與診所，答案仍是如出一轍「查不出原因」，每個醫生都為我開了藥、每個醫生都緊急地為我施予醫療措施，但每個醫生都只是說：「I hope that will help……」高達十五種的藥品，真的無法想像到了體內是一番什麼景象啊？每個醫生都囑咐：「吃不下？還是要吃，寧可吃了再吐出來。」說得倒輕鬆啊！我也已無力答辯，但知道，只要念念心繫眾生，必蒙佛菩薩加被。於是，一聲聲的佛號自然湧現，陪我度過病榻上之時光。

身體在關島各大醫師及蒙古大夫（許多人都提供了祖傳秘方）會診中漸有起色，但是，問題又來了。我們這幸福的一代，幾乎沒有嘗過巧婦難為無米之炊的滋味，去向鄰居賒鹽賒醬油的窘境更是天方夜譚！在關島，卻差點厚著臉皮向信徒托鉢，這是怎樣的情形呢？話說剛抵關島的第一天，信徒怕我沒飯吃，好心地問：「師父，您喜歡吃些什麼，我們順便幫您送來，省得您一個人還要買菜、洗菜……」向來不喜歡麻煩他人的我答曰：「我吃得很簡單，只要隨便燙個青菜就是一餐。」「師父，你還真是識貨！在關島，就屬青菜最貴了……」尷尬還留在我的臉上，他們繼續說道：「關島所有的青菜蔬果都從日本運來，每週僅有二班，每次新鮮貨到，我們就會去搶購，慢了有些食材可就沒有囉！」日本的高物價是出了名的，再加上運費，難怪幾口菠菜可能就要台幣百元以上，真是令人咋舌！

這次連續的天災，機場關閉多日，物資根本無法進到島內，超級市場的菜葉已奄奄一息，乾糧也被搬個精光，而因沒電沒水，寺裡一向引以為豪的超大冰箱，裡面所有存糧早已腐敗，真的體會到何謂「彈盡援絕」！所幸，儲藏室內還有玉米筍、玉米等罐頭，雖然都已過期，但此刻我是多麼的感謝它們。這又是菩薩加被另一樁，本來之前整理倉庫時，想把全部過期食品出清，後來不知何事耽擱，讓它們得以倖存，想不到現竟成了我賴以為生的依靠。雖知千百種美味，不過也是經三寸舌根而已，可是愈是得不到的愈想要，每天都巴望有善心人士送來「禮物」，不過，當然是事與願違，因為信徒們也留著保命用，這讓我對「求不得苦」又有了另一層的體悟。

此外，油料也是個大問題，各加油站因無後援早已歇業，看看油箱只剩下三分之一的油，告誡自己萬不得以絕不可擅動，因為這可是我的最後一張王牌，到時逃命可全要靠它。所以，又被迫足不出戶，再一次心不甘情不願地被關。

您相信嗎？在環島連二小時都不用的情況下，直到調離關島，我卻連一次也沒有機會一覽全島風光。因為，有重要人士來訪，我必須親自接待；有大型活動，我必須坐鎮指揮；甚至有各地信徒前來參訪，我仍舊無機會陪同，只因我這個島主，連要帶他們去哪裡玩都不知道，所以理所當然就得顧家。對「島主」這個稱號，真是受之有愧，因為自己的「領土」都未曾踏遍！

我知道

GUAM，不知哪位仁兄如此貼切地翻譯成「關島」，真的嘗盡了被「關」在「島」上的滋味。

後來，一年「刑期」期滿，再調至充滿陽光的加州，但卻仍然懷念那段誤打誤撞的閉關歲月。因為，那證明我這株在溫室裡長大的花朵，也能經得起風霜雨打。禪門裡有謂：「不破參，不閉關；不開悟，不住山。」修行要先福慧資糧具足，才夠得上資格閉關，沒想到初出茅廬的我，竟有如此的幸運！這讓我得以從中養深積厚，累積日後弘法利生的資糧。

與我有著革命情感的大家，感謝您們的「護關」成就，他日且看我千錘百鍊出深山！

7 我與家人

學佛並沒有辦法改變事實，
卻能改變我們的心，讓心的力量提升，
從而讓我們有勇氣、有智慧去面對、
去克服、去超越，然後提升。

通過了「關島」這個關卡，但家人面對他們的一些關卡似乎無法突破。我雖已出家，也許不該再插手這些事。但其他眾生都用心接引了，難道對於自己血濃於水的家人，不該拉一把嗎？

出家時，家人要我都別擔心他們，儘管好好放心地弘法利生。這些年來，他們一直信守此諾言，就算發生事情，不是不讓我知道，就是圓滿解決後，才稍稍透露，讓我無後顧之憂！對於他們的護持，除了感激仍是感激。幾乎都在海外的我，也常是遠水救不了近火，真是無以為報，也只有在因緣具足時，盡一份為人子的孝心及為人妹、為人姐的關心吧！

01

千千結一一解

最愛見到端坐寺院前笑口常開的彌勒菩薩，圓滾滾的大肚子，令人愛不釋手，所以祂坦露的肚皮總是被摸得光亮亮的。矗立兩旁梁柱上的對聯：「大肚能容，了卻人間多少事；滿腔歡喜，笑開天下古今愁。」為祂做了最佳詮釋，莫怪人人見到彌勒菩薩都皆大歡喜！

據說此造型起源於五代時期的布袋和尚，相傳是彌勒菩薩的化身，他常坦腹，手執布袋，禪機幽默，所以有「布袋和尚」之稱號。他到處行化，留下許多應機度化世人的偈語，其中大家耳熟能詳的「忍耐偈」云：

老拙穿衲襖，淡飯腹中飽；補破好遮寒，萬事隨緣了。
有人罵老拙，老拙自說好；有人打老拙，老拙自睡倒。
涕唾在面上，隨他自乾了；我也省力氣，他也無煩惱。

但要做到有人辱我、罵我、欺我、謗我、笑我、輕我、賤我、騙我、惡我，還能夠忍他、由他、耐他、讓他、不理他，如此之境界，該是相當不容易吧！

總喜歡在早晚課誦時，仰望大雄寶殿正中央的三寶佛，每望就感到慚愧萬分，祂們為何面對千千萬萬、形形色色的膜拜者，始終能夠掛著慈悲的笑容呢？佛陀那自覺、覺他、覺行圓滿的偉大情操實在太遙不可及了！因此，我選擇了相對而言比較容易的二尊活菩薩——爸、媽，做為我師法的對象。他們的待人以誠、寬宏大量及凡事不計較等價值觀，在在影響到我的做人處世。我想，若能達到爸媽的境界，離成佛應該已不遠，這就是太虛大師所說的「人成即佛成」吧！

但，兩次特別的因緣，與爸媽深談後，竟然發現爸媽也有非常放不下的「人」與「事」。曾經，我以一則禪宗公案，試圖解開他倆的心結，我以極平和的語氣娓娓道來：日本高僧一休禪師一次帶著徒弟外出弘法，途中遇到山洪，沖毀橋梁。一位貌美的小姐，焦急地在河岸邊踱來踱去。

一休禪師上前問道：「妳有急事到對岸去嗎？」

小姐回答說：「我要到對岸探望病危的母親，但橋梁給洪水沖毀，我不知道怎麼辦才好？」

一休禪師想了一下說：「我就背妳過河吧！」

隨行的徒弟，心中起疑。日子一天天過去，徒弟始終放不下「師父背女人」的心結。終於有一天向一休禪師請示：「師父，您平日教導我們要遠離美色，那天您看到美麗的小姐，卻歡喜地背她過河！」

一休禪師聽完，在桌子上用力一拍：「哎呀！你實在太辛苦了！我背女人，過河就放下了，你為什麼將那個女人背在心上，背了這麼久？」

順著語尾，我對他倆說道：「爸、媽，你們何苦如此折騰自己，還不趕快『放下』啊！」一向明理的爸媽，這會兒可讓我見識到他們的牛脾氣。說得我口沫橫飛，不依就是不依，都不像我平日開示時，台下的信眾常是報以熱烈掌聲及會心微笑，十足讚許與支持。唉，真是「近廟欺神」啊！平日不少人稱讚我舌燦蓮花，但對自己最親的爸媽，卻一點都使不上力，真令我有挫敗感。

多次努力都鎩羽而歸，我才體會到：每個人的心中，或多或少都有難解的結。也許，這些結在他人眼中不值一提，但對當事人卻是如此這般沉重。因為那是「我」的事；那刺到「我」的痛處，也因此，「我」痛苦、「我」在乎、「我」放不下。本想爸媽心中那糾葛不清、隱匿許久的心結，恐怕是難以解套了。也許這結將成為他們一輩子的遺憾。但是，事情有了戲劇性的變化，沒想過，我的出家身分，竟巧妙化解了存在他倆心中的結。

「別人都說童年最好，那是有美好的童年才值得回憶，如果是像我那樣的童年，還不如不回憶得好！」媽一向陽光樂觀，連爸買股票慘跌，也是輕描淡寫以「該是你的跑不掉，不該你的也強求不來」帶過；打電話回家問安，耳中傳來的盡是爽朗的笑聲，讓我總是像吃了定心丸般地放心。每每掛電話時，媽就會說等一下，然後狀似神秘、嗤嗤地笑說要跟我分享她努力收集來的「冷」笑話，諸如：「熊貓深愛著小鹿，表達愛意時卻遭到拒絕，你知道為什麼？」不等我回答，媽會強抑著笑搶著說：「因為小鹿的媽說了，戴墨鏡的都是不良少年。」「好不好笑？好不好笑？」總會回答：「好笑好笑」的我，之所以笑，並非因為笑話好笑，而是感動媽媽想要帶給相隔萬里以外出家女兒歡樂的用心與赤子之心！她總是身體力行並諄諄告誡「吃虧就是占便宜」、「凡事往好處想」……因此我總愛打趣說：「像您如此看得開，真怕您會活到一百二十歲，如果是這樣，恕女兒無法隨侍在側，因為我恐怕無法撐到那時候……」而媽老是瞇著眼笑答：「一百二十歲！那不成了老妖怪！」

如此的媽媽，竟會吐出這樣悲情的話語！心中充滿無數問號？一直以為，和媽有如無所不談的密友，現在，我才發現，原來自己並不是那麼了解她。那一天，冬日暖陽釋出溫煦的熱度，照得人心裡暖洋洋的。媽媽邊吃著香味濃郁的紐約起士蛋糕，邊啜飲著拿鐵咖啡，在那樣令人不知不覺便會卸下心防的美好午後，禁不住我一再地請求，媽媽終於將背在身上半個世紀的重擔慢慢卸下，一字字地吐露真言。

「本來以為有兩個阿母，會得到比別人雙倍或更多的幸福，但事實卻是不堪回首！」媽媽對童年所下的註解，竟是這四字！從小，就發現我們家跟別人有些許不同，因為，我有兩個外婆，全家習以他們居住的區域來劃分，一個叫「東門」阿嬤，是媽媽的親生母親；一個叫「上塔悠」阿嬤，是媽媽的養母。

「生了滿里之後，那ㄟ攏冇乳，擱安耐下去，伊就會夭死啊！卡緊去找一個乳母……」東門阿嬤氣急敗壞地如此交代阿公。所幸，他們在熙來攘往的東門市場，擁有多家店面，人面廣又經濟無虞，很快地透過賣菜的阿福伯介紹，找到了一住在上塔悠，孩子甫生下來就夭折的婦女願意提供奶水——她，後來成為媽媽的養母！乳母奶水充足，孩子一躺在她的懷裡，馬上就不哭不鬧，東門阿嬤長噓了一口氣：「好家在，真是佛祖保庇……」慶幸著找到有緣人，心上一塊石頭總算落下！隨著生意愈做愈大，店面不斷擴充，阿公、阿嬤愈感分身乏術，最後索性就讓媽媽住在上塔悠，以專心經營事業。直到媽媽三足歲，店裡增聘許多人手，運作也上了軌道，東門阿嬤這才盤算著是該把媽媽接回家了！

「感恩您多年的照顧，我們家滿里多虧妳，才能這樣白白胖胖。」阿嬤親自登門道謝，還不忘塞給對方一個扎扎實實的大紅包！正準備要牽著媽媽的手回家時，沒想到媽媽竟嚎啕大哭起來，扮鬼臉、給糖吃都宣告無效，只有在乳母的哄騙之下，才慢慢止啼，親睹這一幕，一向強勢又心急的阿嬤，立刻腦羞成怒，自己親生的女兒，竟然不識好歹，讓她如此難堪！丟不起這個臉的阿嬤，回到東門後，氣得火冒三丈，對著阿公大聲喊話：「既然滿里這麼喜歡跟著乳母，就隨她去，嘎伊送人好了……」她忘了，僅三歲的媽媽只是需要一點時間熟悉，在旁的阿公噤若寒蟬，他知道，以阿嬤的性子，這事是沒有轉圜的餘地了。

此一氣頭上的決定，讓媽媽一生命運隨之改變！原本應是富貴人家的掌上明珠，卻戲劇性地成為悲情的養女，原本應該擁有母親與乳母的愛，卻在此刻兩頭落空！在那時代，似乎只有家境不好，才會把自己的孩子拱手讓人，可他們是大戶人家啊！但媽媽竟這樣被親生母親遺棄！乳母勉為其難地接受，除了一筆夠過上幾年好日子的錢，心裡還打著就讓媽媽當童養媳的算盤！（所幸，後來媽媽遇上爸爸，才得以從童養媳的宿命中超脫。）

正當別人還躺在溫暖的被窩裡，媽媽就硬生生地被上塔悠阿嬤拖起身，摸著黑、打著哆嗦去攪拌豬食，等著伺候那一隻隻嗷嗷待哺的豬隻。之後，小小年紀還得拖著又長又重的水管清洗豬舍，有時一個不小心，來不及閃躲如洪流奔瀉的豬屎豬尿，立刻被濺得全身都是，搞得灰頭土臉、臭氣沖天！剛與豬隻打了一場混戰，還沒來得及喘口氣，那頭在掘土的阿嬤，又在急急催促：「想偷懶嗎？還不趕快來捉蚯蚓！」最怕軟趴趴爬蟲類的母親，看到蚯蚓那蠕動的身軀，胃部一陣翻攪，手趕緊摀住口，怕酸水溢出。阿嬤卻視若無睹，反而疾言厲色說道：「還在摸什麼魚？鴨子正等著吃呢！」不敢用手直接碰觸蚯蚓的媽媽，趕緊找了二根樹枝，別過頭去慢慢地夾，但馬上又遭到一陣冷嘲熱諷：「不是千金的命，就不要裝什麼高貴……」每日總要捱到最後一刻，幾乎趕不及上學時，才得到「恩准」放下工作！

愛漂亮的媽媽，上學之後，從來沒有穿過一件制服以外的衣服，只能眼巴巴地望著其他受父母百般呵護的同年齡小女孩，然後在心中編織著那不可能的美夢。（也許是補償作用吧！現今生活已相當優渥的媽媽，最大的嗜好之一就是買衣服，雖然一套買下來總是所費不貲，但我們仍從未阻止她，因為若此能彌補一些遺憾，也就值得了。）

五年後的重逢

轉眼又是農曆新年，東門阿嬤在闊別五年後，第一次提出要見媽媽。八歲的她膽顫心驚地向養母伸手要了公車錢，從上塔悠站懷著興奮的心情，準備搭公車到東門市場向親生父母拜年。一路上，幻想著許久未見的爸媽，一定準備好了壓歲錢、美麗的洋裝和吃不完的糖果等著，想得心裡都甜滋滋的，臉也因異常興奮，不知不覺得漲紅了起來！下了公車，二隻瘦小的腳不由自主像彈簧般，一蹦一跳地跳向前，等不及想趕緊撲在父母的懷抱裡。踮起腳尖按了那略顯太高的電鈴，隨著叮咚一聲，心情緊張到極點，看著門的鎖頭慢慢地轉動著，真是百味雜陳！迎面而來，一片歡欣景象，上至大阿姨，下至小舅，每個人都穿新衣、戴新帽，好不熱鬧！媽媽歡喜之餘，心中不自覺地閃過一絲絲的自卑，因為，她身上著的仍是那一百零一套的卡其制服。不過，那一點點的自卑，很快就被更大的期待蓋過了……「反正，等一下，他們有的，我也一定會有！」

隨著回養父母家的時間一步步逼近，媽媽的眼睛也跟著不停搜尋著：我的禮物到底放在哪裡？雖遍尋不著，但小小的心靈仍期待著：大家真能沉得住氣，為了想給我一個驚喜，竟如此保密到家！

是該告別的時候了，「阿母，我要回去了……」媽媽囁嚅地說著，心裡仍存一線希望，「嗯……滿里，有錢坐公車回去吧！」媽低著頭看著地板，輕聲地回應了「嗯」的一聲。「那好吧！趕快回去，天黑了！」此時，滿是尷尬與委屈的媽媽，顧不得阿姨、舅舅們的異樣眼光，伴著奪眶而出的眼淚衝向公車站，所有夢想徹底幻滅！直挺挺地站在公車上，彷彿失了魂似地，無法了解那個如此冷淡無情的人，真的是親生母親嗎？「為什麼要如此對待我！其他姐姐都穿上新衣了，難道阿母沒看見我還是穿著舊制服嗎？我不敢奢求新衣服，但為什麼連姐姐穿舊的、不要的，都捨不得給我……」

但，遭受如此巨大打擊的媽媽，還是得強打起精神，因為下一個風暴正等著撲向她！果不其然，當看到只帶回兩串蕉，連個「等路（禮物）」影兒都不見的媽媽，上塔悠阿嬤氣得用拇指及食指，一次比一次更用力擰著媽媽手臂上的肉，還不忘大罵「賠錢貨！賠錢貨！」

愈來愈緊的心結

此後十年間，媽媽一樣會去拜年，但心中已不抱任何希望。不過，這也許是件好事，至少當外婆在臨別時那如出一轍的告別詞語「嗯……有錢坐公車回去吧！」一出時，媽媽會冷靜回應，不再奪門而出！只是，媽媽與東門阿嬤的心結卻纏繞得更緊更緊了！

後來，當爸爸投資房地產的事業日益發達，媽媽回東門的次數也就相對地多了起來！記憶中，回去之前，媽總是要大肆採購一番，各種進口珍品、營養品擠滿爸爸 BMW 的整個後車箱。只是，炫耀的動機總大過探親之用意，連小小年紀的我，都可感受那道難以跨越的鴻溝。那種不自在、坐立難安的感覺，讓我總是輕拉父母的衣角，頻頻詢問：「什麼時候才要回家？」

如此相敬如「冰」多年，雖然不是挺滿意，卻總還是差強人意！直到這一如火山爆發的事件發生，讓阿嬤與媽媽之間的裂痕，幾乎已沒有再修補的可能！這都是肇因於阿公往生這件大事，媽竟然是在七七之後，才由小時候的玩伴口中得知噩耗，連不怎麼相干的人都收到通知，她這血濃於水的親女兒，竟沒能送自己的爸爸最後一程！此讓媽媽更下定決心，就當從來沒有這個阿母過！

一線曙光

事情直到阿嬤從二阿姨處知道我的出家，才有了轉機！已高齡九十歲的她，也許對日益逼近的死亡有著莫名的恐懼，只有在看到出家法師時，才能稍微紓解那緊繃的憂慮，所以打電話央求媽媽，一定要帶我去給她看看，並且說：「這是她唯一的願望！」恰好我將從美國回台灣開會，於是媽媽打電話問我：「東門阿嬤想看妳，去或不去，由妳自己決定！」身為法師，就像是 7-11 般，連不認識的人，都無分日夜的給予幫助，更何況她是我的阿嬤，而且是已經九十歲的阿嬤！這次不看，下次不知還有沒有機會了！於是，未加思索，馬上回媽一句：「當然去！」

在媽的陪伴下，來到印象已模糊的東門阿嬤家。前來應門的阿姨，一看到我，終於鬆了口氣：「師父，你總算來了！你阿嬤昨天知道你要來，就一直叨念個不停，念時間怎麼過得這樣慢。整整一天，高興得都沒闔過眼……」對於阿嬤前所未有過的「厚愛」，一種近鄉情怯的尷尬迅速在臉上漫延著，畢竟，有十多年未見了。往屋內走去，看到阿嬤整個人縮在沙發裡，不斷向我招手：「乖孫啊！我的乖孫啊！趕快來給阿嬤看看……」從那一刻起，她就緊抓著我的手不放，直到離開。端詳著阿嬤，有幾秒的時間，我懷疑她會不會是冒充的，因為記憶中的阿嬤，一向都著高腰開叉的旗袍，滿身貴氣，眼神犀利，背也總是直挺挺的，跟眼前這位瘦小、和藹慈祥的長者，有一點連結不起來的感覺。是我的記憶力太差？亦或是阿嬤年紀真的太老了？不過我的疑慮在所有的阿姨及舅舅進來問安，都喊眼前的「她」為「阿母」時，馬上就煙消雲散了。而說也奇怪，媽媽與阿嬤之間冰凍已久的關係，好像因有我這個超人氣的「熱力放送站」，橫在她倆中間的冰山，也一點一滴漸漸溶解。

寒暄了一會兒，阿嬤打發阿姨、表姐眾人去張羅午餐，然後像是早有準備似地，趁四下無人，那未握緊我的另一隻手，奮力穿過層層的衣服，摸呀摸的，終於取得看似藏身已久的一袋物品。裡面其一是滿到快要把袋子撐破的紅包，說是要供養師父；另外，則是她最鍾愛、最珍貴的一只鑽石戒指。當阿嬤將戒指緩緩套在媽媽手上，然後說：「過去阿母做了太多對不起妳的事，請妳一定要原諒阿母！今日，我要把我最好的留給妳！」那一剎那，我感到阿嬤好像完成一件大事般舒暢，而媽媽則笑得好燦爛！最後我只象徵性地將紅包袋收下，並且將手上戴的一串念珠順手脫下，親自為阿嬤掛上，然後撥著珠子，叮囑阿嬤：「要像我這樣子念佛喔！」當時阿嬤向大家頻頻炫耀：「這是我的乖孫送我的……」那喜不自勝的滿足表情常縈繞在我的腦海，而那臨行前再次交代：「記得，一定要多念佛啊！」就成了我跟阿嬤說的最後一句話！

了無遺憾

回美後隔天，媽媽打電話告知：阿嬤被緊急送往台大醫院了。過沒幾天，說是昏迷又腎衰竭，醫生說年紀太大，體力可能無法負荷洗腎，這無異宣告回天乏術。我無法想像數天前才與阿嬤有說有笑，但其健康卻是如此急轉直下。唯一能為阿嬤做的，只有一心稱念阿彌陀佛的聖號、禮拜阿彌陀佛的金容，祈求阿嬤能心無顛倒，正念分明，得蒙諸佛菩薩聖眾，手持金台，放光接引。最後，在蓮友的佛號聲中，阿嬤安詳往生。令人堪慰的是，從急診至阿嬤往生這一段時日，媽媽都隨侍在側，而纏了一輩子的結在最後及時解開，媽媽與阿嬤真的都了無遺憾。

父親

「成仔，今晚這窯是關鍵時刻，你可要好好看著……」身為東南亞最大琉璃瓦廠的廠長，在我的印象中，阿爸晚上到工廠值夜班是家常便飯，因為琉璃瓦燒製時間的長短與溫度控制都是成敗之關鍵，一點都馬虎不得。阿爸的「管區」還不只如此，員工切割模型時，不小心切斷手指，爸又得趕緊用他的黑頭轎車火速送他們去醫院，即使鮮血濺得車上都是，也不以為意，直說救人要緊！而員工與員工之間，員工與家人之間發生大大小小的磨擦，也都請爸來當和事佬！在那鄉下地區，絕大多數的鄉民都靠著琉璃瓦廠維生，而擔任一廠之長又熱心助人的爸爸，就成了大家馬首是瞻的對象！那「急公好義」、「造福鄉梓」的獎牌、匾額，占據了家中桌上及牆上大片的位置，全是員工及鄉民送的。可以說只要爸出面，沒有擺不平的事，而身為子女的我們，也得阿爸之庇蔭，上上下下員工都對我們愛護有加！

以廠為家

爸爸以廠為家，盡心盡力，甚至於幾個小孩出生，他人都在國外出差，沒能陪伴在媽的旁邊！聽媽媽說生我的時候，發生血崩，隔壁的乾姑姑，嚇得花容失色，回到村裡叫喊著：「誰是AB型的血，趕快救人啊，滿里需要大量輸血啊！」後來在捐血量不足的情況下，媽媽只有把流出的血，硬生生地再從口中吞下。而背負三代單傳壓力的爸爸，盼呀盼的，好不容易終於等到男丁報到，其時遠在日本洽公的爸爸，卻還是沒能第一個迎接三更半夜臨盆的弟弟，這次又是勞煩乾姑丈護送媽去醫院，但即便這樣，爸仍是無怨無悔！因為能與工廠一同成長，所以每天都充滿了希望，一點都不引以為苦！

是在阿爸擔任廠長的第八年吧！為擴充廠房規模以因應應接不暇的訂單，董事會決定斥資從日本進口一組機器。原本以為馬上可救燃眉之急，沒想到日本公司貨到後才言明：此機器複雜度高，因此非得特別請日本工程師來台組裝不可。算算來回機票及工資，竟達百萬元之譜！這在三十多年前，可是一筆令人咋舌的數字啊！但爸爸卻憑著天賦異秉與努力，看著說明書，不厭其煩一試再試，最後在無技術士的指導下，竟然完成 Misssion Impossible，替公司省了這一大筆開銷。

後來廠裡又在外國客戶要求下，指定燒製一款瓦片，其弧度與釉彩難度之高，在當時台灣所有的琉璃瓦廠中，燒製此種瓦幾乎是絕無可能，但阿爸仍舊憑藉著堅忍不拔的毅力與不惜向研究生屈尊就教的精神，硬是燒出令人歎為觀止的琉璃瓦。當對方露出滿意的笑容，阿爸才終於如釋重負，得以在餐桌上享受一頓豐盛晚餐，在柔軟舒適的床鋪上睡上一夜好覺！那次出窯的第一片琉璃瓦，現還被阿爸珍藏著，準備做為傳家寶，可見爸對這個作品多麼自豪！

除了在工作上的過人表現，爸爸的文武雙全也讓廠裡上下津津樂道。閒暇時，阿爸會畫油畫掛在工廠內的長廊與眾共享；會輪番彈奏古箏、吉他、鋼琴、揚琴、吹口琴等七、八種樂器與員工同樂。也因此，在員工的心目中，阿爸就如大家長，有事找他商量；沒錢找他想辦法，勞資雙方一片和氣。阿爸總想：五嬸婆以一介女子，在五叔公英年早逝的當頭，一肩挑起管理龐大公司的重責大任，雖頗有睥睨群雄的氣勢，但壓力不可謂不大，若能夠幫忙多承擔一些，就擔當下來吧！況且，年少就失怙、失恃的爸爸，可也是把五嬸婆當作長輩在孝順著呢！

刻意嫁禍

但阿爸的一片赤誠之心，卻在一場刻意的嫁禍中，被摧毀殆盡！爸爸擔任廠長十一年的期間，贏得全體一致擁戴，五嬸婆對爸也是讚賞有加！那一次，工廠為趕一批貨，所有員工嚴陣以待，廠裡日夜燈火通明，爸爸更是三天三夜未曾闔眼，正值分秒必爭之際，最重要的一組機器竟無預警地突然故障，無法運轉。員工們竊竊私語討論著：「不知是誰如此夭壽，做這種缺德事，這下子，公司準虧大了……」司機阿華藉著載五嬸婆出出入入之便，乘機不停在五嬸婆旁嚼舌根，說是阿爸有二心，翅膀硬了，就想飛出去自行籌組公司，所以用此招數讓工廠虧損等等，五嬸婆受到阿華的蠱惑，在未查明事情真相前，一口咬定是阿爸搞鬼，把工廠視為比自己家還重要的爸，面對有心人的汙衊，只有無言，因為他不是不知道，阿華覬覦廠長這個位置，已不是一天、兩天的事了！

另謀出路

「為工廠如此盡心盡力，到頭來卻被說得如此不堪！做到這樣，卻連『信任』二字都得不到，那留在這還有什麼意思！」雖然在媽一句句「人在做，天在看」、「一切自有因果」好言勸阻下，爸怒氣漸歇，風波稍稍平息，但那疙瘩卻是怎麼也抹不平了。過後不久，住在台北的三姑丈找阿爸合夥投資成立建設公司，心灰意冷的阿爸想也不想，一口就應允。於是，我們舉家遷至台北，展開新生活。雖然眼不見為淨，你走你的獨木橋，我走我的陽關道，看似平靜無波，暗地裡卻也是波濤洶湧！爸總在酒後吐真言，對被誤會之事，仍是耿耿於懷，雖然阿爸常說我們的治家格言是「吃虧就是占便宜」，但是我知道這件事是他生命中最沉重之痛。

再度相會

搬到台北之後，五嬸婆好像從此由我們的生命中消失，再也沒見過面。只有輾轉聽說，五嬸婆日漸老邁，事業交棒給了叔叔，氣燄不再高張，也開始潛心學佛了。多年不相往來的兩家人，在知道我出家後有了轉機。五嬸婆竟主動打電話示好：「成仔，聽說你最小的女兒出家，這是我們家祖先有保庇，你也帶來給我看看……」

「阿嬸，他現在都在美國，要回來一趟沒這麼簡單……」爸敷衍地回應著。

「安奈喔……哪係逗轉來，一定要來厝裡坐，要記得啊！」

八個月後的初秋，我回到了台灣，爸媽帶著我去拜訪五嬸婆。

尋尋覓覓多時，終於按圖索驥來到嬸婆位於山上的豪宅。只見車庫外，應該是司機先生吧，正奮力擦拭著嶄新的賓士車。

「先生，請問五嬸住在這裡嗎？」

「是是，請問您哪裡找……」

就在此時，聽到外面嘈雜聲響的嬸婆，趕緊飛奔出來，招呼我們進去！正當雙腳要踏入車庫門之時，「等一下，不要進來！」五嬸婆提高音量喊著。此話一出，受到驚嚇的我愣在原地，心想五嬸婆可能老毛病又犯，又想給我們難堪了！腦中還兀自轉著早知道就不要來自取其辱的念頭，只見五嬸婆反往屋內，向叔叔們吆喝著：「怎麼可以讓師父走後門，快！快！快去打開大門，全部人都要在門口迎接……」

在菲傭的帶領下，一步步向挑高氣派的大門邁進，甫一踏入，嬸婆與所有叔叔全匍匐在地，以三跪九叩之禮迎接我這後生晚輩！受寵若驚的我，不知所措地急著要攙扶嬸婆起來，嬸婆卻說：「不行，你出家了，是師父了，我們本應以此禮相待！」

接著五嬸婆以前所未見的柔軟身段，向我討教許多佛法上的問題，也許我的回答還算令他滿意，他不停轉向阿爸，頻頻讚歎：「成仔，你真是有福報，有個這樣出家的女兒……」更重要的是，嬸婆竟主動挑起大家都不太敢碰觸的話題——那烙在阿爸身上深深的傷痕……。

「成仔，那一次是我誤會你了，看在師父的面子上，你可不可以原諒我這個老人家……」

「那一次」爸和五嬸婆都心照不宣，儘管只用個代名詞，二人卻都明明白白、清清楚楚指的是哪一件事。爸輕呼了一口氣，總算還個清白了！在眼神交會，雙方抱以微笑的同時，不用多言，好似一笑泯千仇，籠罩多年的誤會就此煙消雲散了！

後來，嬸婆知道我即將轉往日本開會，馬上返回房間，從紅木五斗櫃中將她所有的日幣捧出，說是要給我零花，一再婉拒未果，嬸婆說：「師父你再不接受這份心意，我就跪下來！」我只有在半推半就下接受這份供養，臨去前，她還不停在門口揮舞著雙手，交代著：「一定要再來啊！一定要再來啊！」

回程的路上，阿爸萬分感慨：「沒想到，你嬸婆變了，變得這麼多！以前種種，從今天起煞煞去（一切都算了）。」

02

老爸的眼淚

目送父親離去，倏忽驚覺：爸爸真的老了！印象中，爸爸自然顯發的帥氣與穿起西裝的英姿，一向令我引以為傲；左鄰右舍、親朋好友對爸的稱讚，讓我連走起路來都趾高氣揚。但今日突如其來的造訪，繼而失聲哭泣，讓自認定力功夫算深的我，竟也手足無措起來。第一次，「老淚縱橫」這名詞，從紙上一躍而出，活生生矗立在眼前！腦中思緒紛雜：發生了什麼事？從小到大未曾見他流過一滴眼淚，聽媽媽說過，爸爸少年失怙，一手包辦後事，肩扛全家重擔，也從未喊過一聲苦。堅實寬厚的臂膀，一直是全家的避風港，但眼前的他，是如此脆弱。此時，我才恍然夢醒，原來，爸爸也需要安慰！

搜索枯腸不得結果，聽著爸爸斷斷續續說：「師父，爸爸對不起你，沒有給你一個好的身體，讓你受苦了！」此時，我之前偽裝的堅強，已然潰堤，眼淚禁不住奪眶而出：「爸，怎麼說這種話？這又不是您的錯！況且，事情沒有絕對的好或壞，若非此病，我仍然任性拔扈，不知如何體諒他人……」「如果能夠，爸願為您受一切苦，我太沒用……」彼此心中百感交集，父女倆竟抱頭痛哭。

看著「老爸」蹣跚地漸行漸遠，心中默禱：爸爸呀！辛苦了大半輩子，該休息了！已出家的我雖不能承歡膝下，連最基本的甘旨供養都談不上，但剃度時，您語重心長：「師父啊！要好好作個出家人……」的話語，我會謹記在心，恪守本分，好好弘法利生，這是出家女兒對您的承諾！

後來打了電話給媽媽，詢問爸爸今日的反常從何而來？媽嘆了口氣說道：近日受金融風暴影響，你爸辛苦大半輩子累積的許多財富，一下子就消失於無形，所以情緒很低落。他不是為自己，而是想到本來要留給孩子的這些錢，就這樣說沒有就沒有了，他非常自責。哎！正值低潮時，總會胡思亂想，一會想到你，擔心你的身體，然後又將責任攬在自己身上，怪自己讓你受苦了。

爸就是太有責任感了，我決定寫一封信給爸爸，希望他能走出這場風暴。

爸爸：

聽媽媽說您最近為股票狂跌、房地產不景氣而愁眉不展，做什麼事都提不起勁來。其實，我知道學佛甚深的您，是不會對身外之物如此放不下，之所以會如此，完全是對孩子們的一片用心與疼惜！您說過：「即使你們都已各自嫁娶，或是出家，甚至七十古來稀，仍舊是我的小孩，我還是會儘量給你們最好的，讓你們食衣住行無所欠缺。」

從小我們就是人人稱羨的對象！各式新奇文具、剛上市的糖果、新穎的玩具都是大家爭相目睹的，這些都是您在工作之暇，悉心所挑選的！為了給予我們快樂的童年，一大家子浩浩蕩蕩在寒暑假外出旅遊，為人父母應該都知這是多麼「艱鉅」的工程啊！

猶記得青春期時，臉上開始冒出大大小小的痘痘，您為了怕我對此感到自卑，竟帶我大街小巷尋遍皮膚科名醫！大學聯考時，為了爭取時間唸書，總請您們早點將我叫醒，但您不忍我熬夜，為了讓我多睡點，常是夥同媽媽騙我：「糟糕！忘了叫妳！」

您對孩子的關心、愛心，總為左鄰右舍所津津樂道！及至長大，您仍不厭其煩的專車接送，髮型設計師、醫生對您的大名無人不知、無人不曉，只因每次都在快剪完髮、看完診時，您總會適時地打電話來：「我是×××的爸爸，請您告訴她，五分鐘後我會過去載她……」您對每一個孩子都是如此，我們每個人都能完全感受您公平無私的愛！

爸爸，只想告訴您，現在我們皆已長大成人，該是您放下重擔，讓我們盡反哺之恩的時候了！我知道您總是認為若有能力，還要給我們更多更多……但您已讓我們受高等教育、教導我們做人處事道理、培養我們樂觀進取、對我們的決定給予最大的支持等，這些都是給我們最好的禮物，是我們最大的本錢，足夠我們一生受用不盡！

爸爸，您毋庸為我們的未來操心，兒孫自有兒孫福，更何況大家學業、事業都有所成，您應該對自己好一點，為自己多活一點！

希望您也能像媽媽一樣瀟灑，股票漲或跌，景氣復甦或衰退，都是一句「隨它去」！誠如媽媽所說：「該是我們的，跑也跑不掉；不該是我們的，求也求不到！一樣要過日子，何不快快樂樂？」雖然女兒已出家，無法常相左右，但謹以心香一瓣，虔誠祈求諸佛菩薩加被，祝福您福壽康寧、平安自在，日日法喜充滿！

妙益合十

我知道

纏繞在爸媽身上多年難解之結，沒想到在我學佛出家後，竟解套了，佛法的力量還真大呀！當初懷著滿腔熱血，一心一意為弘揚佛法而出家的我，竟不知道出家竟還有此等「附加價值」？原來在利他的同時，收穫最多的還是自己！

忽然憶起唐朝詩人元稹〈和樂天高相宅〉一詩：「莫愁已去無窮事，漫苦如今有限身。二百年來城裡宅，一家知換幾多人。」偶有煩惱乃人之常情，但是人的生命有限，切莫讓煩惱占據我們大半的人生。每個人到此娑婆世界來，都有他的任務、他的責任，但重擔挑久了，若能適時的「放下」，才能享受「如釋重負」的輕鬆自在！

也許就像媽媽所說的吧！現在家中說話最夠力的，就是我！不管是怎麼樣的事，只要我一通電話打回家「開示」一番，馬上擺平。感謝有佛法，讓家人因此也有辦法勇敢迎接生活中的挑戰。其實，學佛並沒有辦法改變事實，但卻能改變我們的心，讓心的力量提升，從而讓我們有勇氣、有智慧去面對、去克服、去超越，然後提升。真的很高興能夠以佛法幫助家人度過生命中的幽谷。

03

給二姐的信

二姐吉祥：

遠在海外，無法給您實際的支持，但仍是想藉這封信，讓您知道：您不孤獨，我們永遠是您強而有力的後盾！人生充滿驚濤駭浪、急流險灘，但這未必是絕對的不好，佛門將此定義為「逆增上緣」，攀過高山峻嶺，越過千山萬水，您會發現世界何其廣大，海闊天空任您遨遊，至此，您便會知道，原來我們一直緊抓不放的，根本不值得我們用罄所有的生命去守護！多少美好的未來等待我們去開創，多少的真善美等待我們去發掘……。

大姐並未著墨太多，但不等她開口，發生什麼事，我早已了然於胸！在佛門裡，看了多少人間百態，世態炎涼，見微知著早也成為我們的另一項本領。家人們何嘗不知？只是大家也只能為您祈福：「希望不會如此……」

記得一位信徒告訴過我：「即使上班多麼辛苦、即便被老板刮鬍子、即便……只要想到回到家看到妻子、小孩，一切的委屈就都不算什麼！」一直到現在，他那神采飛揚、有妻小萬事足之得意神情，都仍深深在我的腦海裡。為什麼？因為有愛！若真正「愛」一個人，他的吵鬧可以變成悅耳音聲、他的無理取鬧可以視為純真可愛、他的一切缺點都可以巧妙地轉化成優點。當一個人真正「愛」自己的家，他會儘量健全自己、儘量打拚，讓家人豐衣足食，讓家人精神愉悅，不讓家人受到風吹雨打，不讓他們受到任何一點傷害！可是，姐夫讓您們時時膽顫心驚，Samuel 的成長，他並未想積極參與，甚至小孩正常的哭鬧，他都可以大發雷霆，試問，他真的想擔負「家」的責任嗎？

聽到您這陣子所受的折磨，我相當痛心！但遠隔重洋的我，僅能以誦經、祈願、抄經的功德回向給您們。關心您的家人，我不免情緒激動，但也只能告訴大家要理智處事，因為不希望您們再受傷害！

知道您怕我們擔心，故而隱諱不談。只想告訴您，家人是您可以放心商量的對象，是您強而有力的後盾，最重要的是，您一定要堅強，要走過這段過程，可能痛徹心腑，但當您走出這生命幽谷，相信您會有重生的喜悅！就像我，出家路走來跌跌撞撞，但也就是有這一番淬煉，昔日凡事依賴您們的小妹，才能成為今日煥然一新的妙益法師。

您還年輕，希望無窮，Samuel 還小，需要您羽翼之保護，所以您更要重新檢視自己，昂首闊步再出發！要告訴您的是：雖然無法以實際行動予以援助，但心裡卻是百分之百的支持！您自己多保重！每天的修行功課務必更精進，相信一切必會否極泰來！祝福您！

妙益合十

04

姐弟相逢大都會 見怪不怪

我和小弟，分別住在美國東西岸，我為弘法利生而奔走，他為學業而忙錄。加州燦爛陽光與紐約的時尚摩登，兀自散發著迷人的氣息，但我們兩個大忙人，也不知在忙些什麼，好似一直找不到任何交集，未曾捎給彼此二個大城市迥然不同的消息。

直到我銜命帶著一群大學生，一路由西岸到東岸參訪柏克萊、史丹佛、德州大學、耶魯、普林斯頓、MIT、哈佛及哥倫比亞等名校，在那最後一站的最後一天，才在學生自由活動的時間找到空檔，可以看看久未謀面的他。電話中，他像個長輩般交代著要如何搭地鐵到Times Square（時報廣場），真不知誰的年紀比較大！

走在往地鐵站的路上，想想已四年多沒見到小弟，真快！馬上他就要拿到紐約名校的MBA了。但印象中，他總還是那個放學後，只記得人回家，書包卻留在學校的小迷糊。他的糗事可多了，小學社會科的考試有一題問道：「你是什麼人？一、美國人，二、中國人，三、英國人？」他竟答「一」！媽問他為什麼答錯，他還傻不愣登、理直氣壯地回說：「我們不是美國人，那我們是什麼人？」現在他來美留學，總算與美國人沾上邊。也許將來，他真的會入籍成為美國人！若是這樣，我們可要讚賞他真是未卜先知啊！還有，那個國中段考退步，在校義無反顧剃個大光頭以示雪恥決心，卻在回家抱著我們痛哭的小弟，不曉得變成怎麼樣了……隨著不斷向前的腳步，關於小弟的影像也一幕又一幕地閃過腦海，是興奮再相逢，亦或是慨嘆時光飛逝，連自己都搞不清此刻情緒。

在我們羽翼保護下的他，一直都不太受到大家的肯定。凡事都是一句「沒差！」那副滿不在乎的口氣，總讓人覺得他不圖上進，氣得老爸一次大罵：「人家胡適寫了篇『差不多先生』，你倒好，爛得更徹底，成了『沒差先生』！」「隨你怎麼講，反正對我『沒差』！」又是一句「沒差」，惹得爸七竅生煙。

想著想著，已然抵達 Times Square 站，出口處那打扮時髦的東方臉孔，不正是小弟嗎！看到他那足與紐約二字匹配、走在時代尖端的造型，連問候語都忘了說，反倒先吃驚問他：「你怎麼穿得如此怪？」「怪？地鐵內每個人都比我怪好不好？我這樣算超正常的，師父，落伍囉！」他還是如此陽光，不管別人是否肯定他，他對自己可是信心滿滿！就像今日，他就是有辦法讓我認同他的謬論，因為別人比他更怪，所以相對之下他就變得正常。不過，他的話真好像有種不可抵擋的魔力，愈看他愈順眼，真的一點也不怪！

一路上，他儼然是匹識途老馬，如數家珍敘說每棟建築物的背景與特色，行至 Wall Street（華爾街）時，他神采飛揚地說：「Wall Street 長不超過一英里，寬僅十一公尺，可它卻是美國主要金融機構的所在地。看到那頭象徵華爾街『牛市』的健碩公牛銅雕了嗎？據說每天早上許多證券商在路過銅牛時會將手觸摸一下牛鼻子，希望新的一天給股市注入『牛氣』。師父，摸一下這隻大牛，說不定就鴻運當頭囉！」步至帝國大廈時，小弟又娓娓道來：「在一九二〇年至一九三〇年，紐約摩天大樓狂飆的時代，帝國大廈曾經一度奪下『天下第一高』的頭銜，現在雖然已經拱手讓位，但高達四百四十三公尺的建築體仍是十分耀眼奪目。走！帶你上一百零二樓的觀景台，讓你嘗嘗『登帝國大廈而小天下』的滋味。」接著又行至 Rockefeller Center（洛克斐勒中心），他指著建築群說：「這是二十世紀最偉大的都市計畫之一，包括有 NBC 新聞網總部、美國主要的出版社 Time-Warner、McGraw Hill、Simon & Schuster，以及全世界最大的新聞中心美聯社（The Associated Press）……看來，小弟在紐約果然沒有白混，詳細的解說讓挑剔的我也不禁刮目相看！

在紐約市中心，步行是最方便又實惠的交通工具，雖然沿路都令我大開眼界，但跟著體力充沛的學生們已跋涉近把個月，又得沿途為他們張羅這、張羅那，體力已差不多耗盡，所以疲態全寫在臉上。小弟雖不說破，但走著走著，眼睛便會四處搜尋歇腳的場所，然後適時地提醒：「我們坐會吧！」甫一坐下，卻見他衝向小販，買了紐約最有名的路邊攤小吃pretzel（椒鹽捲餅）遞上來，「吃吃看，有時趕著上課，來不及吃飯，就買這個，慢慢嚼，很香喔！」在他的大力推銷與催眠之下，不知不覺一個大pretzel，就全下了肚，破了我這素有「鳥食族（吃得跟鳥一樣少）」稱號的紀錄。「看吧！我推薦的，絕對是thumbs up！」同時順勢豎起大拇指在我面前晃呀晃地，還是一樣的調皮。

突然想到，他該不會每餐都吃這個吧，趕緊追問：「隻身在外，要好好照顧自己，吃飯有沒有正常？」「我平常都八點多才吃……」此話一落，馬上被我責備：「怎麼長那麼大，連吃飯都拖拖拉拉，不懂好好吃？」他無辜地回說：「剛來紐約時，吃住搞不清楚狀況，花了很多冤枉錢。後來，找來找去，終於找到一家便宜又大碗的中國自助餐廳，你猜，四個菜多少錢？」心中盤算著，在洛杉磯，最最普通的一餐也要四塊九九，紐約這大都會，應該就不只這個數了。「六塊九九！」「嘿嘿！猜錯了！是三塊九九！因為八點多老板趕著打烊，所以隨便賣！」

心中一方面心疼小弟為了省錢，虐待自己的胃，熬到那麼晚才吃；另一方面，又多麼欣慰他已從那紈絝子弟蛻變成懂得撙節支出的穩重大人。跟以往那個乳臭未乾，就穿著ARMANI西裝、開著跑車，然後因太招搖被不良少年盯上，最後被迫棄車逃亡，從忠孝東路五段跑至四段向朋友求救的他，已不可同日而語了。想到那一次，他像隻喪家犬，眼睛掛了彩，本想回家尋求一點安慰，但全家竟然口徑一致喝斥：「你那種囂張樣，連我們都想揍你……」，心中浮現他那時的錯愕表情，不禁偷笑起來，「姐──你在笑什麼？」「沒什麼，就是高興！」這個拖著尾音的「姐」，還真是熟悉。從小他就是愛哭，但我總是不理會，他愈叫，我就愈加拚命地跑，而他就在後面一個勁叫著這熟悉的「姐──姐──」。出家後，告訴他要改口稱「師父」，這還是之後第一次聽到他又像小時候如此叫我。本想糾正他，想想又作罷，他也是無心，大概此情此景，讓他覺得又回到從前吧！

嚴格講起來，小弟並不壞，除了迷糊（被我們寵壞的）、愛耍帥（我們家陰盛陽衰，媽媽、姐姐們天天搶著照鏡子，耳濡目染之下，他會這樣，好像也不能怪他）之外，其實很善解人意、體貼。眾姐姐們在沙發看電視看到睡著，他都會小心翼翼為大家蓋上毛毯以免著涼；全家外出前，也會主動巡視門窗、瓦斯、電燈是否關好。還有他的誠實也值得豎起大拇指，從小明知說要跟同學出去玩會被罵，還是一五一十如實告知，也因此我們對他還算放心，至少他的行蹤全在我們的掌控之中。另外，他的人緣可好了，隨便登高一呼就馬上能召集十幾個大男生湧進我家，「大肚能容」的他們，常都讓媽忙到像辦流水席般。而飽餐後，連佛桌上的供果也不放過，唉！可憐佛菩薩搶不過他們，只得讓賢了。不過，那些朋友也是有情有義的，弟相識六年的女友突如其來提出分手，用情專一的他，能夠走出陰霾、度過情關，都虧那些朋友們照三餐輪流排班陪著他去爬山、泡溫泉、吃大餐……轉移注意力，真可謂費盡心思！

弟提議到碼頭走走，他引領著我，先行刷票卡進入地鐵站，我則尾隨其後。但不知票出了什麼問題，整個人卡在旋轉門出不來，望著後面黑壓壓逐漸逼近的一大片人牆及雙雙不耐煩的眼睛，我慌了，一試再試，仍不得其門而入。小弟看到我的窘境，馬上來解圍：「師父，這刷過一次，就要等十五分鐘後才能再刷……」「那怎麼辦？」「就一起等囉！」沒耐心的他，絲毫沒有顯露任何不悅，然後說：「我習慣了啦！紐約地鐵很方便，但也狀況百出！上次大罷工，地鐵停擺，但學校沒停課，有好幾天，我都走二個小時去朋友家，然後一起 carpool（共乘）去學校……」心裡突然冒出一個大問號？眼前這位吃苦耐勞的優秀青年，真的是我自以為熟悉的小弟嗎？

從碼頭望去，海天一色，令人心曠神怡，小弟興沖沖地要為我拍攝幾個鏡頭，我雙手交叉胸前說：「不用了吧！」「師父，其實我是想把照片寄給爸媽，讓他們安心的啦！」被他的一片孝心感動，只好從善如流。

他說慶祝姐弟重逢，要帶我去吃「好料的」！只見他熟稔地在中國城內左彎右拐，然後定在一家素食港式飲茶餐廳前，「這是我徵詢各家意見，為您精心挑選的喔！」但也許一向習慣清淡飲食的胃，已有「抗油性」，面對滿桌佳餚，竟舉箸不前，一小盤芋頭餃，怎麼樣都無法解決！「這樣不太好吧？」「什麼不太好？」「您是法師，盤裡留著食物，會讓人誤以為您不知惜福。」小弟將盤子接了過去：「師父，我來幫您吃！」這對別人也許沒什麼大不了，但是，對於從小就對口水有絕對「忠誠度」的小弟來說，可就是件大事了，就連爸媽的也敬謝不敏呢！出家後少有機會與他論及修道生活種種，他是如何體察到這些細微之處……。

學生集合時間已近，弟提醒是該打道回府了，而他也還要趕去和 partner 練習會話。如此用心，難怪英文能力突飛猛進。臨別前小弟眼睛閃著光采，伸出食指遙指摩天商業大樓林立的曼哈頓，「師父，雖然我現在未必有實力受到大公司的青睞，但是，你們大家等著，我會從小公司開始累積經驗，總有一天，我會站在其中一間專屬我的辦公室裡，居高臨下俯瞰整個曼哈頓……」語畢，還回過頭對我露出慧黠一笑：「到時，請師父務必接受我的供養喔！」那意氣風發的表情至今難忘，畢竟有夢最美！

向小弟揮了揮手，囑咐：「Take good care of yourself.」就準備要分道揚鑣，他卻說：「我還有點時間，看著你上車再走，比較安心……」地鐵的兩扇門闔了起來，他的手仍不停地揮舞著，一直望著他，直到他慢慢成了一個小點。不知怎麼搞的，心中竟有一種泫然欲泣的感動，是因為在他鄉異地還可以遇到親人，還是欣喜他的成長，又或是……我真的不知道，今天真奇怪，一直釐不清自己的情緒……。

確定的是，這一天，我們在紐約，多麼美好的一天！

8 師父與我

師父在每個人微笑的臉龐中、在每個人滔滔不絕的口中、
在每個人感恩的心中……

01

我不是「呷教」的弟子

自小就難調難伏的我，因著在家師——星雲大師座下披剃出家的福德因緣，蒙師父的諄諄善誘，才使自己能穩健走在人間菩薩道上！每每在讀《百年佛緣》、《我不是呷教的和尚》書中關於師父百年歷程的縮影時，也不停地隨著文字，對自己二十餘年的出家生活一一回顧及自省。當然，所經歷的比起師父的生於憂患、長於困難，當然微不足道。回想剛出家時雖有鴻鵠之志，但隨即大病一場，與生死多次博鬥，到後來在修行路上，所遇到的種種挑戰、考驗，在念頭及意志上，也算是千生萬死、千錘百鍊了。

若沒有師父從不間斷的慈悲誘導，今日的我，又會在何處浮沉呢？不論是每一次親炙師父，在師父身旁學習的一幕幕，或是遠在海外弘法，透過師父的書與師父接心，都是與師父最直接、最深刻的連結。每每遇到困境或想念師父時，或將眼睛閉上，把師父所教導的一字字、一句句於腦海中再次播放；或拿起師父的書，一讀再讀，就會感受到在人間菩薩道上並不孤單，因為師父早已為我們備足豐富的修行、弘法資糧！

歐洲友寺的法師說：「好羨慕大師手把手的教導你們。」我聽後，心裡湧出一股激動，馬上回應：「何止是『手把手』，師父是用『生命』在教導著我們弟子啊！」師父說生命要發揮到極致，所以「春蠶到死絲方盡，蠟炬成灰淚始乾」的精神也在其身上充分展現。大病之後，九十餘歲的高齡，因為心繫眾生，不僅繼續課徒度眾、寫病後字，還出了《我不是呷教的和尚》一書。師父用生命弘法利生，用生命來教導我們，身為弟子的我，更要常常提醒自己，念茲在茲，要以師心為己心，以師志為己志！

我知道

我，自問著：自己是不是「呷教」的弟子？《大勢至菩薩念佛圓通章》云：「若眾生心，憶佛念佛，現前當來，必定見佛，去佛不遠。」

對弟子而言，師父就是人間的佛陀！所以，我悟到了：只要晝夜六時，我憶師父念師父，進而行師父之所行，跟隨師父的腳步，則必定所做所為，都能去師父不遠。我可以很驕傲、很肯定地說：師父不是「呷教」的和尚，我也不是「呷教」的弟子！

「呷教」，台灣話，意思是「吃教」。台灣剛光復的時候，由於過去大家在日本人的統治壓制之下，生活清苦；有一些宗教就乘機會給你一些奶粉，給你一些衣服等日常用品，但是你要來信仰他的教。大家為了要生活吃飯，就改變了信仰。所以就有人說，這許多人都是「呷教」（吃教）的。

大部分的人，都覺得「星雲大師」是令人仰之彌高、望之彌堅的偉大人物。不僅是因師父本就身形高大，更由於他的高風亮節！所以見到師父，就有如看見須彌山頂，看到高懸天空的太陽般，令大家心生景仰！但這並不表示師父只能讓人遠觀，事實是每個親近師父的人，都有如沐春風之感。在此將自己從師父身教、言教中學習到的點滴，與大家分享，並以此感謝我生命中最重要的貴人——我的師父星雲大師！

02

「三間」得宜 幸福安樂

過去在美國西來寺服務時，那時師父幾乎每年都會飛至洛杉磯，與從南北美洲各地齊聚在西來寺參加美洲徒眾講習會的大家接心。也因為如此，每每師父在西來寺小住的時間，就有了更多親炙師父的機會。

記得一天傍晚用完藥石，在師父為即將在《人間福報》上發表的「迷悟之間」專欄，一口氣口述近三十篇文章後，師父說：「一起去跑香吧！」我喜出望外一躍而起，因為跟在師父身旁跑香，正是向師父請益的最佳時刻啊！一路信步走至朝山會館，再行到西來寺後門的斜坡，我開心地與師父聊起天南地北，並且問了數個盤踞心中無解的問題。正要繼續問時，師父突然停了下來，反問道：「剛才我們走了多長時間？走了幾步路？」我愣了一下，很直接回道：「我不知道啊？因為我一直在講話，沒留意耶！」「我們走了九分鐘，八百五十一步。」看我一臉狐疑樣，師父說：「是不是不相信？那麼我們再沿路走回去，不講話，你用心計算。」「師父，弟子不是不相信，只是太詫異！剛剛問的每一問題，您都有一一答覆，為什麼這樣還可以確切知道走了多久？走了幾步啊？」師父笑著回答：「生活當中，時間、空間、人間這『三間』很重要！『三間』如果處理得好，幸福安樂；處理不好，煩惱無邊。心中時時要有三間，要能掌握、拿捏得宜！」我聽著聽著，不敢懈怠地心中默念著步數，觀照著時間。當回到原點，果真就是如師父所說的九分鐘，八百五十一步！在短短幾十分鐘的跑香時間，師父就讓我明白人生三間之重要，也深自思惟該如何遊走三間，才能幸福安樂！

我知道

在那震驚的一刻，一念三千！

腦中閃過一幕幕親眼見到師父如何以智慧遊走三間的畫面，也憶起從他人口中、從師父書中所知道一則則身教、言教的示現！師父總能將三間掌握得如此得宜，恰到好處！師父常說他在十歲讀小學，看到教科書裡有一句話：「短衣短褲上學去，從不遲到半分鐘。」這句話影響其至深，培養師父絕對守時的觀念。在空間上，師父就如建築師、設計師，總能將硬體空間規劃完善，讓人人讚歎！而「人間」，師父總能善觀每一因緣及每個人之根機，讓每個人都皆大歡喜！

03

師父送的「最好」禮物

每每遇到束手無策的人與事，在覺得徬徨無依之時，最想要尋求能給予開導、幫助的人，一定是師父！過去少不更事，師父總是耐煩地給予軟言慰語及叮囑，但最近幾年，只要問到如何處理棘手的難題，師父都是說：「我老啦！不像你們年輕有為，也不如你們對歐洲的了解，所以，不要問我，要問你自己啊！」

第一次聽到，我以為師父不管我了，但後來的每一次，師父都這樣地回答，幾次聽到其他長老師兄們請問，師父也如是回答！頓時，我明白了！我悟到了！記得師父在《我對人間佛教的體認》一文中說道：「我們的人間佛教，要把自我提升、肯定自我，我有如來智慧德相，承認『我是佛』。這種要把自我的提升，就是人間佛教的精神。……不是把自己賦予神權來控制，而是自己所有一切由自己來承擔。好比《阿含經》講的『自依止，法依止，莫異依止』，這就是我們對人間佛教的信仰。」

還記得一次，師父對我說：「我今天心情很好，所以想送你一個最好的禮物。」我一聽大喜，禮物，誰不喜歡？而且還是師父送的！於是立刻回說：「謝謝師父！」師父接著說：「我樂意送你，可是要看你願不願意接受。」「師父送的，弟子當然歡喜接受。」「那好，我今天要直指你的缺點！」

心想：啊！最好的禮物是直指我缺點？我愣了一下，但很快地便告訴自己要轉念，往好處想，如同師父在《普賢十大願．第四大願懺悔業障》中所寫：「勇於改過，從錯誤中汲取教訓，成為進步的動力，才能讓自己愈來愈好。」師父是何等人，他願意告訴我應該改進之處，是身為弟子多大的榮幸！而且師父又說：「我就知道你會接受；會勇於認錯、改過，所以才願意告訴你。」這些對我是多大的肯定！

明白之後，我知道，因為自己早已不是當年那初出茅廬不懂事的弟子，經過在寺院叢林這大冶洪爐的焠煉，師父期望的是弟子們也能肯定自我，做己之貴人！師父讓我參的這一公案，又是一記當頭棒喝！對啊，遇到困境如何解決？這還真得問自己！

我知道

而說也奇怪，當想通後，知道必須自我昇華、自我解脫、自我完成，就產生了勇氣、信心與力量，勇敢向前，想各種方、設各種法，完成之前覺得棘手、滯礙難行的任務！

所以，以往覺得毫無頭緒的如何度青年？如何接引學者？如何以音樂弘法……都在勇於承擔後，漸漸走出一條光明大道！師父，真心感謝您對弟子的提攜、應機與藥！

04

我們能為他們做什麼

在為除夕夜辭歲普佛、燒年香等活動忙至半夜，才睡三個多小時，準備起身再為初一各項活動做準備時，突然收到了法堂書記室主任傳來的訊息——「師父聽了你的報告之後，想請你幫一個忙。請你轉告青年們：不一定他們為佛光山做什麼，可以問他們：我們能為他們做什麼？」

這一句擲地有聲的話語，如發聾振聵，頓時讓我睡意全消，有幾分鐘的時間，腦子被震得一片空白！「醒」過來後，真的更如實感受到：難怪師父能廣度五大洲的人，能夠不分男女老少、不分中西海內外，任何一人聽到如此誠懇溫暖的一句話，如何能不被感動？師父「行」人間佛教，是如此地展現在各方方面面——總是以人為本，從人所需來考量，而且是如此「無我」、「無私」與「平等」！

在除夕夜前夕，向師父拜年之際，也一併向師父報告青年們因為來到佛光山，人生因此大轉變，充滿希望與未來，表示受之於佛光山如此多，所以請我代為向大師請示：「他們能為佛光山做些什麼？」也因此，有了上面那一發人深省的公案！

記得自己也曾問過師父：「不管身在何時何地，都能夠感受到師父對弟子的關心以及給予無數的『寶』，師父為弟子做了那麼多，那麼師父希望弟子能為您做些什麼呢？」師父未曾給與答案，但今日師父要我幫忙轉告青年的這句話，我好似從中找到答案了！

我知道

其實，如同諸佛菩薩並不需要我們禮拜，但眾生需要藉由禮拜，昇華自性，進而降伏我慢，淨化內在世界；師父也不需要弟子為其做些什麼！

但所謂迷時師度，悟時自度，師父已給了我們這麼多，所以，得自己問自己能做什麼？弘法利生是我們每一位弟子要擔負的使命，要為教爭光，為己爭榮，共同把佛法興隆。感謝師父在新的一年，給了我這麼好的一個開始！

05

我的「貧僧」師父

過去只要聽到、看到有人毀謗、批評我披剃的師父星雲大師，以及我依止的常住佛光山，就有如《梵網經》中所說的：「聞一言謗佛音聲，如三百矛刺心」般地痛，我以為這樣的「痛」已經夠痛了。直到家師於二〇一五年四月一日起在《人間福報》發表《貧僧有話要說——我還是以「貧僧」為名吧！》一文，我才知道，有一種痛，比三百矛刺心之錐心刺痛還痛，那就是看到年近九十歲高齡，畢生以無我之胸襟，戮力弘揚人間佛教，將佛教制度化、現代化、人間化、國際化的師父，面對惡質媒體的生態，面對嘩眾取寵的造謠，竟然還要站出來，向大眾「報告」！

其實，公道自在人心，因果自有定論，本毋須說，如同釋迦牟尼佛將入涅槃時，阿難問佛陀：「佛陀住世的時候，凶惡的人有佛陀調伏，佛陀涅槃以後，凶惡的人如何去調伏呢？」釋迦牟尼佛回答：「應『默擯』置之。」但師父卻要說，身為弟子的我知道，師父這無非為了佛教、為了弟子、為了大眾，所以要撥亂反正、要匡正時弊。所謂欲加之罪，何患無辭？這些滿口仁義道德之士，對某些宗教組織攻訐，批評佛教毫不留餘地，但對於更多貪贓枉法之士，卻置若未聞！此時，所謂道德勇氣又去了哪裡？值此風雨飄搖時刻，我不禁更為我的貧僧師父感到驕傲，因為佛陀也會遭人毀謗！師父總說要讓佛光山「窮」，我知道這是師父對弟子的愛護，對佛光山的期許，因為修道者，憂道不憂貧！

而今日佛光山之所以能成其大，就是因師父給弟子們此居安思危的觀念，所以，佛光弟子能安貧樂道！曾有信眾問我：「法師！您們出家，既不能吃山珍海味，又不能縱情玩樂，還要捨棄那麼多東西，但您們為什麼還是那麼開心？」我語帶雙關：「因為我們『窮』開心呀！」這正是我的貧僧師父之身教言教，讓弟子們亦能體會「吾有法樂，不樂世俗之樂」之境界！

師父在文中問道：「從台灣到世界的佛光有緣人們，貧僧有跟你們開口募捐嗎？」不只是我的貧僧師父要問，連身為弟子的我都想問：「您們是否曾到過佛光山？是否看到佛光山所做的弘法利生事業？」這答案在此也就不說破，留給大家做為「公案」參一參！正所謂「道聽而塗說，德之棄也。」

柏林佛光山多位青年於德國「寒」窗苦讀多年，在終於得到博碩士學位並領到第一份工資時，都紛紛到寺裡表示要贊助弘法事業。我們本來堅持不收，要縮衣節食的他們，將錢留在身邊以備不時之需。但他們卻異口同聲地說道：「法師，收下吧！得之於佛光山如此多，這是我們能做到的一點點而已，而且父母都支持我們如此做，我們會更努力，未來以己之專才，共為人間佛教之弘揚而努力！」一位就讀柏林藝術大學的青年，雖然自己因緣不具，無法參加七月在高雄佛光山舉行的「國際青年生命禪學營」，卻將預計做為旅費的一個月辛苦打工所得，也慨然捐出，他說：「在佛光山，那麼多因緣成就我，所以也想做一些布施成就他人。」這樣的感動，非僅是一時一刻，而是在弘法的歷程中，不斷地上演著。

貧僧師父說：「他要說、要報告，不是要政府知道、不是要領獎，只希望佛光山的信徒，要知道你們的功德啊！」從美洲又跨至歐亞弘法多年的我，看過洲別不同、國別不同、種族不同、地域不同、性別不同的人，但同樣的是，當人們提起佛光山時，臉上散發的光采與歡喜！多少人前來感謝：因為有佛光山，讓他們漂泊的心才得以安定；因為有佛光山，在他們歷經生命中最難過的關卡時，才得以度過；又有多少的青年學子，紅著眼眶說道：來到佛光山，真的像回到了家……，佛光山的信徒們，你們的功德在哪裡？在大家法喜充滿的面容上、在大家溫暖知足的心裡，在大家幸福安樂的生活裡，而佛光山及「貧僧」師父的「價值」，也都在此一一展現。

我知道

貧僧師父時時諄諄提醒佛光弟子：要爭氣，不要生氣！

面對輿論，我們不生氣，只會更努力，更精進，讓更多人看到，體會到佛光山的真善美！更感謝有這些「逆增上緣」，讓我的貧僧師父不得不站出來發聲，因此才有此難遭難遇因緣，讓不僅身為佛光弟子的我們，更讓全世界的人士，都藉由《貧僧有話要說》，了解貧僧師父的行事、思想、觀念、做人處事及食衣住行等，這將是讓自己及眾多人，一生受用無窮的箴言。

06

佛法真義 看得哈哈大笑

還記得千盼萬盼的《星雲全集》及書櫃終於運抵時，看著被層層疊疊木條緊緊保護著的《全集》及書櫃，想到這無上法寶，是歷經「千辛萬苦」、「千山萬水」，才得以來到歐洲；想到這一套全集，是師父一生歷經千生萬死才得以淬煉出來的智慧法語，在拆裝及擺放的過程中，就激動不已了。

當書全部上架，看著這套莊嚴的聖典，我輕輕撫摸著一本一本的書……發願定要好好讀懂、讀通，進一步去實踐！

我只要有空就瀏覽全集，從「書信篇章」中，看到師父對每一個人的關切、期許與用心，師父心中總是有著大家，莫怪乎弟子不論在美國或在歐洲各國，都能感受得到師父無微不至的關懷。在看《佛法真義》時，總看得哈哈大笑，然後茅塞頓開。因為自己從小總是有許多怪想法，但是為了避免讓人覺得特立獨行，所以總是提醒自己要「隨眾」。在看了〈耶輸免難消災障〉和〈龍華三會〉等篇，不禁心有戚戚，因為每每在唱「戒定真香」及「佛寶讚」時，也會產生如師父在文中所提出的疑問。可是過去當我去請教他人時，他們都以奇怪的眼神望著我，然後說：「你想太多！」所以，也只有將這些疑問藏心底。如今一讀，原來我跟師父有著同樣的疑問，這對自己是多大的鼓勵及信心啊！讀到〈天龍八部〉及〈割肉餵鷹捨身飼虎〉等篇時，更是開心地不禁擊節讚歎：師父的闡釋，真是太妙了！

這對在歐洲推動的本土化工作，真是一大助力！荷華寺每天平均一千多名的遊客來訪；各級學校及團體前來參訪，一年平均也有二百餘團；而學生前來訪談、作報告、作調研更是不計其數；也常受邀去各大學講說人間佛教。有一位從十五歲就自己前來荷華寺（目前已二十三歲）的青年Jamal，就曾經用一下午分享他一路學佛的過程。Jamal說他很歡喜學佛，但是他從書中看到釋迦牟尼佛是從摩耶夫人右脅下降誕，然後一出生就能夠說話，朝著東南西北四個方向各走七步，就覺得無論如何都不能說服自己，因為太ridiculous（荒謬）了。有了《佛法真義》，讓我更知道在修行路上，如何依義不依語？如何從理上去會得？如何情理都吻合地去宣揚佛法？而除了自利，相信再面對西方人士的詰問時，也都能夠應對自如，給予他們正確的引導，從而讓他們體會佛教本就是人間的佛教！

我知道

師父在〈佛陀，您在哪裡〉一詩中寫道：「在無窮的時空裡，苦苦尋佛的蹤跡，驀然回首，原來佛在我的心中。」

出家二十餘年，從台灣到美洲再到歐洲；從總覺得離師父十萬八千里遠，到依教奉行，到跟著師父所說去思惟弘法方向、去揣摩度眾方式；到跟著師父所說去行……至現在所感受到的是，師父就在弟子的食衣住行、行住坐臥中。而即使法務繁忙，但早晚都要捧讀師父的書已成多年習慣，所以也是「朝朝共師父起，夜夜抱師父眠」，可以很肯定地說：「師父就在我心中！」

07

一筆字 感動世界

五十多年前，師父因過度飢餓罹患了糖尿病，糖尿病引起的併發症，使眼底完全鈣化。因為眼睛看不清楚，不能看書，也不能看報紙，師父想：那做什麼事好呢？「那就寫字吧！」因為眼睛看不到，一蘸墨就要一揮而就，不管有多少個字，都要一筆完成，才能達到目標，所以叫「一筆字」。

而二〇一六年底，師父歷經腦部開刀，為了幫助優秀的貧困青年學子，在休養期間，仍然勉力寫出萬餘張的「病後字」，將收入為「好苗子」助學。

二〇〇九年底，師父的「一筆字」書法，開始在世界各地巡迴展覽；二〇一八年的九月，師父的「病後字」展，也在佛光山傳燈樓一樓展出。

師父總自謙自己的字寫得不好，所以請大家：「不要看我的字，但請看我的心。」師父也常說自己無語言天才，但其實從一筆字到病後字，我卻看到師父字中蘊含的慈心悲願，是如何跨越國界、地域、語言、宗教、文化等障礙，讓「佛光普照三千界，法水長流五大洲」！

知道師父的病後字在傳燈樓展出，趁回山參加徒眾講習會，即迫不及待前往看展，專注端詳著那幾乎天天從《山門日報》聽聞，來自四面八方人士給予高度讚賞的「病後一筆字」。因為深知師父從病後到能再寫出蒼勁有力的一筆字，是多麼不容易；又因為非只看到「外」，而是如實體會一筆字「裡」蘊含之「理」，從字裡投射出之強勁力道令我震懾，在原地佇立良久，這樣的感動，讓我再次落下了淚。

其實，自己不常哭，因為多年出家生活的鍛鍊，已讓自己培養出堅毅的性格。遇到困難，已不像過去在家時先哭再說，而是勇敢面對承擔。現在每次的哭，都因感動而哭、都因歡喜而哭……感謝師父的一言一行、一筆一字！而在看到歐洲各界人士欣賞一筆字後滿滿的感動與歡喜，都感受到師父無處不在說法，真乃「溪聲盡是廣長舌，山色無非清淨身」！

08

慈悲無國界

在歐洲每一分別院，都常設有星雲大師一筆字展，這些年來，也陸續在歐洲的維也納聯合國、歐盟議會、米蘭世博會、知名大學、博物館、美術館……展出。一筆字的無言說法，讓我們在當地度了好多好多的人。而除了那「好多好多的人」受用，自己更是一筆字的最大受益者。每每在遇到困躓時，就會靜靜地站在展場中央，環視一幅又一幅的一筆字，看著看著，心平了，也就能找到解決問題的方法。

義大利籍的 Alessandro 在假期中來到荷華寺參訪，一進入寺院，立即被圓通寶殿播放的一筆字影片所吸引，來回翻閱著一筆字書籍，並進一步參觀一筆字常設展，整個下午流連忘返。一筆字讓他大受感動，所以他返回義大利後，仍多次與法師聯繫，表達想擁有一筆字或相關書籍之心願，做為增長內心力量及引導人生方向。我將此事向師父報告，而永遠給人歡喜的師父，請我帶回「諸事吉祥」一筆字轉贈。告知 Alessandro 此大好消息後，他立刻回函：

很榮幸受到尊敬的星雲大師之關注並贈送禮物，從來未曾想到會收到這麼大的驚喜。當我進入荷華寺時，立即感受到禪定寧靜的氣息，這裡比以往我去過的寺院，都讓我更有親切感。

我的注意力很快被「一筆字」所吸引，它在那裡，好似看著人來人往，並為每一個人的存在做了見證。當我再走近看時，書法的筆觸如此純淨和諧，我感受到作者內在強大堅毅的力量。一筆字傳遞了安全及和諧感，沒有汙染或搖擺，完美地執行由內在力量引導手的伸展。我立刻愛上一筆字，因為我認為一筆字與我的生活哲學有很多的聯繫及相似處。

當我看到星雲大師的簡介時，我才知道大師已九十幾歲，而且看不到，但他卻成就這麼大的事業。於是，這解釋了一切。我已經練習武術多年了，從柔道開始，並且也開始練習合氣道，有時候我會閉著眼睛練習，因為正如我感受到的——眼睛是我們認識外界的主要工具，但如果我們太依賴於所看到的東西，那麼思想傾向於欺騙我們，這樣就失去了與自己內心接觸的機會。當我指導他人閉上眼練習武術時，從他們的動作中，我可以看到內與外之間更加和諧及連貫。也許這就是為什麼一筆書法讓我著迷，因為我發現它與我練習的非常接近，而且讓我看到自己。

我現在羅馬工作，竭誠歡迎您們前來，您們將成為我最尊貴的客人。

最好的祝福 Alessandro

後來 Alessandro 特別從義大利再飛來阿姆斯特丹，當他拿到「諸事吉祥」一筆字時，竟紅了眼眶，表示當了解大師愈多，就愈知道這一筆字多不容易，就更珍惜這充滿慈悲的一筆字！

常常聽到許多有機會與師父見面的人，談起與師父種種，總是眉飛色舞，喜不自勝。但這不足為奇，還有更多雖還無緣見到師父的廣大各界人士，不管是中國人，還是德國、法國、英國、瑞士人等即便沒能親炙師父，卻都不約而同地說：「縱使語言不通，但聽到師父的音聲、看到師父的法相，就能感受到師父的慈悲，景仰、敬佩之心油然而生……」我看到師父在每個人微笑的臉龐中、在每個人滔滔不絕的口中、在每個人感恩的心中，彷彿進入到華藏世界裡，師父的影像重重無盡，隨著一行行層層疊疊的影像，我更看到一盞盞綿綿相續的燈火不停地傳遞下去。

我知道

在歐洲每一分別院，都常設有師父上人一筆字展，一筆字的無言說法，讓我們在當地度了好多好多的人。

荷華寺善童學園的Noel及Lyon這一對兄弟，年僅八歲及五歲，在道場耳濡目染、多聞薰習之下，非常懂得感恩，除主動爭取在各項活動中表演「三好歌」等，並且擔任起小義工，每個星期日協助行堂、善後、打掃等事宜，還發願要好好學中文，將來協助弘揚人間佛教。「星雲大師」是兄弟倆的偶像，那日在教佛光小菩薩唱「師父頌」、「十修歌」等佛教歌曲後，兩位小菩薩回家路上一路哼著，一回到家中，要求媽媽一定要在YouTube上趕快找到「星雲大師」，在看到師父開示的影片時，二人「情不自禁」的就貼在螢幕上親了大師，還一直問媽媽：「我們下次回佛光山就可以看到師公了，對不對？」師父的願心、願力，讓眾生的菩提種子，都得到佛法澆灌，而能進一步開花結果！

09 臥病中，看到大家！

師父是如此地用心良苦，心心念念都是眾生。作家、心理學家及教育家鄭石岩提到多年前師父因心臟有疾住院，病癒後和大家會晤，他請問師父：「唐朝的洞山禪師在病危時，弟子問他看到什麼？洞山回說，我看不到有病。請問師父！您在那時，看到什麼？」師父從容平靜地對大家說：「我看到大家！」

而師父不僅在病中看到的是大眾，病後看到的也是大眾；過去、現在及未來，心中繫念的都是眾生。所以，弟子、信眾、會員們都能深深感受到，並將此感動化為力量，真可謂普雨均霑。如《法華經・藥草喻品》云：「我為如來，兩足之尊，出於世間，猶如大雲，充潤一切，枯槁眾生，皆令離苦，得安隱樂，世間之樂，及涅槃樂。」在歐洲弘法所見所聞，再再見證師父上人就如同現代的佛陀，令未度者令度；未解者令解；未安者令安；未涅槃者令得涅槃。

我知道

師父在《我不是呷教的和尚》自序中最後寫道：「若還要問我平生何所願？那就以『平安幸福照五洲！』來祝福大家了。」

猶記讀到這一段時的熱淚盈眶。師父已經給了我們這麼多這麼多，但再被問到此問題，仍是沒有為自己保留一絲一毫，仍然是以大眾為第一，希望人人都平安幸福。師父曾說：「心量有多大，世界就有多大，若能視眾生為自己的『心上人』，用心關懷，世界會更寬廣。」謝謝師父都把我們當作「心上人」！平安幸福照五洲何止只是「願」？在歐洲的我們，如如實實感到平安幸福，相信其他洲的大家，也都如如實實納受到師父的這份祝福！

10

我找「道」了！我知「道」了！

想到小時候為求道而離家出走，想要找到道貌岸然，能說出玄妙高深佛法的老和尚而未果。尋尋覓覓許多年，總算在師父、常住、長老師兄、大眾的善誘、提攜與成就，以及各種境界的試煉下，終於找到了正信的「道」路，而且知道了「道」！現在找到了，才知道佛法遍一切處，佛就在我的心中！只要我的心中都是歡喜，充滿正能量，佛就會歡喜在我心中。佛教的信仰，讓我有了幸福安樂的人生！

在海外弘法多年後，每每回到總本山（佛光山），再次看到矗立的接引大佛——同樣的大佛、同樣的淚水；不同的是，從在家到出家、從懵懂至明白，同樣景色依舊，但個中心情已然大不相同！這樣的轉變，就如青原行思禪師參禪三個階段：「參禪前，看山是山，看水是水；參禪時，看山不是山，看水不是水；參禪後，看山仍是山，看水仍是水。」從小，未做過什麼決定的我，唯一的重大決定——在佛光山出家，竟是那樣正確的決定！我的生命與常住相繫，與常住之脈搏共同跳動，並與大家見證及樹立一次又一次的弘法里程碑！

但就如同禪者悟後還須起修，佛道長遠，仍是必須秉持人間菩薩的精神，以出世的精神，做入世的事業！師父說過：既然出家了，自己不教育自己，不要求自己，成長是有限的。佛法、常住、大眾孕育了我，我又怎能不在有限的生命裡，為眾生發心奉獻呢？心中不斷發願——雖然在這浩瀚無垠的宇宙中，我的存在如同滄海一粟，如此微不足道，可是今天我之所以成為我，該是多少的因緣使然！因此願發揮一己之力，希望這個世界有我、沒有我會有些許不同！祈願能以自己的一盞明燈，引千燈、萬燈、無盡燈，大家為續佛慧命而努力。佛道在眾生中求，菩薩都是在眾生中圓滿菩薩道，而我也從眾生中圓滿自己的道！

猶記得出家典禮那天，除了收到許多同學的鼓勵信，也有的以質問的口氣寫道：你為什麼要出家？你的家、你的家人都如此好，以你的條件，更絕對是前途似錦，真不懂你為何就是要選擇出家這條路……。

為什麼？也許不出家，過得會是一般人心目中所欣羡的舒服日子，但是普世價值未必是我最在乎的價值！雖然不出家可繼續過著養尊處優的日子，但唯有自己走過、看過、經歷過、體會過……你就會知道為什麼「吾有法樂，不樂世俗之樂！」個中三昧，只能自己意會，無法言傳。而當忙完一天的寺務工作，夜闌人靜，沏杯茶、盤起腿來讀經，遠比什麼事都快樂得多，正所謂「人生最大幸福事，夜半挑燈讀壇經」！

二十餘年的求「道」之路，在誦經、禮佛、禪坐、持咒、讀經中，奠定了基礎；又從發心、服務、奉獻中，獲得了感動；而從委屈、忍辱、慚愧、懺悔中，增長了道業！此外，更奉行家師的十二字真言「做做做、苦苦苦、等等等、忍忍忍」；從「做」中學專長，「苦」中養慈悲，「等」中培勇氣，從「忍」中發現不可思議的因緣。雖然仍是未開悟、未成佛，可是對人間佛教的信仰，確實因之更深切；對自己要走的「道」路，更加肯定不疑，我知道，這信仰的「根」，是扎扎實實，不容傾倒了！

從一開始，「佛學」與「學佛」對我像是二條平行線，雖然努力聽法師們的開示，但境界來時，說時似悟，對境生迷，就是無法將佛法用上，這二條線怎麼樣都不相交。但所幸善知識總是提醒：菩薩道難行，卻是能行！所以，本著鐵杵磨成針、滴水能穿石的堅持，繼續往前！後來，躺在經書裡的佛法及師父人間佛教的思想立體了起來！我發現，原來佛法在生活中的每一時、每一處，也從而了解佛法的真義。因為知道因緣法，所以秋霜冬雪總是春；因為了知無常，所以在人生低谷時，知道不好也能變好，就有歡喜的期待及無窮的希望；因為認識真「空」，所以體會「四大皆空示現有，五蘊和合亦非真。」；因為體悟「苦」之內涵，所以知道佛陀是教我們要怎麼透過苦、降服苦、衝破苦，進而得到安樂。

回首來時路，感謝一切因緣，因為我之所以成為今日的我，都因這所有而成就！

人間文學075

我快樂 因為我知道

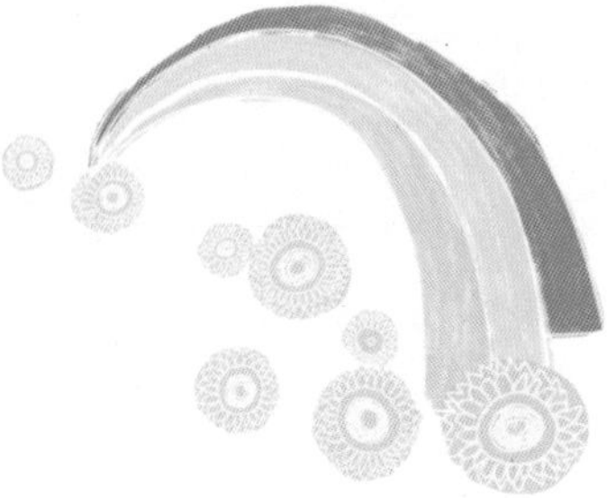

作　　者　妙益法師
繪　　圖　吳曉惠

總 編 輯　賴瀅如
編　　輯　蔡惠琪
美術設計　蔡佩旻

出版・發行　香海文化事業有限公司
發 行 人　慈容法師
執 行 長　妙蘊法師

地　　址　241新北市三重區三和路三段117號6樓
　　　　　110臺北市信義區松隆路327號9樓
電　　話　(02)2971-6868
傳　　真　(02)2971-6577
香海悅讀網　https://gandhabooks.com/
電子信箱　gandha@ecp.fgs.org.tw
劃撥帳號　19110467
戶　　名　香海文化事業有限公司

總 經 銷　時報文化出版企業股份有限公司
地　　址　333桃園縣龜山鄉萬壽路二段351號
電　　話　(02)2306-6842

法律顧問　舒建中、毛英富
登 記 證　局版北市業字第1107號
定　　價　新臺幣390元
出　　版　2021年5月初版一刷

I S B N　978-986-99122-8-0
建議分類　散文｜勵志｜人間佛教

版權所有　翻印必究

國家圖書館出版品預行編目(CIP)資料

我快樂 因為我知「道」 / 妙益法師著. -- 初版. --
新北市：香海文化事業有限公司, 2021.05
408面；14.8×21公分. --
1.散文 2.勵志 3.人間佛教
ISBN 978-986-99122-8-0 (平裝). --
224.517　　110003262